Logística
INTERNACIONAL

Uma abordagem para a integração de negócios

O selo **Dialógica** da Editora InterSaberes faz referência às publicações que privilegiam uma linguagem na qual o autor dialoga com o leitor por meio de recursos textuais e visuais, o que torna o conteúdo muito mais dinâmico. São livros que criam um ambiente de interação com o leitor – seu universo cultural, social e de elaboração de conhecimentos –, possibilitando um real processo de interlocução para que a comunicação se efetive.

Logística
INTERNACIONAL

Uma abordagem para a integração de negócios

Léo Tadeu Robles
Marisa Nobre

Rua Clara Vendramin, 58 · Mossunguê
CEP 81200-170 · Curitiba · PR · Brasil
Fone: (41) 2106-4170
www.intersaberes.com
editora@editoraintersaberes.com.br

Conselho editorial:
Dr. Ivo José Both (Presidente)
Dr.ª Elena Godoy
Dr. Nelson Luís Dias
Dr. Neri dos Santos
Dr. Ulf Gregor Baranow

Editora-chefe
Lindsay Azambuja

Supervisora editorial
Ariadne Nunes Wenger

Analista editorial
Ariel Martins

Preparação de originais
EBM Edições e Revisões

Capa
design: Luana Machado Amaro
imagens: Sergay Nivens, Stockphoto mania,
PanatFoto, bioraven e ecco/Shutterstock

Projeto gráfico
Cynthia Burmester do Amaral
Sílvio Gabriel Spannenberg

Imagens do projeto gráfico
Patrycja Ebis, Scanrail1, Marin de Espinosa, Wonggod
Tapprapai, cybrain e Cool Vector Maker/Shutterstock

Diagramação
Janaina Benato Siqueira

Iconografia
Vanessa Plugiti Pereira

EDITORA AFILIADA

1.ª edição, 2016.
Foi feito o depósito legal.
Informamos que é de inteira responsabilidade dos autores a emissão de conceitos.
Nenhuma parte desta publicação poderá ser reproduzida por qualquer meio ou forma sem a prévia autorização da Editora InterSaberes.
A violação dos direitos autorais é crime estabelecido na Lei n. 9.610/1998 e punido pelo art. 184 do Código Penal.

Dados Internacionais de Catalogação na Publicação (CIP)
(Câmara Brasileira do Livro, SP, Brasil)

Robles, Léo Tadeu
 Logística internacional: uma abordagem para a integração de negócios/Léo Tadeu Robles, Marisa Nobre. Curitiba: InterSaberes, 2016.
(Série Logística Organizacional)
 Bibliografia.
 ISBN 978-85-5972-124-9
 1. Comércio exterior 2. Logística (Organização) I. Nobre, Marisa. II. Título.
16-05190   CDD-380.3

Índices para catálogo sistemático:
1. Logística internacional: Comércio exterior 380.3

Sumário

12 Prefácio

14 Apresentação

16 Como aproveitar ao máximo este livro

20 Introdução

25 **1 Negócios internacionais**

1.1 O comércio exterior e as correntes de comércio internacional..................28

1.2 O Brasil no comércio exterior e o comércio exterior no Brasil..................42

63 **2 Cadeias logísticas internacionais**

2.1 Gestão das cadeias logísticas internacionais..................69

2.2 Sistemas de informação na logística internacional..........95

111 **3 Transporte internacional**

3.1 Intermodalidade..................114

3.2 Unitização de cargas..................119

3.3 Transporte marítimo internacional..................122

3.4 Transporte aéreo internacional..................139

3.5 Transporte terrestre internacional..................143

3.6 Transporte ferroviário internacional..................144

3.7 Transporte dutoviário..................146

4 Termos Internacionais de Comércio (Incoterms)

4.1 Sistemas de exportação e importação..................161

4.2 Incoterms e logística integrada........................164

4.3 Cronologia dos Incoterms..............................165

4.4 Representação e definição dos Incoterms.............166

4.5 Utilização dos Incoterms...............................173

4.6 Aspectos jurídicos dos Incoterms......................175

5 Operações de exportação e importação

5.1 Aduanas e intervenientes..............................190

5.2 Documentação de comercialização: exportação.......199

5.3 Documentação de comercialização: importação.......201

5.4 Impostos que oneram as importações.................202

5.5 Questões financeiras e de câmbio.....................203

5.6 Seguro de transporte internacional....................205

5.7 Intermediários e agentes do comércio internacional.....206

5.8 Operadores logísticos internacionais
e *trading companies*......................................209

Para concluir...

Consultando a legislação

Referências

Respostas

Sobre os autores

Aos meus netinhos, Gustavo e Fernanda, que já estão crescendo. Com eles, crescem meu amor e minha alegria por existirem.

Léo Tadeu Robles

Aos meus avós Sinhá e Abdias, *in memoriam*, que me despertaram para o mundo das letras.

Marisa Nobre *(in memoriam)*

AGRADECIMENTO
À COAUTORA MARISA NOBRE

Na fase final de edição desta obra, fui surpreendido pela triste notícia do falecimento de minha amiga, orientada e coautora Marisa Nobre, a real responsável pelo que esta obra tem de bom e proveitoso, sempre uma presença forte, dedicada, desejosa de participar, com inegável vocação acadêmica, carinho e cuidado com os amigos, com os alunos e com a ciência. Participei de convivência profícua, prazerosa, alegre, instigadora e com muitas realizações. Ultimamente, vínhamos trabalhando em livros acadêmicos nos temas que nos empolgavam – a logística internacional e as cadeias de suprimentos. Meu coração é, agora, como um contêiner cheio de saudades, muitas saudades!

Léo Tadeu Robles

> O REAL NÃO ESTÁ NA
> SAÍDA NEM NA CHEGADA:
> ELE SE DISPÕE PARA A
> GENTE É NO MEIO
> DA TRAVESSIA.
>
> (Guimarães Rosa, 1984)

Prefácio

Neste prefácio da obra *Logística internacional: uma abordagem para a integração de negócios*, quero destacar as demandas que se apresentam no mercado para as empresas e, em especial, para o profissional que trabalha no âmbito local, mas que pensa também no âmbito global.

As demandas impostas pelo aumento da complexidade operacional e pela exigência de melhores níveis de serviço, bem como a constante busca pela redução dos custos totais, fazem com que as empresas procurem agregar mais e maior valor a seus produtos e serviços, dinâmica na qual a logística tem se apresentado como uma das principais opções para vencer desafios. A explicação sobre a crescente valorização das atividades logísticas reside na sua evolução e na resposta às necessidades geradas pelas profundas e constantes mudanças que as organizações enfrentam para se manterem competitivas no mercado.

Nesse sentido, esta obra é uma contribuição objetiva. Por meio dos conceitos e conhecimentos que se desdobram no decorrer de seus capítulos, atende às exigências do mundo dos negócios, como: necessidade de redução de custos global e local; planejamento e programação de entregas; disponibilidade de produtos; gestão eficiente de estoques; desenvolvimento de parcerias com os atores de toda a cadeia de suprimento; e aplicação de novas tecnologias que, pela inovação em processos e produtos, visam aumentar a produtividade e melhorar a lucratividade das empresas.

Ainda vale destacar a importância do profissional de logística, que, com sua experiência e conhecimentos, agrega maior valor ao negócio. Afirmo a importância do desenvolvimento de competências profissionais específicas da logística com base em minha vivência profissional de mais de 30 anos de atuação nesse mercado exigente e em constante mutação.

Trabalhei em uma empresa multinacional no Brasil e tive o privilégio de exercer por mais de um ano a função de diretor de operações para

distribuição de produtos de alta tecnologia na União Europeia. O mercado de distribuição de alta tecnologia é de intensa concorrência, com uma movimentação de grandes volumes de produtos, que demanda alto capital de giro; portanto, uma gestão logística eficiente é extremamente necessária.

Em negociações e gerenciamento de contratos comerciais, bem como de prestação de serviços por operadores logísticos (*third-party logistics providers* – 3PL), transportadores e empresas de comércio exterior, enfrentei situações de negociação cercadas de desafios, pois as culturas e os valores locais diferem dos verificados no Brasil. Por isso, o profissional necessita aprender e se renovar a cada dia.

De volta ao Brasil, deparei-me com diversas situações, como a dificuldade enfrentada pelas empresas e profissionais de comércio exterior brasileiro nas operações de logística local e global. Há complicações no entendimento relacionado a distâncias e prazos envolvidos, leis, regulamentações e diversidades culturais referentes ao modo como os consumidores demandam produtos e serviços para atendimento às cadeias logísticas globais.

Este livro, em sua abordagem gerencial, vem atender à crescente comunidade de profissionais ligados à logística internacional, assim como aos estudantes interessados em se aprofundar no tema, contribuindo para o desenvolvimento de nosso país e sua projeção no cenário internacional.

João Carlos Branco

Apresentação

Para que você aproveite melhor este livro, apresentamos aqui a maneira como os assuntos são dispostos os assuntos e como os capítulos encontram-se organizados.

No Capítulo 1, no qual tratamos dos negócios internacionais, apresentamos os conceitos de globalização e a dinâmica da formação de blocos econômicos, e, ainda, analisamos o papel do profissional de logística internacional e suas competências requeridas.

No Capítulo 2, versamos sobre as cadeias logísticas internacionais orientadas pelas estratégias de integração logística.

No Capítulo 3, analisamos as questões relativas ao transporte internacional, com ênfase para a especificidade de cada um dos modais e seu papel nas cadeias logísticas.

No Capítulo 4, discutimos os Termos Internacionais de Comércio (Incoterms), decisivamente importantes para o fechamento de contratos de importação e exportação.

No Capítulo 5, elencamos as particularidades das operações de exportação e importação (questões aduaneiras, de seguro e de pagamento) na gestão das cadeias logísticas internacionais, com vistas (i) à oferta de melhores níveis de serviço aos clientes e (ii) à agregação de valor logístico aos produtos comercializados.

Os conteúdos de que tratamos nesta obra são considerados essenciais para profissionais que estejam desenvolvendo seu aprendizado na área de logística internacional, pois, em uma abordagem gerencial, esses conhecimentos são fundamentais para o aperfeiçoamento da integração logística, desde o ponto de origem até o ponto de destino das mercadorias.

Lembramos a você, leitor, que o tema não se esgota nesta obra e, por analogia, podemos dizer que, pelos motivos que sempre estão presentes nas atividades logísticas, a informação é uma mercadoria em movimento, o conhecimento é dinâmico e requer criação de valor para ser bem aplicado.

COMO APROVEITAR AO MÁXIMO ESTE LIVRO

Este livro traz alguns recursos que visam enriquecer seu aprendizado, facilitar a compreensão dos conteúdos e tornar a leitura mais dinâmica. São ferramentas projetadas de acordo com a natureza dos temas que vamos examinar. Veja a seguir como esses recursos se encontram distribuídos no decorrer desta obra.

CONTEÚDOS DO CAPÍTULO
LOGO NA ABERTURA DO CAPÍTULO, VOCÊ FICA CONHECENDO OS CONTEÚDOS QUE NELE SERÃO ABORDADOS.

CONTEÚDOS DO CAPÍTULO:
- Competências do profissional de logística internacional.
- Fatores do comércio internacional.
- Blocos econômicos.
- Integração econômica dos países.
- Fatores da globalização.

Estudo de caso
A Embraer® na logística internacional

A Embraer S.A., uma das mais importantes empresas brasileiras, foi criada em 1969 como companhia de capital misto e controle estatal e privatizada em 1994. Seus objetivos são projetar, desenvolver, fabricar e comercializar aeronaves e sistemas, fornecendo, ainda, apoio técnico e serviços de pós-venda nos segmentos de negócios de aviação comercial, aviação executiva, defesa, segurança e sistemas. O sucesso da empresa se deve por agregar tecnologia aeronáutica e aviônica ao profundo conhecimento dos mercados fornecedores e consumidores. Inicialmente, o local escolhido para a instalação da empresa, em São José dos Campos, no Vale do Paraíba (SP), deveu-se à proximidade com o Instituto Tecnológico de Aeronáutica (ITA). A Embraer® sempre se destacou por práticas empresariais avançadas e, após a privatização, pela inovação e atuação comercial, que compreendem a fabricação e a comercialização de aviões, agregando a prestação de serviços de assistência técnica de qualidade reconhecida.

Essa empresa atua em segmentos e nichos de mercado adequados à sua *expertise*, e a inovação tecnológica é sua marca nos mercados nacional e mundial. Ela conta com escritórios e fábricas em várias partes do mundo, e já soma mais de 5 mil aeronaves entregues em todos os continentes, sendo hoje uma das maiores companhias exportadoras do Brasil. Atualmente, a Embraer® se localiza, mais especificamente, na cidade de São José dos Campos, no Estado de São Paulo, onde se localizam também as unidades de Gavião Peixoto, Botucatu e Sorocaba e os centros logísticos de Taubaté e Campinas. Em Belo Horizonte, Minas Gerais, está localizado o Centro de Engenharia e Tecnologia, e há escritórios em Brasília, São Paulo e Rio de Janeiro.

A Embraer dispõe ainda de escritórios e unidades nas cidades de Fort Lauderdale, Melbourne e Jacksonville, nos Estados Unidos; Villepinte, na França; Farnborough, na Inglaterra; Dubai, nos Emirados Árabes Unidos; Cingapura; Dublin, na Irlanda; Amsterdã, na Holanda; e Pequim, na China. Já seus centros de serviços e venda de peças de reposição estão localizados em São José dos Campos,

> **ESTUDO DE CASO**
> ESTA SEÇÃO TRAZ AO SEU CONHECIMENTO SITUAÇÕES QUE VÃO APROXIMAR OS CONTEÚDOS ESTUDADOS DE SUA PRÁTICA PROFISSIONAL.

Perguntas & Respostas

Quais são as diferenças básicas entre as estratégias logísticas aplicadas ao comércio exterior e as usadas na logística doméstica?

A estruturação de cadeias internacionais de suprimentos e sua logística impõem tanto exigências comuns às cadeias domésticas quanto exigências específicas, como conhecimento dos tipos de demanda, o nível do serviço requerido pelos clientes, sua localização, idioma, legislação aduaneira e custos envolvidos. Na arquitetura dessas cadeias de suprimentos, destacam-se a localização, os modos de transporte, as formas de produção, a gestão de estoques, a tipologia de fornecedores, a armazenagem, os requisitos de embalagens e os sistemas de informação necessários. As cadeias logísticas internacionais compreendem, ainda, a necessidade de estender a lógica da integração para fora das fronteiras do país, incluindo fornecedores e clientes a longa distância. Modernamente, a vantagem competitiva de uma empresa se baseia na produtividade e na diferenciação do produto (inovação, qualidade e nível de serviço), com benefícios para todas as partes envolvidas.

Qual é o principal indicador de desempenho na logística internacional?

O principal indicador é a disponibilidade de produto, ou seja, o inventário (estoque) para atender às necessidades dos clientes. Esse é um desafio básico no planejamento das movimentações, dado o *transit time* maior até os importadores. Outro indicador é o tempo exigido para entrega dos pedidos aos clientes, ou seja, rapidez e consistência na entrega. Esse indicador representa também a integração e a confiabilidade entre os elos da cadeia, para que não exista retrabalho ou perda de informações. Os indicadores-chave de desempenho envolvem ainda tempos, configurações e consistência dos lotes de entrega e formas de entrega, como o sistema JIT.

Como se justifica a contratação de 3PLs na logística internacional?

A seleção adequada de intermediários e serviços na logística internacional leva em consideração competências organizacionais específicas dos operadores logísticos (3PLs): todo o conjunto de serviços para a movimentação de um produto, desde seu ponto de origem até seu destino, envolvendo tempos e prazos, controle de fluxogramas complexos, características particulares das operações (manuseio,

> **PERGUNTAS E RESPOSTAS**
> NESTA SEÇÃO, OS AUTORES RESPONDEM A DÚVIDAS FREQUENTES RELACIONADAS AOS CONTEÚDOS DO CAPÍTULO.

Síntese

Neste capítulo, nosso objetivo foi demonstrar a você, leitor, por meio da análise dos Incoterms, a quem cabem as responsabilidades sobre os pagamentos dos gastos logísticos, em conformidade com o contrato de compra e venda internacional. Os Incoterms, cuja versão mais atual é a de 2010, foram publicados e atualizados pela CCI e são globalmente aceitos, pois possibilitam o entendimento mútuo e universal da repartição de custos e riscos, ao se incorporarem nos contratos internacionais de compra e venda. Eles têm evoluído em sua definição, tornando obrigatória a explicitação do ano de referência e o local de referência.

Destacamos que as siglas de referência são compostas por três letras maiúsculas, e os conceitos dos termos são classificados em grupos, quais sejam: E (EXW); F (FCA, FAS, FOB); C (CPT, CIP, CFR, CIF); e D (DAP, DDP). Por exemplo: no termo EXW, toda a responsabilidade é do comprador; no DDP, toda a responsabilidade é do vendedor.

O conhecimento e a familiaridade com os Incoterms são essenciais para os negociadores do comércio exterior e para os operadores da logística internacional. A negociação e a conveniência de um termo de comércio são decorrentes do poder de barganha entre as partes envolvidas, assim como das estratégias das empresas que atuam no comércio mundial. Como verificamos, uma escolha adequada sem dúvida será determinante para o resultado dessas operações.

SÍNTESE
VOCÊ DISPÕE, AO FINAL DO CAPÍTULO, DE UMA SÍNTESE QUE TRAZ OS PRINCIPAIS CONCEITOS NELE ABORDADOS.

Questões para Revisão

1. Com relação aos negócios internacionais, assinale a(s) alternativas(s) correta(s):
   a) A complexidade das transações internacionais é decorrente de distância, tempos maiores de movimentação, legislações diferentes, moedas diversas e dificuldade de comunicação entre as partes.
   b) A documentação nas negociações internacionais dizem respeito à emissão de pedidos de informações (Request for Information – RFI), à solicitação de preços (Request for Quotation – RFQ) e à proposta de fornecimento de produtos ou prestação de serviços (Request for Proposal – RFP).
   c) A forma de estabelecimento de uma base comum de divisão de responsabilidades foi o estabelecimento dos Incoterms, que tratam desde a retirada do produto no ponto de fabricação até sua entrega no estabelecimento do comprador.
   d) Em escala crescente da assunção de riscos e custos pelo exportador, os grupos de Incoterms são: EXW; grupo F (FCA, FAZ, FOB); grupo C (CFR, CIF, CPT, CIP); e grupo D (DAT, DAP, DDP).

2. Qual é o componente mais significativo em um Incoterm: o frete terrestre, o frete marítimo ou o seguro da mercadoria? Justifique sua resposta.

3. Assinale (V) para verdadeiro e (F) para falso:
   ( ) O termo EXW exime o comprador (importador) de quaisquer responsabilidades e custos na movimentação do produto.
   ( ) O termo FOB significa que o vendedor (exportador) deve, sob sua conta e risco, colocar a mercadoria a bordo do navio indicado pelo comprador no porto de embarque designado. Além disso, ele assume as formalidades da exportação.
   ( ) O termo CIF significa que o vendedor (exportador) é responsável pelo frete marítimo da mercadoria até o porto de destino, assumindo todos os riscos, e pelo seguro marítimo. Por outro lado, o comprador (importador) recebe a mercadoria no porto de destino e arca com todas as despesas, como desembarque, impostos, taxas e direitos aduaneiros.

QUESTÕES PARA REVISÃO
COM ESTAS ATIVIDADES, VOCÊ TEM A POSSIBILIDADE DE REVER OS PRINCIPAIS CONCEITOS ANALISADOS. AO FINAL DO LIVRO, OS AUTORES DISPONIBILIZAM AS RESPOSTAS ÀS QUESTÕES, A FIM DE QUE VOCÊ POSSA VERIFICAR COMO ESTÁ SUA APRENDIZAGEM.

Para saber mais

O site da Apex-Brasil vale a pena ser explorado pela riqueza de informações.
APEX-BRASIL – Agência Brasileira de Promoção de Exportações e Investimentos. Disponível em: <www.apexbrasil.com.br>. Acesso em: 14 jul. 2016.

O site do Aprendendo a Exportar disponibiliza nesse *link* uma seção inteiramente voltada ao aprender a exportar. Nela, você saberá como e por que exportar, aprenderá a planejar uma exportação e onde buscar apoio. A seção ainda oferece simuladores de preço de exportação e um fluxograma.
BRASIL. Ministério do Desenvolvimento, Indústria e Comércio Exterior. Secretaria de Comércio Exterior. Por que exportar? Aprendendo a exportar. Disponível em: BRASIL. Ministério do Desenvolvimento, Indústria e Comércio Exterior. Por que exportar? Aprendendo a exportar. Disponível em: <http://www.aprendendo aexportar.gov.br/sitio/paginas/porQueExportar/index.html>. Acesso em: 21 set. 2016.

Além do MDIC e das entidades ligadas a ele, como a Secex, outros órgãos atuam no comércio exterior, como o MRE. Acesse o site do Itamaraty para conhecer mais sobre esse ministério.
BRASIL. Ministério das Relações Exteriores. Disponível em: <http://www.itamaraty.gov.br/>. Acesso em: 25 maio 2016.

A respeito da exportação de serviços, indicamos acesso ao *Guia básico para exportação de serviços*, elaborado pelo MDIC.
BRASIL. Ministério do Desenvolvimento, Indústria e Comércio Exterior. Secretaria de Comércio e Serviços. Departamento de Políticas de Comércio e Serviços. Guia básico para exportação de serviços. jun. 2014. Disponível em: <http://www.mdic.gov.br/arquivos/dwnl_1426697517.pdf>. Acesso em: 14 jul. 2016.

PARA SABER MAIS
VOCÊ PODE CONSULTAR AS OBRAS INDICADAS NESTA SEÇÃO PARA APROFUNDAR SUA APRENDIZAGEM.

Consultando a Legislação

- A Resolução da Agência Nacional de Transportes Terrestres (ANTT) n. 794, de 22 de novembro de 2004, apresenta as condições para a habilitação do Operador de Transporte Multimodal (OTM).
- O Decreto n. 4.074, de 4 de janeiro de 2002, regulamenta a Lei n. 7.802, de 11 de julho de 1989, que dispõe sobre a pesquisa, a experimentação, a produção, a embalagem, a rotulagem, o transporte, o armazenamento, a comercialização, a propaganda comercial, a utilização, a importação, a exportação, o destino final dos resíduos e embalagens, o registro, a classificação, o controle, a inspeção e a fiscalização de agrotóxicos, seus componentes e afins.
- O Decreto n. 6.759, de 5 de fevereiro de 2009, regulamenta a administração das atividades aduaneiras e a fiscalização, o controle e a tributação das operações de comércio exterior.
- O Decreto n. 61.867, de 11 de dezembro de 1967, regulamenta os seguros obrigatórios previstos no art. 20 do Decreto-Lei n. 73, de 21 de novembro de 1966.
- O Decreto n. 660, de 25 de setembro de 1992, institui o Sistema Integrado de Comércio Exterior, conhecido como *Siscomex*.
- O Decreto n. 7.282, de 1º de setembro de 2010, dispõe sobre a execução do Acordo de Alcance Parcial n. 17, ao amparo do art. 14 do Tratado de Montevidéu de 1980 sobre pesos e dimensões de veículos de transporte rodoviário de passageiros e cargas, assinado entre os governos da Argentina, do Brasil, do Paraguai e do Uruguai, em 27 de maio de 2010.
- A Portaria da Secretaria de Comércio Exterior (Secex) n. 23, de 14 de julho de 2011, consolida as normas e os procedimentos aplicáveis às operações de comércio exterior, registros e habilitações, habilitação para operar no Siscomex e habilitação de importadores e exportadores.
- A Portaria da Receita Federal do Brasil (RFB) n. 3.518, de 30 de setembro de 2011, estabelece os requisitos e procedimentos para o alfandegamento de locais e recintos e dá outras providências.

CONSULTANDO A LEGISLAÇÃO
NESTA SEÇÃO VOCÊ CONFERE COMO SE APRESENTA A FUNDAMENTAÇÃO LEGAL DO ASSUNTO QUE DESENVOLVEMOS NO CAPÍTULO, EM TODA SUA ABRANGÊNCIA, PARA VOCÊ CONSULTAR E SE ATUALIZAR.

Introdução

A partir de meados do século XX, o ambiente internacional de negócios começou a ser marcado pela evolução da tecnologia dos transportes, principalmente no modal[1] marítimo, no qual são notáveis a inovação na forma de se transportar (com o uso de contêineres), o aumento do tamanho dos navios (bem como da diversificação de suas funções) e dos terminais portuários. Outra transformação importante diz respeito ao avanço dos recursos da tecnologia da informação, que favoreceu a integração por meio da troca de informações e facilitou a comercialização e o rastreamento de produtos em todas as etapas de venda, bem como viabilizou transações comerciais a uma velocidade até então desconhecida.

A essas transformações e ao crescimento do comércio global, assim como às trocas e intercâmbios culturais e sociais, atribuiu-se o nome de *globalização*. O mundo se tornou menor e os países e continentes, interdependentes; os eventos passaram a ser transmitidos em tempo real e as possibilidades e aparatos de comunicações tornaram-se mais baratos e usuais para grande parte da população mundial. O inglês é, atualmente, o idioma mais comum nas relações comerciais e sociais no mundo, e seu domínio é essencial para os profissionais que se dedicam ao comércio internacional, pois é uma via de acesso ao mercado de trabalho do comércio exterior.

Nesta obra, abordamos as características da globalização, focalizando as particularidades e condicionantes relativas à movimentação de mercadorias entre países, ou seja, as atividades logísticas na globalização. Da mesma forma como ocorre com a logística doméstica, a gestão da logística internacional se dá pela integração dos seguintes componentes logísticos:

---

[1] Os termos *modal*, *modo* e *modalidade* de transporte representam o meio (terrestre: rodoviário, ferroviário, dutoviário; aquaviário: marítimo, fluvial e lacustre; e aéreo) por meio do qual uma mercadoria é movimentada.

Transporte: O transporte internacional caracteriza-se pela predominância do modal marítimo em longas distâncias e por tempos maiores de movimentação (da origem ao destino) e pela intermodalidade na integração com os demais modais.

Armazenagem: A armazenagem intermediária atua como "pulmão" e regulador dos fluxos de embarque e desembarque de mercadorias, na transferência modal e na unitização de cargas para movimentação.

Embalagem: As embalagens são essenciais pela importância dos contêineres como equipamentos de navios especializados e fundamentais para embarcadores na preparação para o rastreamento das cargas.

Manuseio de materiais: Os terminais portuários e aeroportuários devem dispor de equipamentos sofisticados e de grande porte para movimentação de cargas conteinerizadas, a granel ou especiais.

Sistemas de informação: São fundamentais no apoio às decisões logísticas, no controle de atividades e no rastreamento de mercadorias.

Gestão de inventários: Os inventários representam custos e têm de ser gerenciados e reduzidos. O *global sourcing* estende os prazos e aumenta a criticidade desse acompanhamento permanente.

Questões ambientais: A logística impacta o meio ambiente, e o controle ou a mitigação de seus efeitos constituem-se em uma dimensão básica da atuação empresarial.

Questões fiscais: Aduanas representam custos e tempos e, usualmente, definem a viabilidade dos negócios no comércio exterior.

O desenvolvimento do comércio exterior se deve muito à utilização do contêiner, que assumiu as qualidades de um "cidadão do mundo".

Cada contêiner tem uma identificação própria, atravessa fronteiras, enfrenta diversidades culturais e climáticas, não tem domicílio fixo e, por vocação, promove a realocação física da produção entre países onde haja abundância ou falta de mercadorias.

Graças ao contêiner, é possível transportar mercadorias de maneira mais segura e econômica em *boxes*: um *box* transforma a visão e a dimensão do mundo por reduzir custos e tempos de realocação física e possibilitar a aplicação de materiais das mais diversas origens na fabricação de produtos e a oferta desses bens em todos os mercados. Para tanto, foram desenvolvidas as tecnologias de engenharia naval, as quais convergiram para novos modelos de construção de navios; os porões para carga solta foram trocados por células (*slots*), de modo a acondicionar, de forma segura, esse novo equipamento, que passou a integrar o navio.

Essas mudanças operacionais na movimentação de produtos fizeram com que os portos se adaptassem tecnicamente. Além disso, surgiu a necessidade do desenvolvimento de máquinas auxiliares para movimentação, carregamento e descarga dos navios e, por conseguinte, da reformulação da mão de obra ocupada. Um processo semelhante se deu no transporte de mercadorias a granel.

Os padrões de execução das atividades de comércio exterior passaram a ser comparados internacionalmente, exigindo cada vez mais a capacitação dos agentes das cadeias logísticas internacionais. Esses requerimentos se sofisticaram em uma contínua adaptação tecnológica.

Nesta obra, você irá conhecer como a logística internacional se alinha aos negócios internacionais, movimentando mercadorias, ultrapassando fronteiras e buscando formas inovadoras de se fazer negócio.

1

NEGÓCIOS INTERNACIONAIS

Conteúdos do capítulo:

- Competências do profissional de logística internacional.
- Fatores do comércio internacional.
- Blocos econômicos.
- Integração econômica dos países.
- Fatores da globalização.

NESTE CAPÍTULO, apresentamos o cenário internacional de prática dos procedimentos logísticos, de modo a demonstrar como os aspectos que determinam as correntes de comércio mundial têm consequências para o ambiente de negócios, do ponto de vista econômico, dos acordos comerciais e práticas de protecionismos e dos incentivos fiscais. Desse modo, pretendemos fornecer a você informações sobre as competências e capacitações exigidas por esse mercado especializado, sofisticado e rigoroso com o profissional de logística internacional.

A primeira pergunta que devemos fazer é: Por que se dedicar profissionalmente ao comércio exterior no Brasil? Inicialmente, devem-se considerar os seguintes dados: em 2013, a participação brasileira no comércio mundial se mostrava pequena – o valor das importações e exportações brasileiras representou 2,66% do fluxo de comércio internacional no período. Entretanto, o setor de comércio exterior foi significativo para a economia brasileira, pois, naquele ano, as exportações corresponderam a 20,1% do Produto Interno Bruto (PIB).

Outra condição a ser levada em conta é que, embora tenha pequena representatividade no mercado mundial em termos de valores, setores e mercados particulares, a participação brasileira é significativa, se não preponderante, no comércio mundial de minério de ferro e de produtos do agronegócio, como o complexo soja (soja em grãos, farelos e óleos), o suco de laranja e o açúcar de cana.

É inegável o papel do comércio exterior como direcionador (*driver*) do crescimento e do desenvolvimento da economia brasileira: segundo dados do Banco Mundial, o país tornou-se, em 2014, a sétima economia mundial em valor de PIB, à frente, por exemplo, da Itália e do Canadá. Recentemente, o país foi associado a outras economias emergentes na formação do acrônimo *Brics* (Brasil, Rússia, Índia, China e África do Sul), e algumas reuniões têm sido levadas a efeito para que sejam estabelecidos acordos de cooperação e ações conjuntas[1].

1.1 O COMÉRCIO EXTERIOR E AS CORRENTES DE COMÉRCIO INTERNACIONAL

O comércio exterior (fluxo de comércio) representa a totalidade das **exportações** e **importações** entre países. A exportação consiste na venda de bens e serviços a clientes localizados em outros países, a partir de uma base no país de origem. Já a importação refere-se à aquisição de bens e serviços de fornecedores localizados no exterior. Uma das formas de contratação e aquisição de bens e serviços é o *global sourcing*, ou seja, o processo de identificação e homologação de fornecedores, a licitação de compras e a adjudicação de fornecedores, além de sua contratação e entrega efetiva dos bens ou serviços comprados, realizadas em um nível global.

Na globalização das economias – fenômeno relativo ao intercâmbio cultural e social entre países, bem como a atividades econômicas interdependentes no intercâmbio de bens e serviços (compra e venda), de capitais e de trabalho (correntes migratórias) –, destaca-se, nos últimos anos, o crescimento da participação dos países asiáticos, evento que mudou o desenho do mapa mundial das economias, reposicionando diversos países em virtude da importância econômica da China no cenário mundial atual.

Na realização do comércio internacional, alguns fatores se apresentam como determinantes, segundo David e Stewart (2010):

FATORES DE CUSTO: O investimento significativo de capital em fábricas e equipamentos representa, em geral, custos fixos altos, o que tem levado as empresas à adoção de estratégias para expansão de mercados e, assim, diluição

---

[1] Os valores apresentados na introdução deste capítulo são resultado de cálculos efetuados pelos autores após consulta em fontes fidedignas. O percentual de importação e exportação brasileiras foi calculado com base nas informações apresentadas no portal do Ministério do Desenvolvimento, Indústria e Comércio Exterior (MDIC), disponível em: <http://www.mdic.gov.br/sitio/interna/interna.php?area=5&menu=4861&refr=1161>. Os dados do comércio mundial são da Organização Mundial do Comércio (OMC), disponíveis em: <https://www.wto.org/english/res_e/statis_e/its2015_e/its2015_e.pdf>. E os dados do PIB do Brasil em USD são do Banco Mundial, disponíveis em: <http://www.worldbank.org/en/country/brazil>.

de custos em um número maior de unidades com produção inter-relacionada, como se verifica nas empresas automobilísticas que se localizam em todos os continentes, com montadoras e seus produtos. Da mesma forma, a busca por custos de fabricação mais baixos provocou mudanças na industrialização de produtos na maioria dos setores para venda no varejo, tais como tecidos, acessórios, brinquedos e utensílios domésticos.

FATORES DA CONCORRÊNCIA: A concorrência acontece em um nível global e determina a expansão das empresas para fora de seu país de origem, o que significa seguir os concorrentes para onde eles forem. Isso ocorreu com o Carrefour®, da França, e o Walmart®, dos Estados Unidos, que concorrem em vários países. Outro exemplo diz respeito a uma empresa lançar um produto com o preço mais baixo ao utilizar fornecedores globais – a empresa concorrente se vê obrigada a recorrer a esses mesmos fornecedores para não perder mercado e, desse modo, internacionaliza suas atividades para poder confrontar e oferecer produtos em condições compatíveis a fim de manter sua fatia de mercado. Em síntese, o mercado se apresenta global tanto nos suprimentos quanto nas vendas.

FATORES DE MERCADO: As facilidades de comunicação têm feito com que os consumidores procurem produtos de marcas globais. Desse modo, as empresas passam a ter clientes em diferentes países, o que possibilita sua atuação de forma global. Um tem relacionado a esse assunto é a padronização das preferências que se apresentam em diversos segmentos, como programas de televisão, roupas, livros, música, alimentação (produtos ou redes de estabelecimentos), esportes etc. É notável a penetração de redes de restaurantes de *fast-food*, como a do McDonald's®, cujo produto base, o BigMac®, já é utilizado para comparar o poder de compra de diferentes moedas locais. Outro fenômeno é a popularização de times do futebol internacional e a venda de suas camisas com preços quase que uniformes entre os países.

FATORES TECNOLÓGICOS: O avanço e o barateamento de ferramentas de processamento e difusão da informação têm facilitado a adoção de formas virtuais de acesso a mercados e produtos. Um exemplo é a consolidação do *e-commerce*: um consumidor com acesso à internet realiza compras de qualquer lugar para qualquer lugar, sem se deslocar de seu domicílio. *Sites* especializados em compras *on-line* vêm facilitando a busca por melhores preços e acesso às mais diversas mercadorias. Alguns deles começam a ter importância significativa no comércio internacional, como o Alibaba.com® (2016)[2], que oferece uma ampla variedade de produtos, que vão de artigos escolares e vestuário a máquinas e equipamentos. O *business to business* (B2B) e o *business to consumer* (B2C) já se mostram como formas usuais de comprar e vender, em substituição aos processos físicos que envolvem as transações comerciais.

As correntes do comércio internacional, além dos fatores que as determinam, estão associadas às negociações e acordos advindos da formação de blocos econômicos entre países.

1.1.1 Negócios internacionais: globalização e blocos econômicos internacionais

A globalização dos negócios refere-se à troca de bens (produtos) e serviços (intangíveis) além das fronteiras nacionais. Desde meados do século XX, a tecnologia da informação (TI) tem avançado na sofisticação de aplicativos e, principalmente, no barateamento de equipamentos e na universalização de seu acesso e uso. Dessa forma, as distâncias tornam-se menores e mais rapidamente cobertas – as comunicações acontecem em rede e em tempo real, tanto individual como organizacionalmente, e as empresas ampliam sua atuação em novos mercados ao redor do mundo.

Esse fenômeno tem sido analisado por várias áreas do conhecimento, tais como economia, história, antropologia, ciências políticas, sociologia e TI. Para a economia, ele representa o avanço e o crescimento dos comércios entre os países que se tornaram interdependentes; para a história, representa a inter-relação dos eventos mundiais a partir da Segunda Guerra Mundial; para a antropologia, consiste na mudança de comportamentos e hábitos em segmentos importantes da população mundial; para as ciências políticas, reflete a repercussão e a formação de blocos de opinião mais homogêneos e, não raro, antagônicos; para a sociologia, representa a transmissão e a uniformização de comportamentos e valores; em TI, apresenta-se como facilitador e divulgador das relações interpessoais e comerciais no mundo.

---

2   Para conhecer mais sobre esse *site*, veja o "Estudo de caso" do Capítulo 5.

Cavusgil, Knight e Riesenberger (2010) apresentam os seguintes fatores geradores da globalização dos mercados a redução mundial das barreiras do comércio e do investimento; a transição para economias de mercado e a adoção do livre comércio na China e na antiga União Soviética; a industrialização crescente de diversos países; o crescimento e o desenvolvimento econômicos das nações; a integração de mercados financeiros mundiais; e os avanços tecnológicos.

> A globalização possibilita que as empresas, em seu processo empreendedor, identifiquem **oportunidades de negócios** em novos mercados, como é o caso da exportação de carne de frango congelada feita pelo Brasil para países do Oriente Médio.

Para os consumidores, esse fenômeno representa a disseminação de hábitos de consumo mais exigentes, além de mais (e melhores) opções de compra em virtude da possibilidade de se abastecerem por meio de fornecedores mundiais. Atualmente, quando vamos ao mercado, encontramos macarrão das mais diversas regiões da Itália com preços competitivos. Essa situação é benéfica para os clientes, mas não para os fabricantes, pois gera novos riscos e aumento da rivalidade entre concorrentes, além da necessidade de avaliação da internacionalização de cadeias de valor de organizações.

A logística internacional no comércio exterior deve considerar que a competição global significa redução do tempo de ciclo de pedidos dos produtos, operação com preços mais competitivos e melhor resposta nas cadeias produtivas. Assim, a entrega do produto certo, no local certo e com o menor custo determinar as condições de competitividade.

> Mas o que é **criação de utilidade** na logística internacional?

A logística envolve a movimentação de produtos, como matérias-primas, peças, suprimentos e produtos acabados, desde o local de origem até o consumidor final. Sendo assim, essa atividade precisa garantir que o produto esteja disponível para uso no tempo e no lugar determinados pelos clientes. A movimentação no espaço cria a utilidade de uso do produto; já a entrega no tempo necessário para o consumo cria a utilidade do tempo. Ambas as utilidades configuram a utilidade de valor do produto.

O transporte (movimentação) também é um fator da utilidade "tempo", pois determina a velocidade (relação distância/tempo) com que um produto se move de um ponto para outro. O tempo de deslocamento de um produto (ou *lead time* da movimentação) da origem ao destino abrange os tempos necessários para a preparação do produto para despacho (incluindo embalagem e documentação), o tempo de trânsito no modal de transporte utilizado e o tempo de recebimento, com desembalagem e documentação no destino.

Os autores Cavusgil, Knight e Riesenberger (2010) enfatizam que a integração e a interdependência das economias nacionais decorrem das atividades agregadas das empresas em suas relações de compra e venda internacionais. As empresas encaram as operações internacionais por meio de comércio e de investimento, tendo em vista a dispersão geográfica dos recursos, a coordenação das suas atividades de recebimento de matérias-primas, de fabricação, os canais de *marketing* utilizados e o atendimento pós-venda do produto. Essas atividades foram classificadas por Porter (1989) como *atividades primárias*, ou seja, atividades por meio das quais o valor agregado flui ao produto no ponto de vista dos clientes (estes têm a percepção do valor agregado ao produto, avaliando-o pelo que representa na sua aplicação e uso).

Durante muito tempo, a logística permaneceu como atividade subsidiária das áreas de *marketing* (distribuição/expedição) e de produção (suprimentos). Entretanto, atualmente essa atividade se apresenta como estratégica para as empresas, em quaisquer dessas vertentes, pois é a responsável pela entrega de produtos aos clientes, agregando valor a esses bens.

Na logística internacional, assim como na doméstica, são essenciais a identificação, a definição e a gestão dos canais de *marketing* na execução das atividades de distribuição, a fim de que as diversas regiões nos mercados territoriais que estão ao alcance das empresas sejam atingidas. Note que, na relação entre empresas (B2B), a logística de distribuição da empresa vendedora se complementa com a logística de suprimento da compradora.

No que diz respeito aos canais de *marketing*, Kotler (2012) indica a necessidade de a empresa defini-los para atingir o mercado-alvo. Para tanto, o estudioso propõe o uso de três tipos de canais de *marketing*:

1. **CANAL DE COMUNICAÇÃO**: É utilizado para a transmissão de mensagens sobre o negócio. Compõe-se de jornais, revistas, rádio, televisão, internet, entre outros. Destaca-se a importância de novos canais de comunicação, como as redes sociais de relacionamento, cada vez mais comuns na interação entre pessoas e organizações.

2. **CANAL DE DISTRIBUIÇÃO**: É o interveniente que apresenta, vende ou entrega produtos físicos ou serviços aos compradores ou usuários. Tradicionalmente, é composto por distribuidores, atacadistas, varejistas e agentes comerciais ou representantes. Atualmente, conforme mencionado, existem novos canais no conceito do *e-commerce*.

3. **CANAIS DE SERVIÇOS**: São usados para viabilizar as transações com compradores efetivos e em potencial. Entre esses canais estão empresas de armazenagem intermediária ou de consolidação de carga, transportadoras, companhias de seguro, despachantes e bancos.

Na área de produção, hoje a logística atua na compatibilização da forma e cadência de entregas, com sua efetiva utilização nos processos de montagem ou de fabricação. Como exemplo, podemos citar o sistema *just-in-time* (JIT), que se constitui em uma estratégia logística de entrega e recebimento de peças e sistemas exatamente no tempo em que serão utilizados.

David e Stewart (2010) consideram que os profissionais de logística internacional devem estar preparados para atuar como facilitadores do processo de comércio exterior nas seguintes situações:

- na contratação e no gerenciamento do transporte de produtos entre países, o que pode significar movimentações por longas distâncias e tempos significativos;
- na exploração das vantagens e desvantagens das alternativas possíveis de modos de transporte diante de requerimentos da movimentação;

- na garantia de embalagem adequada para as mercadorias, na sua dimensão de facilitação do manuseio e da movimentação;
- na contratação de seguros necessários para as mercadorias, na sua movimentação entre países;
- na identificação da forma de pagamento compatível com a necessidade de proteção cambial (*hedging*);
- na atribuição de responsabilidades às partes locais e às partes estrangeiras na expedição das cargas;
- no provimento da documentação aduaneira, em atendimento às legislações dos países de compra e de venda.

Dessa forma, há um rebatimento evidente entre as estratégias logísticas empresariais e o crescimento da interdependência das economias internacionais, ou, como se denomina, a *globalização*, que passa a determinar as relações comerciais entre os países. Estes, na busca por melhores condições de competição, optam por estabelecer acordos de comércio comum para transações entre si e para outros países, os quais, por sua vez, poderão, de forma semelhante, estar organizados em blocos econômicos.

1.1.2 Principais blocos econômicos

A evolução do comércio exterior se apresenta por meio de eventos fundamentais, destacando-se:

- a Conferência de Bretton Woods, realizada em julho de 1944, no Estado de New Hampshire, Estados Unidos, em que foram estabelecidas as bases para a criação do Fundo Monetário Internacional (FMI), em dezembro de 1945, que estabeleceu um sistema internacional de pagamento e taxas de câmbio entre moedas estáveis;
- o Acordo Geral sobre Tarifas e Comércio (General Agreement on Tariffs and Trades – Gatt), estabelecido em 1947, cujo intuito foi realizar negociações de redução de impostos, e que, em 1995, foi substituído pela Organização Mundial do Comércio (OMC), que tem a atribuição básica de aplicar as regras de livre comércio.

No fim da década de 1950, deu-se início aos processos de consolidação dos blocos econômicos. A União Europeia (UE) foi o espelho e a impulsionadora da formação de outros grupos dessa natureza, os quais, com base em acordos comerciais de livre comércio, evoluíram para a configuração de blocos econômicos com medidas efetivas de facilitação de intercâmbios comerciais e populacionais.

A formação dessas uniões pode ser considerada componente da globalização. Esse fenômeno vem assumindo as mais variadas configurações na associação de países que estabelecem relações econômicas privilegiadas entre si, abrindo mão de parte da soberania nacional nessa associação. Os blocos econômicos se efetivam pela redução ou até mesmo isenção de impostos e tarifas alfandegárias nas transações entre os países componentes, na medida em que os membros buscam soluções comuns para questões comerciais envolvendo bens e serviços.

Conforme detalharemos adiante, os principais blocos econômicos que operam atualmente são a União Europeia (UE), o Tratado Norte-Americano de Livre Comércio[3] (North American Free Trade Agreement – Nafta), a Cooperação Econômica da Ásia e do Pacífico (Asia-Pacific Economic Cooperation – Apec) e o **Mercado Comum do Sul** (Mercosul).

Cavusgil, Knight e Riesenberger (2010) consideram que a integração econômica entre países contribui para o crescimento das empresas e de diversos setores das economias nacionais, colaborando para seu progresso econômico. Os autores propõem quatro principais objetivos da integração regional:

1. **EXPANDIR MERCADOS**: A integração regional implica aumento do mercado e das transações comerciais dos países. Por exemplo: a Bélgica, que tem uma população de 10 milhões de habitantes, amplia sua ação comercial na UE por conta da ausência de barreiras comerciais. Já as empresas canadenses, com a formação do Nafta, conquistaram acesso aos mercados do México e dos Estados Unidos.

2. **EXPLORAR ECONOMIAS DE ESCALA E MAIOR PRODUTIVIDADE**: A expansão dos mercados oferece para as empresas a oportunidade de aumentar sua escala de operações, tanto na produção quanto nas vendas, com redução de custos por unidade adicional produzida (economia de

---

3   Também conhecido como *Acordo de Livre Comércio da América do Norte*.

escala). A comercialização dentro dos blocos favorece o aprendizado e a obtenção de ganhos de produtividade, proporcionando às organizações a chance de competir fora das fronteiras nacionais por terem mais acesso aos fatores de produção. A mão de obra e outros insumos podem ser alocados de forma mais eficiente, o que resulta em preços mais competitivos.

3. **ATRAIR INVESTIMENTOS DIRETOS E DENTRO DO BLOCO**: Em oposição aos investimentos em países isolados, as empresas optam por investir naqueles que fazem parte do bloco econômico, pelo tratamento preferencial que obtêm e pela facilitação de exportações.

4. **FORTALECER A POSIÇÃO DEFENSIVA E POLÍTICA**: A integração regional permite aos países-membros do bloco econômico uma posição defensiva mais forte em relação a outras nações e regiões mundiais. As nações detêm mais poder quando cooperam entre si do que quando operam individualmente.

Na adoção de estratégias de crescimento e diversificação de mercados, de competitividade e de expansão da produção, as empresas precisam conhecer as condições e as particularidades dos mercados externos, bem como identificar suas próprias fontes de competitividade, de modo a implantar políticas de atuação voltadas para as exportações. É necessário conhecer o comportamento da demanda mundial relevante, seus principais competidores nesse mercado e a forma pela qual as outras organizações do ramo estão atuando no mercado externo, ou seja, **o que**, **para onde** e **como** estão exportando.

As empresas, antes de se lançarem no mercado externo, precisam identificar o mercado (região, país) que apresenta melhores condições para receber seu produto, incluindo os requerimentos técnicos e alfandegários e a estrutura legal e tributária necessária para efetivar a exportação.

1.1.2.1 União Europeia (UE)

Iniciando a apresentação específica dos blocos econômicos, começaremos pela **UE**, que surgiu em 1957 com a denominação de *Comunidade Econômica Europeia* (CCE), resultado do Tratado de Roma, com a união de seis países europeus. Sua formação objetivou harmonizar leis e regulamentos nacionais dos países-membros para que os produtos, os serviços, as pessoas e o dinheiro pudessem fluir livremente pelas fronteiras nacionais. Um dos marcos da CEE foi a criação do euro, em 1991, pelo Tratado de Maastricht (formalmente conhecido como *Tratado da União Europeia* – TUE). Em 7 de fevereiro de 1992, a CEE passou a ser conhecida como *União Europeia* (UE), e o euro passou a ser adotado pelos países-membros como moeda única, entrando em circulação efetiva em 2002.

> Atualmente, 28 países fazem parte da UE: Alemanha, Áustria, Bélgica, Bulgária, Chipre, Croácia, Dinamarca, Eslováquia, Eslovênia, Espanha, Estônia, Finlândia, França, Grécia, Hungria, Irlanda, Itália, Letônia, Lituânia, Luxemburgo, Malta, Países Baixos, Polônia, Portugal, Reino Unido, República Tcheca, Romênia e Suécia. Destaca-se que, entre esses países, fala-se mais de 25 idiomas diferentes (União Europeia, 2016).

O Mapa 1.1, a seguir, mostra a evolução da configuração da UE com a incorporação gradativa de novos países ao bloco econômico, o que tem sido feito com o esforço da comunidade em adequar a infraestrutura dos países-membros à competição e participação econômica no bloco. Os exemplos da Espanha e de Portugal são notórios na modernização das redes de transporte terrestres (rodovias e ferrovias).

Mapa 1.1 – Evolução econômica e política da UE

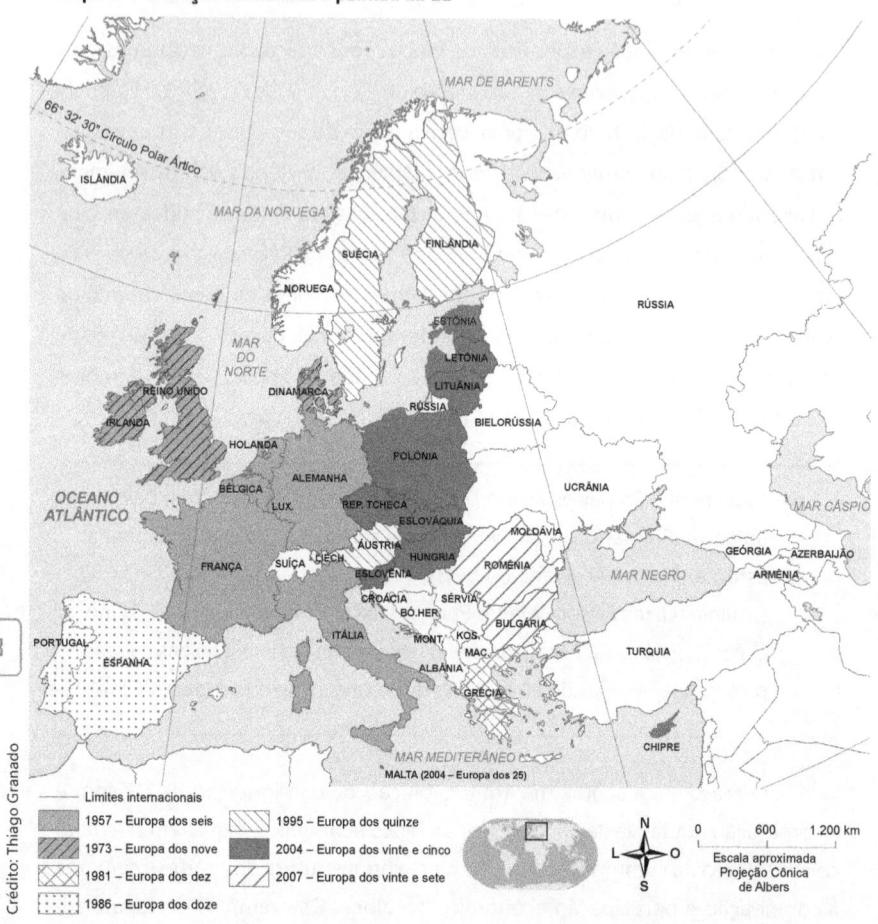

Legenda:
- Limites internacionais
- 1957 – Europa dos seis
- 1973 – Europa dos nove
- 1981 – Europa dos dez
- 1986 – Europa dos doze
- 1995 – Europa dos quinze
- 2004 – Europa dos vinte e cinco
- 2007 – Europa dos vinte e sete

MALTA (2004 – Europa dos 25)

Escala aproximada
Projeção Cônica de Albers
0   600   1.200 km

Crédito: Thiago Granado

Fonte: Adaptado de Barreiro, 2014.

Quadro 1.1 – Países que aderiram à União Europeia por ano de adesão

Ano de adesão	Países	Total de países
2013	Croácia	28
2007	Bulgária; Romênia	27
2004	Chipre; República Tcheca: Estônia; Hungria; Lituânia; Letônia; Malta; Polônia; Eslovênia; Eslováquia	25
1995	Áustria; Finlândia; Suécia	15

(continua)

(Quadro 1.1 – conclusão)

Ano de adesão	Países	Total de países
1986	Espanha; Portugal	12
1981	Grécia	10
1973	Dinamarca; Irlanda; Reino Unido	9
1958	Bélgica; Alemanha; França; Itália; Luxemburgo; Países Baixos	6

Fonte: Adaptado de União Europeia, 2016.

Keegan e Green (2013) destacam que a Comissão Europeia[4] define alguns aspectos significativos para o mercado circunscrito pela UE, em analogia ao composto de *marketing*, a saber:

PRODUTO: Os produtos devem ser harmônicos, com seu conteúdo e padrões (dimensões, pesos, especificações) alinhados de modo a possibilitar às empresas a oportunidade de explorar economias de escala pela redução do número de adaptações dos bens que comercializam.

PREÇO: O ambiente se torna mais competitivo, e o euro, como moeda única, dá mais transparência, facilitando comparações de preço do mesmo produto em países diferentes.

PROMOÇÃO: Há orientações comuns para as transmissões televisivas e normas uniformes para os comerciais de televisão.

PRAÇA: Busca-se a simplificação dos documentos de trânsito com a eliminação das formalidades aduaneiras nas fronteiras.

Os autores Cavusgil, Knight e Riesenberger (2010) destacam algumas condições definidas pela UE sobre o acesso ao mercado, com o propósito de formar um mercado comum, com regras comerciais uniformes e harmonização de padrões de produtos:

ACESSO AO MERCADO: Eliminação de tarifas e barreiras não tarifárias no comércio de bens e serviços e regras de favorecimento da industrialização com peças fabricadas na UE.

MERCADO COMUM: Remoção de barreiras à movimentação de fatores de produção, tais como mão de obra, capital e tecnologia. Por exemplo: um trabalhador italiano tem o direito de obter um emprego na Irlanda, e uma empresa francesa pode investir livremente na Espanha.

---

[4] Órgão executivo da UE que representa os interesses do bloco no conjunto, e não os interesses individuais de cada país.

REGRAS COMERCIAIS: Eliminação de grande parte de procedimentos e regulamentações aduaneiras, racionalizando procedimentos logísticos (transporte, armazenagem, documentação etc.).

HARMONIZAÇÃO DE PADRÕES: Padrões técnicos, regulamentações e procedimentos relativos a bens e serviços e atividades comerciais são harmonizados e unificados. Um exemplo é o sistema métrico, usado normalmente no continente, mas não na Grã-Bretanha.

A corrente comercial do Brasil para a UE, segundo dados do Ministério do Desenvolvimento, Indústria e Comércio Exterior (Brasil, 2016l), apresenta como principais produtos exportados: soja (grãos, óleos e farelo); produtos minerais; café; tubos de aço, ouro e fumo. Já entre os importados estão: derivados de petróleo; automóveis e partes; aviões; gás natural liquefeito e produtos químicos.

1.1.2.2 NORTH AMERICAN FREE TRADE AGREEMENT (NAFTA)

O **Nafta** refere-se à integração das economias dos Estados Unidos, do Canadá e do México. O acordo não estabelece uma zona de livre comércio entre os três países, mas possibilita vantagens no acesso a seus mercados ao eliminar tarifas e barreiras alfandegárias, propiciar preferência nas compras governamentais e ditar regras favoráveis de comércio (tipos de proteção, padrões e leis contra práticas desleais de comércio) e serviços (regras de negociação, serviços financeiros, de seguro, transporte e telecomunicações, entre outros).

Em 1994, os Estados Unidos realizaram esforços diplomáticos para a instalação da Área Livre de Comércio da América (Alca) como extensão do Nafta para toda a América Latina, exceto Cuba. A proposta apresentou problemas de implantação, sendo refutada e praticamente abandonada no fim de 2005. É notório que, além de interesses econômicos, as questões políticas são fundamentais na formação de blocos econômicos, por isso seu conceito se sustenta na harmonia, no equilíbrio e no consenso sobre os interesses dos diversos países.

O Nafta se constitui no bloco econômico mais importante para as Américas; desde sua concepção, em 1994, o comércio entre seus membros mais do que triplicou (Cavusgil; Knight; Riesenberger, 2010).

> A associação empresarial American Chamber of Commerce for Brazil (Amcham-Brasil) atua na viabilização de alternativas e atividades para os interessados na relação com o mercado norte-americano. Fundada em 1919, em seus mais de 90 anos de atuação, a Amcham-Brasil se tornou a maior câmara americana de comércio entre as 104 existentes nos mais diversos países. É a maior fora dos Estados Unidos, com cerca de 5 mil associados, e está presente em 13 cidades. De acordo com seu *site*, a Amcham-Brasil se apresenta como a maior entidade empresarial não sindical do país, atuando em múltiplos setores, com prestação de serviços[5] diversificados.

1.1.2.3 Asia-Pacific Economic Cooperation (Apec)

A **Apec**, um dos blocos de mais destaque no panorama mundial, teve origem em 1989 em um fórum de conversações informais e assumiu contornos de bloco econômico na Conferência de Seattle, nos Estados Unidos, em 1993. A cooperação reúne Estados Unidos, Japão, China, Formosa (Taiwan), Coreia do Sul, Hong Kong, Cingapura, Malásia, Tailândia, Indonésia, Brunei, Filipinas, Austrália, Nova Zelândia, Papua Nova Guiné, Canadá, México e Chile (Apec, 2016).

O encontro de cúpula em Bogor (Indonésia), realizado em novembro de 1994, estabeleceu o objetivo de consolidar a Apec até 2020. Esse bloco econômico se mostra grande e significativo mundialmente: a produção dos países-membros representa 50% da produção mundial e envolve 46% do comércio global. Dessa forma, quando consolidado, será o maior bloco econômico do mundo (Apec, 2016).

1.1.2.4 Mercado Comum do Sul (Mercosul)

O **Mercosul** teve origem nos acordos comerciais entre Brasil e Argentina, elaborados em meados dos anos de 1980. Conforme o Ministério de Relações Exteriores – MRE (Brasil, 2016i), o Mercosul se consolidou em 26 de março de 1991, sendo composto, até aquele momento, por Argentina, Brasil, Paraguai e Uruguai, nações sul-americanas que adotaram políticas de integração econômica e aduaneira. Em 12 de agosto de 2012, a Venezuela juntou-se ao bloco. A Bolívia é Estado-parte

---

5 Você pode obter informações sobre como fazer investimentos nos Estados Unidos por meio do *site* da instituição: <http://www.amcham.com.br/o-que-somos>.

em processo de adesão, bem como o Chile (desde 1996), o Peru (desde 2003), a Colômbia e o Equador (ambos desde 2004), a Guiana e o Suriname (ambos desde 2013).

O Mercosul foi consolidado em 1995 e, a partir desse ano, cerca de 90% das mercadorias fabricadas nos países-membros puderam ser comercializadas sem tarifas de importação. No entanto, alguns setores mantêm barreiras tarifárias temporárias, as quais estão sendo reduzidas gradualmente por meio de negociações. Além da extinção de tarifas internas, o bloco estipula a união aduaneira, com a padronização das tarifas externas para diversos itens (Congresso Nacional, 2016).

A exemplo dos demais blocos econômicos, o Mercosul objetiva consolidar a integração política, econômica e social entre os países, fortalecer os vínculos entre os cidadãos do bloco e contribuir para melhorar sua qualidade de vida. A integração econômica, por sua vez, objetiva potencializar as condições de competição dos produtos dos países do bloco no comércio internacional.

1.2 O Brasil no comércio exterior e o comércio exterior no Brasil

O Brasil ainda apresenta uma participação pequena no fluxo de comércio internacional. Contudo, o comércio exterior, conforme mencionamos anteriormente, se mostra significativo para a economia brasileira, sendo considerado um dos direcionadores (*drivers*) do crescimento e do desenvolvimento nacional.

O comércio de bens é preponderante nos fluxos de comércio do Brasil. Por outro lado, a participação do setor de serviços tem aumentado gradativamente nos últimos anos. No entanto, o saldo das contas brasileiras de serviços é historicamente deficitário, problema que pode ser associado a três contas: Viagens internacionais, Aluguéis de equipamentos e Transportes. O desempenho negativo desta última conta pode ser relacionado ao fato de o país não dispor de frota mercante nacional, o que significa que os navios contratados para a movimentação das *commodities* agrícolas e minerais e contêineres são de bandeira estrangeira. Essa dinâmica remete às iniciativas governamentais para a recuperação da indústria naval brasileira – que têm se orientado prioritariamente para a construção de plataformas marítimas para a exploração de petróleo no litoral (pré-sal) –, em razão de sua pequena capacidade de construção de navios.

Apesar desse obstáculo, sabemos que a internacionalização do transporte marítimo é uma realidade global. Um exemplo disso são os Estados Unidos, que, apesar de sua importância no comércio mundial, não contam com empresa armadora de navios porta-contêineres. A ausência de navios de bandeira nacional não é considerada impedimento para uma atuação mais significativa no comércio exterior, pois, o mercado tem sido atendido por grandes armadores multinacionais. O importante é a estratégia governamental brasileira para a atuação no mercado global e como essa coordenação pode ser adotada pelas empresas do país, conforme mostraremos a seguir.

> O Ministério do Desenvolvimento, Indústria e Comércio Exterior (MDIC) disponibiliza uma ferramenta fundamental para quem deseja atuar no comércio exterior: a instrução programada **Aprendendo a exportar**, que mostra de forma didática e de fácil compreensão os passos básicos para a atuação no comércio exterior, com simuladores e análise de mercados de produtos específicos, como calçados, alimentos, artesanato, confecções, flores, gemas e joias, máquinas, móveis e pescados. Você pode fazer o *download* gratuito desse material no *site* do Aprendendo a exportar (http.//www.aprendendoaexportar.gov.br).

O primeiro passo para uma empresa que deseja exportar é a definição do produto a ser vendido nos mercados estrangeiros. A organização deve identificar, em sua linha de produtos, aqueles que poderão atender às necessidades e preferências dos consumidores dos mercados-alvos estrangeiros. Desse modo, fatores como níveis de preços praticados no exterior, processos de distribuição do produto, tipos de promoção do produto, capacidade de produção, formas usuais de embalagem, disponibilidade e alternativas de transporte para o exterior, exigências tarifárias e não tarifárias praticadas no mercado de destino e formas de atuação da concorrência devem ser levados em consideração.

Se, por um lado, o comércio exterior pode representar a oportunidade de enfrentar a concorrência local e compensar sazonalidades, por outro, pode ser extremamente desafiador. Por isso, antes de entrar em um mercado, é necessário conhecê-lo, o que exige reunir a maior quantidade possível de informações sobre o país (ou os países) para o qual se deseja exportar. Esse esforço indica que a introdução no comércio exterior dificilmente se justifica como uma eventualidade –

trata-se de uma estratégia empresarial para alçar-se a um novo patamar de competição. Além disso, o investimento incorrido, na maior parte das vezes, só retorna em médio ou longo prazo.

Nesse sentido, Keegan e Green (2013) afirmam que a participação no mercado global é a extensão das operações de uma organização para os mercados mundiais. Assim, a decisão de passar a atuar em um ou mais mercados externos ao país de origem depende da análise conjunta dos recursos da companhia, da intenção explícita da alta administração e, logicamente, da natureza e do diagnóstico das oportunidades e ameaças identificadas nos mercados-alvos.

Para se avaliar o potencial dos mercados, Cavusgil, Knight e Riesenberger (2010) sugerem as seguintes dimensões:

TAMANHO DE MERCADO: Refere-se ao tamanho da população de um país e, sobretudo, sua taxa de urbanização. Por exemplo: a China e a Índia constituem-se em países de grande população (cerca de 2,6 bilhões de habitantes) com taxas de urbanização crescentes.

CRESCIMENTO DE MERCADO: É medido pela taxa de crescimento real do Produto Interno Bruto (PIB). Por exemplo: a China, de 1997 a 2004, cresceu a taxas anuais que variaram entre 7,1% e 9,3%; a Índia, entre 0,3% e 6,9%; e o Brasil, entre 0,1% e 4,3% (Galvão, 2007).

INTENSIDADE DE MERCADO: os níveis de consumo privado e os gastos da população.

CAPACIDADE DE CONSUMO DE MERCADOS: É a participação da renda da classe média na renda do país.

INFRAESTRUTURA COMERCIAL: É a dimensão do mercado com base em dados representativos, como números de telefones móveis, quantidade de computadores pessoais, participação de estradas pavimentadas no país todo e número de lojas por habitante.

LIBERDADE ECONÔMICA: É o grau de intervenção econômica governamental no mercado.

RECEPTIVIDADE DE MERCADO: É a disposição que um mercado emergente tem em comercializar com o país exportador.

Os dados sobre os mercados podem ser obtidos de fontes internacionais, como órgãos da Organização das Nações Unidas (ONU), entre os quais podemos destacar a Conferência das Nações Unidas sobre Comércio e Desenvolvimento (United Nations Conference on Trade and Development – Unctad), a Organização das Nações Unidas para Alimentação e Agricultura (Food and Agriculture Organization – FAO), o Fundo Monetário Internacional (FMI), a Organização para a Cooperação e Desenvolvimento Econômico (OCDE), o Banco Mundial (BM), o Banco Interamericano para Desenvolvimento (BID), entre outros.

No Brasil, os dados sobre o comércio exterior estão disponibilizados no *site* do MDIC[6], especialmente no Sistema de Análise das Informações de Comércio Exterior, denominado *AliceWeb*[7], da Secretaria de Comércio Exterior (Secex) do MDIC. Esse sistema foi desenvolvido para modernizar as formas de acesso e a sistemática de disseminação das estatísticas brasileiras de exportações e importações.

As estatísticas apresentadas no *site* do MDIC se mostram relevantes por:

- retratar e apresentar avaliações sobre o movimento comercial do país com as demais nações do mundo, englobando as vendas e as compras efetuadas externamente;
- possibilitar a análise histórica do comportamento do intercâmbio comercial brasileiro, um dos mais importantes indicadores de desempenho da economia;
- constituir um instrumento básico para a tomada de decisão e a determinação de diretrizes econômicas por parte do governo;
- permitir aos agentes envolvidos na atividade o planejamento de suas ações pela análise dos dados concretos das exportações e importações, aumentando as oportunidades de desenvolvimento do comércio externo.

Vale lembrarmos que a entrada no comércio exterior deve ser uma decisão bem avaliada. Nesse sentido, o MDIC também apoia empreendimentos cuja meta é participar do mercado global por meio da Agência Brasileira de Promoção de Exportações e Investimentos – Apex-Brasil (Brasil, 2016t), que atua por intermédio

---

6   Para saber mais, acesse: <http://www.mdic.gov.br/sitio/>.
7   O AliceWeb é atualizado mensalmente e tem como base de dados o Sistema Integrado de Comércio Exterior (Siscomex), também ligado ao MDIC, à Secretaria da Receita Federal (SRF) e à Secretaria de Comércio Exterior (Secex), que administra o comércio exterior brasileiro. O acesso ao AliceWeb é gratuito, basta realizar o cadastro e fazer as consultas desejadas. Conheça esse sistema acessando <http://aliceweb.mdic.gov.br>.

de escritórios em diversos países a fim de promover os produtos e serviços brasileiros e atrair investimentos estrangeiros para setores estratégicos da economia brasileira.

As ações da Apex-Brasil são as mais diversificadas para a promoção comercial de produtos e serviços brasileiros no exterior, englobando missões prospectivas e comerciais, rodadas de negócios, apoio à participação de empresas brasileiras em grandes feiras internacionais e visitas de compradores estrangeiros e formadores de opinião para conhecer a estrutura produtiva brasileira, com o objetivo de fortalecer a marca no Brasil (Brasil, 2014c).

Da mesma forma, a agência coordena iniciativas de atração de investimentos estrangeiros diretos (IED), focalizando setores estratégicos da competitividade do país (Brasil, 2016p). Um dos programas desenvolvidos pela Apex-Brasil nesse sentido é o Brasil *Trade*[8], cujo objetivo é a promoção comercial para o setor exportador brasileiro, visando ao aumento das exportações de micro, pequenas e médias empresas (MPMEs). Outra proposta da Apex-Brasil é apoiar a criação de empresas comerciais exportadoras (ECEs), que devem atuar como *trading companies*[9] e ser identificadas e qualificadas. As ECEs atuam no comércio exterior para o aumento das exportações de MPMEs, de modo a criar oportunidades de negócios e agir como representantes comerciais junto a compradores internacionais. Essas ações de promoção comercial internacional são realizadas em parceria com o Conselho Brasileiro das Empresas Comerciais Importadoras e Exportadoras (Ceciex, 2016).

---

[8] Saiba mais sobre esse projeto acessando: <http://www.apexbrasil.com.br/participe-dos-nossos-projetos-com-as-entidades-setoriais>.

[9] Abordaremos as *trading companies* com mais profundidade no Capítulo 5.

Para saber mais

O *site* da Apex-Brasil oferece um interessante material no *link* "Quero exportar", que conta com duas opções: "O passo a passo para você começar" e "E para exportar ainda mais?". Seus respectivos menus também detalham alguns procedimentos importantes sobre o comércio exterior.

APEX-BRASIL – Agência Brasileira de Promoção de Exportações e Investimentos. Disponível em: <www.apexbrasil.com.br/home/index>. Acesso em: 24 maio 2016.

Para conhecer mais sobre o assunto comércio exterior, consulte o texto *Mapa estratégico de mercados e oportunidades comerciais para as exportações brasileiras*, que apresenta alternativas de mercado, produtos e países.

APEX-BRASIL – Agência Brasileira de Promoção de Exportações e Investimentos. Ministério do Desenvolvimento, Indústria e Comércio Exterior. **Mapa estratégico de mercados e oportunidades comerciais para exportações brasileiras** Disponível em: <http://geo.apexbrasil.com.br/Oportunidades_Comerciais.html>. Acesso em: 18 nov. 2015.

De acordo com o Ministério do Desenvolvimento, Indústria e Comércio Exterior (Brasil, 2016k), as ECEs oferecem subsídios e informações aos exportadores sobre:

- procedimentos aduaneiros e gerenciamento de processo na aduana de origem e/ou destino;
- controle de processo, com a realização de ações operacionais para o fechamento de negócios;
- contratos internacionais, apoiando a segurança jurídica dos negócios realizados;
- operações financeiras, buscando a redução de riscos financeiros nos negócios;
- operações logísticas, procurando alternativas de melhor custo-benefício na movimentação de mercadorias;

- relações comerciais, para prospecção, conquista e manutenção de clientes estrangeiros;
- controle de processo, apoiando ações operacionais para fechamento de negócios.

A Apex-Brasil, assim como outras entidades, atua no fomento e no incentivo à participação em feiras internacionais de promoção de produtos, apoiando os participantes brasileiros na montagem de *stands* e na instrumentação com materiais de divulgação, o que possibilita a realização de negócios.

Destacamos também o **Sistema Radar Comercial**, instrumento de consulta e análise de dados (*data mining*) do comércio exterior ligado à Secex, que objetiva auxiliar exportadores na seleção de mercados e produtos com maior potencial para as exportações brasileiras[10]. Os dados se referem ao preço médio de produtos, à identificação de importadores em potencial, ao desempenho das exportações brasileiras, aos valores de exportação e importação, aos principais países concorrentes e à discriminação de medidas tarifárias e não tarifárias (Brasil, 2016u)[11].

A seguir, apresentamos as relações entre as atividades do comércio exterior e os profissionais da logística internacional, cujas atribuições se entrelaçam em competências e requerimentos similares.

1.2.1 Negócios internacionais e o profissional de logística

A entrada em mercados internacionais demanda competências específicas dos profissionais que atuam nas atividades logísticas, pois o transporte e os procedimentos de importação e de exportação ocorrem em situações mais complexas do que as dos mercados domésticos, já que se processam em ambientes com sistemas políticos, sociais e legais distintos.

A diversidade dos povos, no que diz respeito a cultura, localização geográfica e aspectos econômicos, influencia diretamente a realização dos negócios internacionais. Conhecer o ambiente de atuação dá ao profissional a possibilidade de intervir em uma situação particular, uma vez que poderá adotar condutas

---

[10] Confira mais informações sobre o Sistema Radar Comercial em: <http://radar.desenvolvimento.gov.br/o-que-e-o-radar>. Realize seu cadastro para ter acesso às informações.

[11] Esses dados podem ser obtidos mediante o cadastro no *site*: <http://aliceweb.mdic.gov.br//index/>.

pertinentes a ela. Em outras palavras, a logística internacional requer do profissional a capacitação de um especialista em negociações internacionais.

Para tanto, o profissional de logística internacional precisa conhecer o perfil dos clientes que potencialmente irão adquirir o produto para ajustar e adaptar sua produção no que se refere a matérias-primas, equipamentos, normas técnicas, legislação e processos produtivos. Essa capacidade de adaptação está associada às condições culturais, climáticas, de infraestrutura e à localização do país importador.

Cavusgil, Knight e Riesenberger (2010) definem essas habilidades como parte da **competência intercultural**. Esta é essencial para muitas atividades gerenciais, como:

- desenvolvimento de produtos e serviços;
- comunicação e interação com parceiros comerciais;
- prospecção e seleção de distribuidores e outros parceiros estrangeiros;
- negociação e estruturação dos investimentos internacionais;
- interação com clientes atuais e potenciais do exterior;
- preparação para participação em feiras de negócios no exterior;
- preparação de material publicitário promocional.

O processo de negociação internacional, mais do que simplesmente materializar negócios, significa compartilhar, conhecer, entender e buscar conhecimentos sobre as culturas de modo a se adaptar à forma de comportamento negocial. De acordo com Bornhofen e Kistenmacher (2007), na negociação internacional, o negociador leva consigo seus elementos culturais como estrutura de apoio, pois, independentemente do que se está negociando, sempre haverá uma interação entre os *stakeholders*[12].

No que diz respeito à competência intercultural, esta pode ser entendida como resultante da percepção, do entendimento e da consideração da diversidade da cultura dos povos, com base na identificação dos *stakeholders*.

Como o termo *cultura* pode ser definido? De forma simplificada, podemos afirmar que a cultura está relacionada a valores e atitudes que determinada sociedade toma como base para suas ações. Segundo Palácios e Sousa (2004), a cultura pode ser entendida como um conjunto de normas, valores, comportamentos,

---

12 Pessoas ou organizações que tenham interesse ou sejam afetados pelo processo (*stake*: "interesse", "participação", "risco"; *holder*: "aquele que possui").

linguagens, religiões, educação, ideologias e relações sociais de um grupo ou comunidade de pessoas.

A complexidade dos negócios internacionais requer um profundo conhecimento de culturas e idiomas. Cavusgil, Knight e Riesenberger (2010) propõem cinco diretrizes para o relacionamento intercultural:

1. Adquirir conhecimento sobre fatos e interpretações da outra cultura em relação à sua e procurar falar o idioma do país.
2. Evitar o viés cultural, pois a principal causa de problemas culturais são as premissas etnocêntricas (não se deve pensar que o estrangeiro pensa como nós pensamos); a cultura de um indivíduo condiciona-o a reagir a valores e a situações.
3. Desenvolver habilidades interculturais para trabalhar de forma efetiva com parceiros – esse desenvolvimento requer investimento contínuo na formação profissional, pois é essencial entender que cada cultura tem seus meios para conduzir as transações comerciais.
4. Contornar a ambiguidade, o que implica aprender a lidar com a falta de clareza e as incertezas nos processos de negociação; significa ser resiliente nos processos de resolução de conflito.
5. Desenvolver a percepção e a capacidade de observar informações sutis na fala e no comportamento e adaptar-se à necessidade de ser criativo na concepção de soluções inovadoras.

A introdução constante de novos produtos (ou antigos, mas com novas configurações) no mercado, com a redução do tempo de entrega, exige um profissional de logística mais voltado aos resultados e aos recursos da empresa.

Lambert, Stock e Vantine (1998) afirmam que, com destaque para o transporte, as principais decisões da logística estão relacionadas à área de *marketing*, entre as quais estão:

DECISÃO DE PRODUTO: Ao conceber produtos, é necessário levar em consideração as condições de transporte com relação a seus atributos físicos, custos, alternativas e disponibilidade de meios de movimentação.

DECISÃO DE ÁREA DE MERCADO: O local de destino das vendas pode ser afetado pela disponibilidade de transporte e pelas próprias características físicas dos produtos.

DECISÕES DE COMPRA: As características físicas do produto definem o que comprar, quando comprar, como comprar e como receber ou expedir.

DECISÕES DE LOCALIZAÇÃO: As decisões de localização de fábricas, armazéns, escritórios, lojas e outras instalações comerciais devem considerar também a disponibilidade de transporte, pois seus custos são relevantes e variam de acordo com a natureza da carga transportada.

DECISÕES DE PREÇO: O transporte é uma atividade econômica básica de cada país, e variações de custos podem se refletir nos preços finais do produto e na rentabilidade dos negócios.

Além da interação com a área de *marketing*, o profissional de logística deve desenvolver conhecimentos relativos:

- à geografia econômica, ou seja, ao entendimento dos fluxos de comércio no mundo, segundo os principais grupos de produtos e países exportadores e importadores e a localização dos portos e aeroportos, com suas múltiplas possibilidades de intermodalidade;
- ao mercado de câmbio e de seguros internacionais e intervenientes financeiros;
- às técnicas de negociação em situações complexas e com restrições de tempo e lugar;
- à regulamentação e procedimentos aduaneiros, que são críticos para a realização de negócios e encaminhamentos logísticos;
- à proficiência na língua do país com o qual se está negociando; no entanto, o domínio completo da língua inglesa é imprescindível.

É nesse sentido que enfatizamos a importância de o profissional de logística internacional estar capacitado para atuar em ambientes complexos, ter habilidades diferenciadas e estar preparado para identificar alternativas de curso de ação para solução de problemas técnicos e outros advindos das diversidades culturais, institucionais e legais que caracterizam o ambiente de negócios internacionais.

Estudo de caso

O mercado de transporte de contêineres *reefers* na Costa Leste da América do Sul

O comércio marítimo internacional tem se especializado e atuado nos mais diversos setores econômicos, e um deles é o mercado de transporte de carga refrigerada em contêineres *reefers*. O transporte de carga refrigerada é realizado por meio de contêineres especiais, denominados *reefers*, isolados termicamente e dedicados ao transporte de cargas que requeiram temperatura controlada e constante, principalmente gêneros alimentícios, como frutas (melão, mamão papaia, manga, entre outras), carnes vermelhas e brancas e frutos do mar. Essas cargas geralmente são divididas em dois grupos: carga fresca (produtos com menor prazo de validade, armazenados e transportados em temperaturas positivas próximas a 0 °C) e carga congelada (transportada em temperaturas negativas).

Esse setor foi analisado e no artigo *The Potencial of Reefer Cargo in South America East Cost: a Logistics Analysis and Diagnosis* (Galvão; Robles, 2014), apresentado na Conferência Mundial da Sociedade de Pesquisa em Transporte (World Conference on Transport Research Society – WCTRS), em 2013, no Rio de Janeiro. Nessa pesquisa, foi demonstrado que a movimentação dos contêineres *reefers* caracteriza um importante nicho de mercado explorado pelos armadores, mesmo considerando custos operacionais e riscos mais elevados e uma cadeia de suprimentos bastante exigente.

Esse mercado tem potencial significativo e apresenta desenvolvimento notável na movimentação dos portos da Costa Leste da América do Sul, que compreende uma área geográfica da cidade de Punta Arenas (Chile) a Manaus (Brasil) e envolve quatro países envolvidos (Brasil, Argentina, Uruguai e Paraguai).

No Brasil, nos últimos anos essa movimentação apresentou desenvolvimento constante, o que se refletiu não só em instalações de acondicionamento e de movimentação de carga, mas também na atuação incisiva de armadores e em investimentos em terminais portuários dedicados. Em 2011, aponta o artigo, os contêineres *reefers* corresponderam a cerca de 27% dos TEUs[13] movimentados na exportação.

O artigo apresentado na WCTRS se desenvolveu em três seções: a primeira descreveu as características do sistema de transporte de *reefers*, como embalagem para embarcadores, necessidade de conexão com dispositivos para fornecimento de energia e instalações requeridas nos terminais portuários e nos navios para atender essas exigências; na segunda, foram descritos os principais aspectos do transporte de *reefers* nos portos da área de estudo, como fluxos de carga, infraestrutura e economias de escala resultantes da introdução de navios Post-Panamax, além das características do processo de conteinerização dessas cargas; na terceira parte foram analisadas as exportações brasileiras de produtos perecíveis, identificando os principais produtos, portos exportadores e regiões de produção, além da relação entre os embarcadores e as empresas armadoras, especialmente os recentes processos de fusão de empresas na cadeia logística do frio.

O estudo, de caráter exploratório, se baseou em relatórios técnicos, na identificação e análise de estatísticas (de empresas de consultoria especializadas) e em entrevistas semiestruturadas aplicadas com executivos do setor, abordando-o tanto do ponto de vista dos embarcadores como dos armadores.

O transporte de cargas refrigeradas, apesar de seus custos relativamente mais altos, é considerado um nicho lucrativo para os armadores e apresentou um crescimento notável nos últimos anos, atendendo às diversas mudanças na logística internacional de bens perecíveis. Esses custos elevados decorrem da necessidade de acoplamento a tomadas de energia elétrica e a seus custos em viagens carregadas. É interessante realizar uma comparação com os contêineres. *Reefers* apresentam volume em m^3 menor, tara maior e espaço interno menor em razão de revestimentos e equipamento (compressor). No entanto, sua capacidade útil é maior, conforme dados da Hamburg Süd (2016): em termos médios, tem-se que um contêiner *reefer* de 20 pés (TEU), comparado a um *dry* (carga seca), tem capacidade

---

[13] Um TEU (*twenty feet equivalent unit*), unidade básica do equipamento, representa capacidade de carga de um contêiner marítimo de 20 pés de comprimento (6,058 m) por 8 pés (2,438 m) de largura e 8 pés (2,591 m) de altura (WServ Logistics, 2016).

cúbica de 30,0 m³ (10% menor), capacidade de carga de 27,5 t (8,6% menor) e tara de 3,2 t (17,7% maior) (Hamburg Süd, 2016).

Os autores do artigo afirmam que uma resultante do avanço da tecnologia de transporte por contêineres *reefers* é a disponibilidade de frutas, carnes e peixes em condições confiáveis e mais baratas, com preços atraentes e com pouca sazonalidade em supermercados do mundo todo. Logo, tal avanço atendeu à demanda crescente desses produtos na generalização do uso de contêineres. Esse fluxo de comércio, diferentemente do mercado de contêineres de carga seca, se expandiu e se concentrou em movimentos do Sul para o Norte, conforme mostra o Mapa 1.2.

Mapa 1.2 – Principais rotas de movimentação de cargas perecíveis

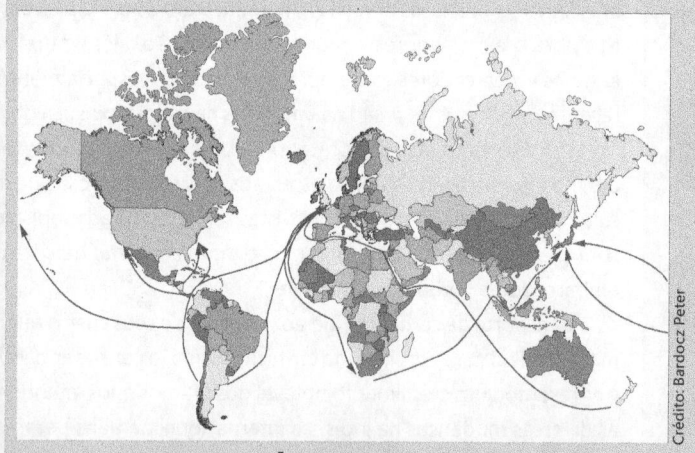

Crédito: Bardocz Peter

Fonte: De Haan, 2005, citado por Galvão; Robles, 2014, p. 3.

Os autores apontam que o primeiro serviço desse tipo de contêiner aconteceu no início na década de 1970 e foi impulsionado pela adequação de navios com dispositivos de energia para atender os *reefers*, possibilitando as vantagens de adaptação a lotes menores de carga por parte dos embarcadores, com a movimentação nas cadeias logísticas de frios sem necessidade de armazenagens intermediárias, o que viabilizou serviços porta a porta em transporte intermodal.

O artigo considerou que a carga *reefer*, por suas exigências especiais e criticidade nas condições de transporte e temperatura, constitui um nicho de mercado muito específico e operado por especialistas, mas que o mercado de transporte de mercadorias perecíveis da América do Sul vai continuar crescendo nos próximos anos, especialmente no Brasil e Argentina.

O mercado sul-americano concluiu seu processo de conteinerização; o setor se apresenta concentrado, contando com operadores grandes e um nicho de transporte especializado, com desenvolvimento em expansão, processos de fusão, melhoria da infraestrutura de terminais portuários e a operação se aproveitando do avanço dos investimentos em tecnologia embarcada[14].

Fonte: Elaborado com base em Galvão; Robles, 2014.

Questões sobre o estudo de caso

1. Quais são os principais produtos transportados em contêineres *reefers* nas exportações brasileiras?

2. Qual é a importância do desenvolvimento de técnicas para o transporte de longa distância de cargas refrigeradas?

3. Quais são os cuidados necessários para a movimentação de produtos refrigerados no comércio internacional?

---

14 Tecnologia presente no equipamento para operação de contêineres *reefers*. A tecnologia embarcada consegue executar várias funções predefinidas por meio de sua engenharia e se dedicar a tarefas específicas, otimizando, assim, todo o projeto, pois consegue reduzir tamanho, recursos computacionais e custo do produto.

Léo Tadeu Robles • Marisa Nobre

Perguntas & respostas

Quais são os principais fatores determinantes do comércio internacional?

Os principais fatores que devem ser levados em consideração dizem respeito aos custos, à concorrência e à tecnologia. Para as empresas, o comércio global decorre da necessidade de compensar investimentos de capital e enfrentar os custos dos processos de fabricação. Essa compensação pode ser atingida com volumes maiores de produção, quando de um posicionamento favorável diante da concorrência e expansão das empresas de outros países. O mercado global ainda implica seguir os concorrentes para onde forem, identificar e atender os interesses dos clientes por novos produtos e abrir novos mercados, ampliando os canais de distribuição. Da mesma forma, as tecnologias vêm alterando as formas de se fazer negócio, facilitando o *e-commerce* e a conectividade entre os mercados.

Qual é o perfil esperado pelo mercado de trabalho para o profissional de logística internacional?

O profissional de logística internacional deve estar preparado para realizar o planejamento de movimentações e inter-relações com clientes mundiais, conhecer legislações fiscais e aduaneiras e ter capacitação nas negociações de câmbio e de contratação de seguros. Para tanto, é necessário que desenvolva habilidades de negociações complexas e que tenha proficiência na língua inglesa, idioma comum no relacionamento com os intervenientes das cadeias logísticas globais.

De forma geral, o que significa "integração econômica entre países"?

A integração econômica diz respeito à eliminação de tarifas e barreiras não tarifárias no comércio de bens e serviços; ao estabelecimento de regras de incentivo e de facilitação de acesso aos mercados; à remoção de barreiras à movimentação de fatores de produção, como mão de obra, capital e tecnologia; à eliminação de procedimentos e regulamentações aduaneiras, racionalizando procedimentos logísticos (transporte, armazenagem, documentação etc.). Destaca-se a importância da harmonização e unificação de padrões técnicos, regulamentações e procedimentos relativos a bens e serviços e atividades comerciais.

Quais fatores devem ser analisados para a decisão de entrada em mercados internacionais?

Algumas variáveis se destacam nos estudos de mercado. São elas: **o tamanho de mercado**, ou seja, sua dimensão representada, por exemplo, pelo número de habitantes, e, sobretudo, sua taxa de urbanização; o **crescimento de mercado** medido, por exemplo, pela taxa de crescimento real do PIB; a **intensidade de mercado**, representada pelos níveis de consumo privado e gastos da população; a **capacidade de consumo de mercados**, demonstrada pela participação da renda da classe média na renda do país; a **infraestrutura comercial**, que é a dimensão do mercado com base em dados representativos, como números de telefones móveis, quantidade de computadores pessoais, participação de estradas pavimentadas, número de lojas por habitante etc.; a **liberdade econômica**, ou seja, o grau de intervenção econômica do governo no mercado; e a **receptividade de mercado**, que diz respeito à disposição deste em comercializar com o país exportador.

Síntese

Neste capítulo, demonstramos a importância do comércio exterior para a economia brasileira, que representa cerca de 20% do PIB nacional. Isso indica que a participação do país no valor das exportações e importações mundiais (1,3%) tem muito ainda para crescer nesse importante setor da economia global. A globalização, conforme explicamos, é uma realidade com seu espectro de atuação, abrangendo questões culturais e sociais e refletindo na consolidação de produtos e marcas mundiais. Nesse sentido, para que as nações consigam melhores condições de competitividade, elas se organizam em blocos econômicos, com destaque para a UE e o Nafta. No âmbito sul-americano há o Mercosul, que paulatinamente tem apresentado resultados, apesar dos problemas decorrentes da conjuntura econômica dos países que o compõem.

A respeito da atuação do Brasil no comércio exterior, destacamos a atuação governamental, especialmente do MDIC, que apoia os exportadores brasileiros a expandir sua produção e seus mercados-alvos. Esse apoio se dá por meio da disponibilização tanto de material de desenvolvimento e capacitação quanto de serviços de consultoria e ajuda institucional para atuação no setor de comércio exterior.

Enfatizamos que a logística internacional tem exigido do profissional da área capacitação e habilidades diferenciadas para lidar com a identificação, análise e proposição de alternativas de cursos de ação para solução e encaminhamento de mercadorias para outros países. Nesse contexto, argumentamos que habilidades de negociação e capacidade de reconhecimento das características e diferenças culturais entre os povos são requisitos fundamentais para que esse profissional desempenhe seu trabalho com excelência, tomando como base a proficiência na língua do país de relação comercial e a necessidade imprescindível do domínio completo da língua inglesa.

Concluímos afirmando que as certezas que se apresentam são a continuidade e o crescimento da importância do setor externo na economia brasileira, o que, por conseguinte, eleva a procura por profissionais capacitados que tenham atitude proativa diante de problemas e dificuldades inerentes às atividades do comércio exterior.

Questões para revisão

1. Qual é a importância da atuação no comércio exterior para países e empresas?

2. Assinale a(s) alternativa(s) correta(s). A criação e a adesão de países a blocos econômicos devem-se:
   a) à aceitação de exigências de formação de blocos para lidar e obter apoio nas divergências com relação aos regimes políticos.
   b) ao fortalecimento das economias regionais e obtenção de melhores condições de competição em mercados de outros países ou outros blocos econômicos.
   c) à regionalização e fechamento das economias regionais à penetração de mercadorias e influência estrangeira nos mercados locais.
   d) ao papel do comércio exterior de direcionador (*driver*) do crescimento e do desenvolvimento das economias regionais.

3. No que diz respeito às principais ações do MDIC para o apoio a empresas exportadoras brasileiras, assinale (V) para verdadeiro e (F) para falso.
   ( ) Aumento de impostos sobre as exportações e exigências de cadastros e certidões dos acionistas principais das empresas.
   ( ) Promoção de feiras e exposições no exterior e orientação aos interessados quanto à participação nesses eventos e à elaboração de material promocional e *stands*.
   ( ) Incentivo à importação de bens de consumo pessoal, como vestuário e cosméticos.
   ( ) Disponibilização de *site* com instruções detalhadas sobre como exportar, incluindo a análise de mercados de produtos e de potenciais países importadores.
   ( ) Orientação sobre obtenção de financiamentos para exportação e prática de regimes aduaneiros especiais na atuação no comércio exterior.
   A sequência correta, de cima para baixo, é:
   a) F, V, F, V, V.
   b) V, V, F, V, F.
   c) F, V, V, V, F.
   d) V, F, V, F, V.

4. Assinale a(s) alternativa(s) correta(s). Quais são as exigências para o profissional de logística internacional atuar no setor de comércio exterior?
   a) Ter conhecimento das particularidades do comércio exterior, principalmente da legislação aduaneira brasileira.
   b) Ter conhecimento da legislação dos países importadores, sua cultura, idioma, hábitos e práticas de negociação.
   c) Ter habilidade e competência para lidar com o diferente, ou seja, com pessoas que pensam e agem de forma diversa e até mesmo contrária a seus hábitos e crenças.
   d) Ser criativo e rápido na solução de questões que surgem nas negociações e trocas comerciais internacionais, inclusive nas relativas à logística.

5. A seu ver, como se situa o Brasil no comércio exterior? Elenque as principais vantagens que o país apresenta e as dificuldades que se verificam para que essas vantagens sejam usufruídas.

Para saber mais

O *site* da Apex-Brasil vale a pena ser explorado pela riqueza de informações.

APEX-BRASIL – Agência Brasileira de Promoção de Exportações e Investimentos. Disponível em: <www.apexbrasil.com.br>. Acesso em: 14 jul. 2016.

O *site* do Aprendendo a Exportar disponibiliza nesse *link* uma seção inteiramente voltada ao aprender a exportar. Nela, você saberá como e por que exportar, aprenderá a planejar uma exportação e onde buscar apoio. A seção ainda oferece simuladores de preço de exportação e um fluxograma.

BRASIL. Ministério do Desenvolvimento, Indústria e Comércio Exterior. Secretaria de Comércio Exterior. Por que exportar? **Aprendendo a exportar.** Disponível em: BRASIL. Ministério do Desenvolvimento, Indústria e Comércio Exterior. Por que exportar? Aprendendo a exportar. Disponível em: <http://www.aprendendoaexportar.gov.br/sitio/paginas/porQueExportar/index.html>. Acesso em: 21 set. 2016.

Além do MDIC e das entidades ligadas a ele, como a Secex, outros órgãos atuam no comércio exterior, como o MRE. Acesse o *site* do Itamaraty para conhecer mais sobre esse ministério.

BRASIL. Ministério das Relações Exteriores. Disponível em: <http://www.itamaraty.gov.br/>. Acesso em: 25 maio 2016.

A respeito da exportação de serviços, indicamos acesso ao *Guia básico para exportação de serviços*, elaborado pelo MDIC.

BRASIL. Ministério do Desenvolvimento, Indústria e Comércio Exterior. Secretaria de Comércio e Serviços. Departamento de Políticas de Comércio e Serviços. **Guia básico para exportação de serviços**. jun. 2014. Disponível em: <http://www.mdic.gov.br/arquivos/dwnl_1426697517.pdf>. Acesso em: 14 jul. 2016.

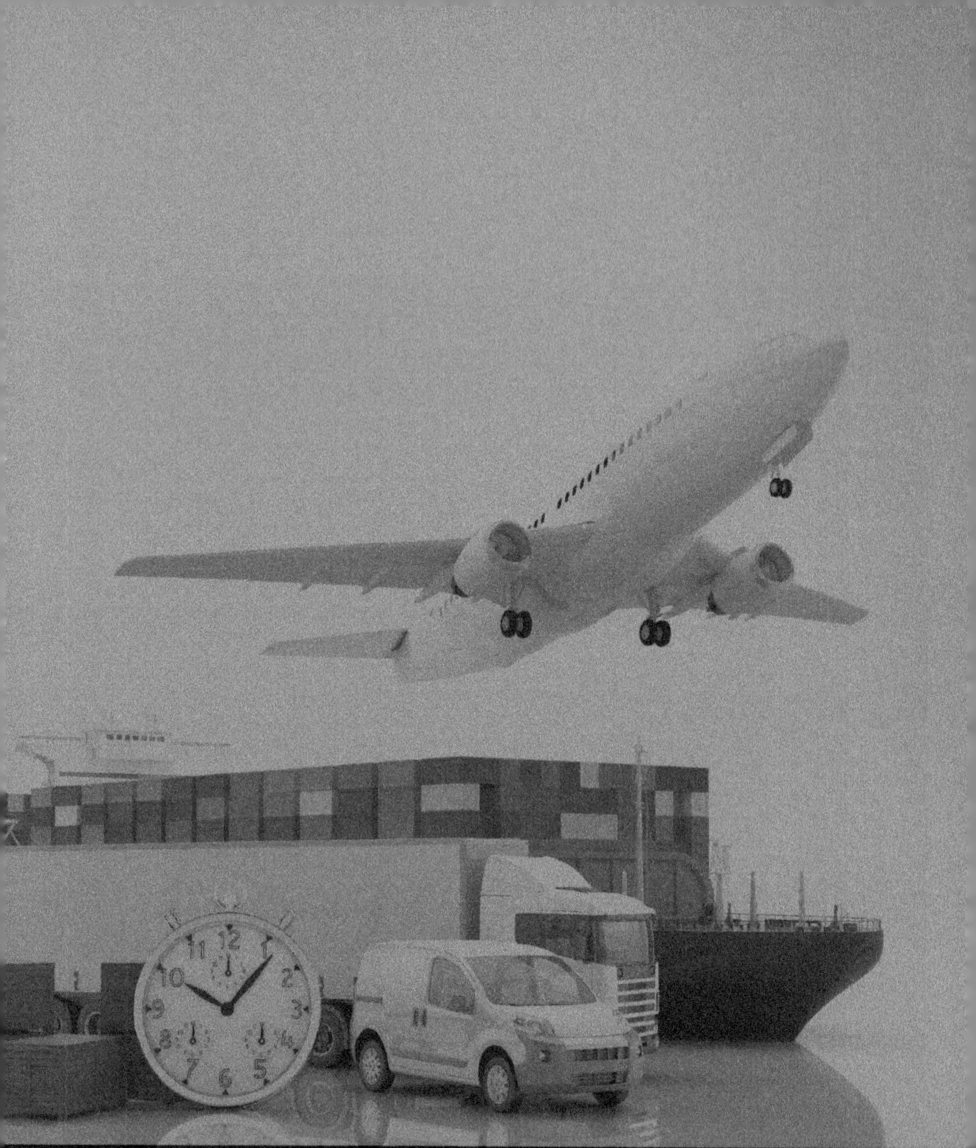

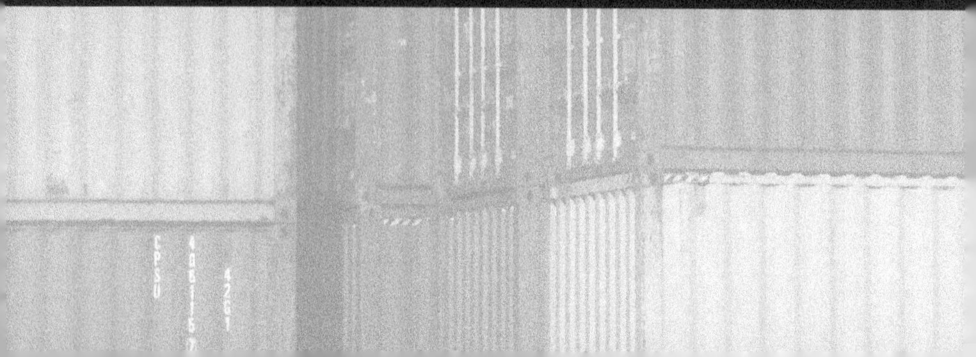

2

Cadeias logísticas internacionais

Conteúdos do capítulo:

- Decisões críticas na logística internacional.
- Processo logístico nas transações comerciais entre países.
- Gestão da logística internacional.
- Terceirização na logística internacional.
- Cadeias globais de suprimento.

A GLOBALIZAÇÃO das economias, unida ao fato de muitas empresas estarem voltadas para o comércio internacional, configura as cadeias globais de suprimento, incorporando na logística internacional as condições e características do comércio entre países, quais sejam: longas distâncias, culturas e idiomas diversos, legislações aduaneiras diferentes e dificuldades de negociação em razão do distanciamento entre os agentes. Isso ocorre pelo pouco conhecimento e pela escassa interação entre os profissionais, além da necessidade de capacitação deles para lidar com diferentes indivíduos.

A seleção adequada de intermediários e serviços na logística internacional demanda competências organizacionais específicas para os operadores logísticos (*third-party logistics providers* – 3PL) internacionais. O cronograma, o fluxograma, os tempos das operações, o manuseio, o armazenamento, o transporte, a embalagem, enfim, todo o conjunto de serviços para que um produto seja transferido do ponto de origem ao de destino requer tratamento especial em atendimento às leis e aos regulamentos dos países envolvidos, no que diz respeito a questões aduaneiras e tributárias e ao gerenciamento de riscos.

Na arquitetura da cadeia de suprimentos, os recursos devem ser geridos de forma integrada para que sejam obtidos resultados positivos em vários aspectos, entre os quais podemos citar:

- a escolha das melhores alternativas de investimentos para a produção;
- a redução dos custos de transporte e de distribuição;
- os menores custos de compras e estoques;
- o aperfeiçoamento da malha de distribuição;

- a melhoria do padrão de qualidade de bens e serviços produzidos;
- o desenvolvimento de parcerias com fornecedores;
- a integração com os parceiros;
- a aplicação de tecnologias da informação;
- o desenvolvimento de negócios eletrônicos (*e-business*);
- o relacionamento com clientes internos e externos;
- a redução do custo total logístico;
- a melhoria das práticas de *marketing*;
- a implantação de parcerias estratégicas ao longo das cadeias de suprimentos.

Lambert, Stock e Vantine (1998) apontam que as decisões logísticas podem ser dispostas em forma hierárquica em uma organização segundo os níveis **estratégico, estrutural, funcional** e **operacional**, conforme mostra o Quadro 2.1, a seguir.

Quadro 2.1 - Tomada de decisões na área da logística

Estratégico	• Objetivos do negócio • Estratégias de *marketing* • Necessidades de serviço
Estrutural	• Fazer/comprar • Localização/tamanho das unidades • Modais de transporte • Nível de automação • *Layout* das plantas • Relacionamento com fornecedores • Relacionamento com clientes
Funcional	• Seleção de locais dos centros de distribuição (CDs) • Composição de estoques • Escolha dos transportadores • Capacidade do sistema logístico
Operacional	• Política operacional • Regras de controle operacional • Procedimentos operacionais • Roteirização e planejamento de transporte

Fonte: Adaptado de Lambert; Stock; Vantine, 1998, p. 739.

Note que a delimitação desses níveis não é determinística ou fixa, pois, dependendo da posição na organização, o que é funcional pode ser estrutural. No entanto, é importante que se tenha em mente que as decisões logísticas apresentadas no Quadro 2.1 têm de estar integradas e gerenciadas.

As cadeias logísticas de suprimento internacionais compreendem a necessidade de estender a lógica da integração para fora das fronteiras da empresa e do país, incluindo fornecedores e clientes. Modernamente, a vantagem competitiva de uma empresa se baseia na produtividade (custo adequado) e na diferenciação do produto (inovação, qualidade e nível de serviço), com benefícios para todas as partes envolvidas.

A gestão logística inclui a percepção e a habilidade de se explorarem as possibilidades múltiplas de *trade-offs* (trocas compensatórias) de custos nos diversos componentes logísticos, além da identificação dos elementos e das responsabilidades nas operações ao longo das cadeias logísticas. Por exemplo: o custo de uma embalagem maior (a prova d'água, por exemplo) pode ser mais que compensado pela redução de custos de transporte e de armazenagem (como a armazenagem a céu aberto).

Bowersox, Closs e Cooper (2006) apresentam três desafios para a gestão de processos nas cadeias logísticas, a saber:

1. **Orientar todo esforço** para que se agregue valor aos clientes e, assim, justifique uma atividade. Para tanto, é necessário conhecer as expectativas dos clientes com relação ao desempenho de atividades logísticas específicas. Por exemplo: atender às quantidades exigidas por lote de compra, embalagens adequadas aos manuseios e tempos de transporte (*transit times*). Os profissionais de logística devem pensar no ambiente externo das empresas, identificando oportunidades de melhoria no desempenho de suas operações logísticas.
2. **Pensar a logística** como parte de um processo em que todas as habilidades necessárias para completar um trabalho estejam disponíveis, independentemente da organização funcional. Em outras palavras, as estruturas organizacionais devem servir às atividades logísticas, assegurando que o trabalho exigido seja executado.
3. **Estimular a integração** entre os componentes da logística em um processo integrado e de atividades interdependentes. A visão de integração de sistemas e a concepção de processo resultam na existência de trocas compensatórias na organização.

Para Christopher (2007), estamos na era da "competição em redes", e as recompensas se apresentam para as organizações que melhor se estruturam, coordenam e gerenciam os relacionamentos com parceiros, com o compromisso de entregar valor superior ao mercado final. A "visibilidade" ao longo das cadeias assegura que a manufatura e a entrega do produto sejam ser orientadas pela demanda real, e não somente por previsões, possibilitando que todos os integrantes da cadeia operem com mais eficácia.

Christopher (2007) propõe quatro princípios, os 4 Rs, como fios condutores da gestão de canais logísticos, sendo eles:

1. **RESPONSIVENESS (CAPACIDADE DE RESPOSTA)**: Os clientes buscam cada vez mais soluções personalizadas. As palavras-chave são *agilidade* e *flexibilidade*.

2. **RELIABILITY (CONFIABILIDADE)**: É a melhoria dos processos logísticos, propiciando melhor visibilidade às cadeias, de modo a atenuar os efeitos da incerteza da demanda, reduzir estoques de segurança e assegurar a capacidade de fornecimento com qualidade.

3. **RESILIENCE (RESILIÊNCIA)**: O mercado atual é caracterizado por turbulências e mudanças rápidas e profundas, e os ambientes empresariais estão sujeitos a descontinuidades inesperadas. Sendo assim, é necessário identificar os pontos mais fracos da cadeia (por exemplo: transporte, fornecedor) para uma reação em caso de possíveis descontinuidades.

4. **RELATIONSHIPS (RELACIONAMENTOS)**: As relações entre vendedor e comprador devem se basear em parcerias para melhoria da qualidade do produto e de seus atributos, com inovações, redução de custos e integração entre produção e entrega.

O desenvolvimento das ações de integração entre compradores e fornecedores, as quais passaram a ser gerenciadas de forma conjunta, tem no comércio exterior o rebatimento na gestão de cadeias logísticas internacionais, conforme demonstramos a seguir.

2.1 Gestão das cadeias logísticas internacionais

A gestão integrada dos componentes logísticos – transporte, armazenagem, embalagem, manuseio de materiais, sistemas de informação, gestão de inventários, questões fiscais e questões ambientais – se confunde com a gestão de cadeias de suprimentos, que envolve, necessariamente, inter-relações entre organizações e, no caso das cadeias logísticas internacionais, organizações localizadas em mais de um país.

A gestão das **cadeias logísticas** internacionais compreende planejar, realizar e controlar fluxos bidirecionais financeiros, de mercadoria e de informações entre empresas de diferentes países. Essa atividade também inclui o controle do montante (fornecedores) e da jusante (distribuidores) da empresa, do ponto de origem ao ponto de destino, na busca pelo menor custo logístico total e atendimento ao nível de serviço acordado entre as partes.

Já a gestão da **cadeia de suprimentos** (*Supply Chain Management* – SCM) se dá pela inter-relação de fornecedores, compradores e agentes intervenientes, ou seja, daqueles que intervêm no processo. Com base em um conjunto de procedimentos, a gestão da cadeia de suprimentos busca a integração dos componentes logísticos para minimização dos custos logísticos totais[1], o atendimento aos níveis de serviço propostos e um maior retorno aos acionistas.

As cadeias de suprimento empresariais são compostas pelos seguintes macroprocessos: de suprimento (*inbound* – recebimento de materiais e matérias-primas); de planta (*plant* – armazenagem intermediária, formas de recuperação e disponibilização para fabricação); e de distribuição (*outbound* – encaminhamento e entrega de produtos prontos aos clientes).

> Nesse sentido, o processo de distribuição de uma empresa fornecedora é igual ao processo de suprimento da empresa compradora, daí sua conceituação como cadeia (*chain*) ou corrente.

---

[1] Somatória decorrente dos custos dos componentes logísticos com base nas trocas compensatórias (*trade-offs*) entre eles.

A gestão integrada dos componentes logísticos implica também a identificação e exploração de vantagens associadas às diversas formas de se realizar um desses componentes (por exemplo: no caso dos transportes, a escolha de mais de um modal e de um prestador de serviço especializado, considerando os locais de transbordo da carga e de armazenagem).

Na configuração da cadeia logística internacional, algumas definições são prioritárias: primeiramente, é necessário identificar quem comanda a cadeia logística (essa ação implica conhecer a cultura, os valores e outras questões presentes na negociação) e, na sequência, mapear as diversas entidades que se inter-relacionam, desde o fornecimento de matérias-primas até a entrega final dos produtos aos clientes. Com base nessas definições, a empresa pode identificar os custos incorridos e os cursos de ação para seu gerenciamento, a fim de que os custo logístico total seja reduzido e o atendimento esteja no nível de serviço desejado.

A Figura 2.1 apresenta essa visão das cadeias de suprimento, conforme proposto por Bowersox, Closs e Cooper (2006).

Figura 2.1 – Cadeias de suprimento e a inter-relação de seus macroprocessos e fluxos

Clientes	FLUXO DE MATERIAIS			Fornecedores
	Distribuição física (logística de expedição, *outbound*)	Apoio à manufatura (logística de planta ou operativa admin. de materiais, *plant*)	Suprimentos (logística de recebimento, cadeia de suprimento, *inbound*)	
	FLUXO DE INFORMAÇÕES			
	CADEIA DE SUPRIMENTOS			

Fonte: Adaptado de Bowersox; Closs; Cooper, 2006, p. 53.

As cadeias logísticas internacionais têm uma abrangência extensa em razão de sua composição em vários elos entre os agentes intervenientes e da ampla variedade de processos envolvidos, os quais surgem desde a negociação com os fornecedores até a quitação das faturas referentes aos produtos entregues aos clientes. Dessa forma, uma cadeia logística internacional compreende:

- a negociação com os fornecedores e compras;
- o transporte, o recebimento e a armazenagem de materiais;
- a produção e a manutenção de instalações e equipamentos;
- a armazenagem, a expedição e o transporte de produtos;
- a negociação com clientes, *marketing*, vendas e bancos;
- o despacho aduaneiro das mercadorias e as condições legais de cada país;
- a assistência técnica pré e pós-venda;
- o processamento das compras e das vendas e a análise de crédito;
- as contas a pagar e a receber.

A orquestração dos componentes logísticos em rede permite uma harmonização entre as partes envolvidas, de modo a reduzir os custos e os tempos ao longo das cadeias. Para tanto, é necessário considerar as exigências referentes aos princípios de utilidade de tempo e lugar ao se entregar o que eles desejam no local e no prazo contratados.

Nesse sentido, de acordo com Bowersox, Closs e Cooper (2006), o desempenho logístico e a agregação de valor aos produtos são medidos pelos seguintes indicadores:

DISPONIBILIDADE DE PRODUTO: Implica a disposição de inventário (estoque) para atender às necessidades dos clientes. Esse é um desafio que se impõe quando se planeja o transporte, dado o *transit time* demandado para as localidades onde estão os importadores.

DESEMPENHO OPERACIONAL: Está atrelado ao tempo exigido para entrega dos pedidos aos clientes e envolve rapidez e consistência na entrega. Aqui se destaca a integração entre os elos, com confiabilidade em cada operação, para que não exista retrabalho ou perda de informações.

CONFIABILIDADE DO SERVIÇO: Está relacionada ao atendimento ao programado, com o apoio de treinamento de pessoas e desenvolvimento de sistemas operacionais. Para tal fim, deve-se considerar que as necessidades de cada cliente são exclusivas, e os serviços logísticos devem ser projetados para atender a essas especificidades.

> Na gestão de cadeias logísticas internacionais, a **disponibilidade dos produtos** está condicionada à movimentação a longas distâncias, com tempos maiores, ou seja, há a exigência de uma gestão de inventários cuidadosa para evitar falhas no suprimento. De forma semelhante, o **desempenho operacional** está condicionado à integração entre os agentes intervenientes e o atendimento a prazos, formas e locais acordados. E, por último, a **confiabilidade do serviço** implica selecionar cuidadosamente os modais de transporte e locais de armazenagem, assim como exigir uma flexibilidade por parte dos envolvidos na correção de eventuais desvios ou falhas no programado.

Na gestão de cadeias logísticas internacionais e negócios internacionais, o desenvolvimento das estratégias logísticas está relacionado aos objetivos empresariais, às estratégias de *marketing* e às necessidades de serviços. Sobre isso, Lambert, Stock e Vantine (1998) propuseram uma configuração com o envolvimento de dez áreas-chave: uma área no nível **estratégico**, duas áreas no nível **estrutural**, três áreas no nível **funcional** e quatro áreas no nível **implantação**, conforme apresentamos no Quadro 2.2, a seguir.

Quadro 2.2 – Integração das dez áreas-chave na logística

Níveis			
Estratégico	Estrutural	Funcional	Implantação
• Serviço aos clientes	• Projeto dos canais • Estratégia das redes	• Projeto de armazenagem e de operações • Gestão de transportes • Gestão de inventários	• Sistemas de informação • Políticas e procedimentos • Instalações e equipamentos • Estrutura organizacional e gestão da mudança

Fonte: Adaptado de Lambert; Stock; Vantine, 1998, p. 740.

Ainda segundo Lambert, Stock e Vantine (1998), na formulação de estratégias, algumas perguntas podem orientar os executivos de uma empresa na configuração do atendimento às exigências dos clientes. São elas:

- **Quais são as exigências quanto ao serviço para cada segmento de clientes?** (Na negociação internacional, conforme demonstramos no Capítulo 4, essas exigências são expressas na escolha e fixação dos Termos Internacionais de Comércio – Incoterms, ou seja, na definição de riscos e responsabilidades entre compradores e vendedores.)

- **Como a integração operacional pode ser atingida entre os vários elementos componentes do canal de distribuição?** (Um exemplo é a forma de consolidação de cargas e o carregamento de contêineres, que podem obedecer à ordem e à sequência de sua utilização em uma linha de montagem.)

- **Qual é o sistema de distribuição que minimiza os custos com níveis competitivos de serviços?** (A empresa trabalha diretamente, ou por meio de representantes ou agentes de comércio, como as *trading companies* e o *Non Vessel Operator Common Carrier* – NVOCC – transportador marítimo não proprietário de navios.[2])

- **Quais tecnologias de movimentação e armazenagem de materiais facilitarão o cumprimento dos objetivos de serviços com níveis ótimos de investimentos em instalações e equipamentos?** (A prestação de serviços logísticos exige a compreensão e a integração com os procedimentos operacionais dos clientes nacionais ou internacionais.)

- **Há possibilidade de redução de custos de transporte em curto e longo prazos?** (A redução de custos de transportes pode se dar na consolidação de cargas (contêineres e paletes) e na escolha do modal mais conveniente às exigências do nível de serviço.)

- **Os atuais procedimentos de gestão de inventário suportam demandas mais rigorosas de serviços? Quais são os tipos de embalagem? Qual é o tamanho do lote?** (O controle de inventários se dá também no trânsito dos produtos, a fim de se assegurar a disponibilidade e evitar falhas.)

---

2 Estudaremos o *Non Vessel Operator Common Carrier* (NVOCC) com mais afinco no Capítulo 3.

- **Quais sistemas de informações são necessários para a eficiência das operações logísticas?** (A gestão de inventário, por exemplo, depende de sistemas de informações para o rastreamento das mercadorias e o acompanhamento de prazos de entrega.)
- **Quais mudanças nos operacionais são necessárias para um melhor desempenho?** (Por exemplo: quando deve-se utilizar recursos próprios e quando deve-se utilizar 3PLs.)
- **Como é possível introduzir mudanças na rede e nas instalações?** (As mudanças devem ser planejadas, pois além de ser físicas ou de procedimentos, também envolvem pessoas.)
- **Como os recursos devem ser organizados para que os objetivos de serviço e operação sejam atingidos?** (Fazem parte do planejamento o dimensionamento e a alocação de recursos.)

Na estruturação de uma cadeia de suprimentos, os focos centrais são dar atendimento às expectativas dos clientes, assegurar a satisfação destes e, ao mesmo tempo, obter rentabilidade no negócio.

De acordo com Bowersox, Closs e Cooper (2006), as expectativas dos clientes serão atendidas ao se considerarem os seguintes atributos:

CONFIABILIDADE: É o desempenho das atividades logísticas conforme acordado; assim, o serviço contratado deve ser cumprido e indicadores de atendimento têm de ser estabelecidos e acompanhados (por exemplo: quantidades, forma, prazo, lotes e local).

CAPACIDADE DE RESPOSTA: É o conceito orientado para o tempo de entrega e para a resolução de problemas. Sua medição está associada ao *lead time* de cada etapa do processo e o *lead time* total (apresentaremos esses fatores com mais profundidade adiante), que é o tempo despendido desde a colocação do pedido, fabricação, armazenagem e transporte do produto acabado até o ponto de venda.

Acesso: São as expectativas dos clientes com relação aos contatos com o fornecedor e ao pronto atendimento a suas demandas.

Comunicação: É a manutenção do cliente proativamente informado (os clientes não gostam de ser surpreendidos, e uma notificação antecipada é essencial).

Credibilidade: É a percepção de que, em princípio, toda organização é íntegra.

Segurança: É a garantia do fornecimento e a preservação da confidencialidade das negociações.

Cortesia: Trata-se da polidez e do respeito entre as pessoas envolvidas na cadeia logística do fornecedor. A falha de um indivíduo pode destruir os melhores esforços de todos os envolvidos nessa cadeia. Na logística internacional, é necessário conhecer a cultura da contraparte para a manutenção de boas relações interpessoais e de negócios.

Competência: O cliente avalia, com base no "saber fazer", o desempenho dos envolvidos na cadeia produtiva, ou seja, de todos os que aparecem como representantes da empresa, a exemplo de vendedores, recepcionistas, assistentes técnicos e motoristas.

Tangíveis: São as expectativas dos clientes referentes às instalações do fornecedor e às condições da frota de equipamentos de transporte.

Identificação do cliente: É a discriminação do cliente como único mediante a percepção de suas peculiaridades para dar atendimento às suas necessidades.

A estruturação de cadeias internacionais de suprimentos impõe algumas exigências comuns às cadeias domésticas e outras específicas, como conhecer os tipos de demanda, o nível do serviço requerido pelos clientes, sua localização, idioma, legislação aduaneira e custos envolvidos. Na arquitetura das cadeias de suprimentos, destacam-se a localização, os modos de transporte, as formas de produção, a gestão de estoques, a tipologia de fornecedores, a armazenagem, os requisitos de embalagens e os sistemas de informação disponíveis.

2.1.1 Pontos básicos para a definição de estratégias logísticas

Nas seções seguintes, apresentaremos alguns pontos básicos – localização, fornecedor, produção, ciclo de processamento de pedidos, gestão de inventários, armazenagem, embalagens, transporte e custos logísticos – que devem ser considerados na definição de estratégias logística a fim de agregar valor aos produtos e atender às necessidades dos clientes.

2.1.1.1 Localização

Na logística internacional, cada tipo de instalação exige a avaliação da estratégia de internacionalização da empresa, que pode pressupor a implantação de uma subsidiária (por exemplo: as montadoras de veículos), o acesso a mercado por meio de representantes homologados, ou, ainda, a contratação de operadores logísticos internacionais, também conhecidos como *Third-Party Logistics Providers* – 3PL, como veremos no Capítulo 5. Em qualquer dos casos, há a necessidade da gestão cuidadosa dos componentes logísticos, para o atendimento das expectativas desse mercado local.

A decisão do local de instalação de uma fábrica, um armazém ou um centro de distribuição e consolidação de cargas deve levar em conta diversos fatores específicos, como mostra o Quadro 2.3, a seguir.

Quadro 2.3 – Principais fatores a considerar em decisões de localização

Mercado	Fornecedores	Localização	Recursos
• Tamanho do mercado a atender • Quando e como atender • Proximidade a consumidores • Preços • Concorrentes	• Disponibilidade de mão de obra • Existência de prestadores de serviço • Localização dos fornecedores • Capacidade de atendimento	• Redes de transportes • Sistemas de comunicação • Qualidade de vida: cultura, arquitetura da cidade • Qualidade de serviços: hospitais, bancos, escolas • Clima • Custo dos terrenos • Custos de construção	• Localização de matérias-primas • Disponibilidade de água e energia elétrica • Política de incentivos fiscais • Regulamentação ambiental • Regulamentação aduaneira • Acordos comerciais • Infraestrutura da região

Os critérios a serem considerados na formulação de estratégia dizem respeito ao tamanho e às perspectivas de mercado, bem como à concorrência e forma de atender o mercado; ao parque de fornecedores, considerando sua existência, localização e mão de obra disponível (qualificação, força e atitude sindical); aos fatores localizacionais relativos à qualidade de vida e aos serviços ofertados; e aos recursos existentes que se relacionam à matéria-prima, água, energia elétrica, legislação aduaneira e ambiental e à existência de incentivos fiscais (isenção de taxas e impostos, prazos de pagamento, entre outros).

2.1.1.2 Fornecedor

As empresas, ao adotarem padrões de companhias de classe mundial (*world class companies*), buscam se capacitar a fornecer e comprar equipamentos e serviços de todas e para todas as partes do mundo, em um processo conhecido como *global sourcing*, que consiste na internacionalização de fornecedores e clientes, configurando cadeias globais de relacionamento entre empresas localizadas nos mais diversos países.

Dessa forma, a logística internacional atende à contratação (*procurement*) e à compra de amplitude mundial, em um processo composto pelas etapas de **prospecção** e **identificação** de fornecedores, que são submetidos à rigorosa avaliação de sua capacidade de produção, de fornecimento, reputação de mercado e condições financeiras. Essa fase pode implicar ainda a visita de equipes da empresa potencial contratante aos *site* dos fornecedores, os quais, se avaliados positivamente, passam para a fase de homologação.

A **homologação** de fornecedores é condição para a participação de certames de compra e venda. Essa atividade é realizada com vistas ao melhor desempenho nas relações entre clientes e fornecedores e é expressa por uma declaração de certificação na escolha de fornecedores. De modo geral, essa certificação custa menos à empresa, por não exigir inspeção prévia de expedição e recebimento, possibilitando redução de estoques pela segurança de entregas, redução de custos decorrentes de falhas internas e externas e qualidade consistente nos fornecimentos.

Cada entidade compradora pode determinar o critério de qualificação e homologação (certificação) de fornecedores mais adequado às suas peculiaridades e necessidades, ou pode utilizar critérios com base nos diferentes tipos de certificação existentes, como as normas desenvolvidas pela Organização Internacional para Normalização (International Organization for Standardization – ISO). De todo modo, esses critérios de homologação são compartilhados por diversas áreas da organização, como contratação, produção, logística, qualidade, desenvolvimento de produtos e financeiro, que propõem indicadores-chave de desempenho (*Key Performance Indicators* – KPIs) para cobrir aspectos como qualidade, pontualidade de entrega, *lead times*, flexibilidade, tempo de resposta e custo de garantia. As normas industriais de uso genérico (internas da organização) são aplicadas a processos de certificação e facilitam a eliminação de barreiras técnicas e comerciais, evitando conflitos entre especificações dos produtos.

Entre as **normas internacionais** se destacam a ISO 9000, uma série de quatro normas[3] para gestão e garantia da qualidade que orientam a implantação de sistemas de garantia da qualidade e são aceitas na maioria dos países. Por exemplo: a norma ABNT NBR ISO 9001:2008 se baseia numa sequência de princípios de gestão da qualidade, entre eles o foco nos clientes, a motivação e o comprometimento da alta administração em processos de abordagem à melhoria contínua. Já a ABNT NBR ISO 14000:2004 é constituída por um conjunto de normas e diretrizes que asseguram que determinada empresa (pública ou privada) tem gestão ambiental.

> No Brasil, a Associação Brasileira de Normas Técnicas (ABNT), entidade privada e sem fins lucrativos, é responsável pela publicação das Normas Brasileiras (ABNT/NBR) elaboradas pelos Comitês Brasileiros (ABNT/CB), pelos Organismos de Normalização Setorial (ABNT/ONS) e pelas Comissões de Estudos Especiais (ABNT/CEE). Desde 1950, essa associação atua na avaliação da conformidade, dispondo de programas para certificação de produtos, sistemas, pessoas e rotulagem ambiental.
>
> Em seu *site* oficial, a ABNT (2016) informa que constituiu o Foro Nacional de Normalização e é membro fundador da ISO, da Comissão Pan-Americana de Normas Técnicas (Comisión Panamericana de Normas Tecnicas – Copant) e da Associação Mercosul de Normalização (Asociación Mercosur de Normalización – AMN), sendo, desde sua fundação, membro da Comissão Eletrotécnica Internacional (International Electrotechnical Commission – IEC).

---

[3] São estas as quatro normas: ISO 9000 – Fundamentos e Vocabulário; ISO 9001 – Sistemas de Gerenciamento da Qualidade: Requisitos; ISO 9004 – Sistemas de Gerenciamento da Qualidade: Guia para Melhoramento da *Performance*; ISO 19011 – Auditorias Internas da Qualidade e Ambiental.

Na homologação de fornecedores, conforme mencionado, são estabelecidos KPIs, os quais são acompanhados em uma avaliação contínua dos fornecedores, ou seja, antes e durante os contratos de fornecimento. Esses indicadores-chave de desempenho podem envolver tempos, configurações e consistência dos lotes de entrega, além de formas de entrega, como o sistema *just-in-time* (JIT), mencionado no Capítulo 1, por meio do qual o material ou o subsistema é levado da fábrica ao cliente, no momento em que está prevista sua utilização, indo direto à linha de produção ou processo, proporcionando, assim, redução de custos de inventário ao comprador e qualidade às especificações, inspeções e testes de recebimento.

2.1.1.3 Produção

Os atuais modelos de produção demandam cada vez mais uma inter-relação estreita com fornecedores, fabricantes, distribuidores e clientes nas cadeias de suprimento, os quais atuam de forma integrada. Nesse relacionamento, cada um necessita compreender melhor o negócio dos parceiros na cadeia. A indústria automobilística mostra-se pioneira nessa concepção ao implantar os modelos de condomínios industriais e consórcios modulares, o que acarreta o deslocamento de fornecedores o mais próximo possível de seus sítios industriais. Outra inovação diz respeito ao fornecimento de subsistemas de montagem, e não de peças para montagem.

> **Consórcio modular**, de acordo com Mihi et al. (2016), é o modelo de produção da indústria automobilística em que a coordenação entre a empresa compradora e os fornecedores é completa e seus módulos trabalham como parceiros na planta da montadora. O fornecedor é responsável pela montagem de um módulo e pela sua conexão na linha de montagem final. Cada parceiro provê recursos, materiais, peças, subconjuntos necessários para montagem e recursos humanos para atender às necessidades e aos objetivos de qualidade estabelecidos pela montadora.

Nessa linha, as empresas passam a terceirizar atividades até então consideradas essenciais, como concepção e projetos de veículos e parcelas importantes de seu processo produtivo, por meio de uma estratégia conhecida como *terceirização (outsourcing)*, a fim de permitir a variabilização de custos, ou seja, sua adaptação às variações de demanda.

Entre as atividades terceirizadas estão as referentes à logística, que passam a ser providas pelos 3PL, com âmbito de atuação tanto nacional quanto internacional. Esses operadores atendem ao objetivo das empresas de reduzir o número de fornecedores com os quais lidam e, consequentemente, os custos de contratação (*procurement*). O 3PL contratado se encarrega de viabilizar e prestar os serviços de transporte, armazenagem, embalagem, documentação aduaneira, entre outros, conforme explicamos no Capítulo 5.

As estratégias de planejamento e controle da produção se voltam para o que os clientes procuram nos mercados. Em um primeiro estágio, têm como base a capacidade de produção, ou seja, quais e quantos produtos a empresa irá fabricar; em um segundo, a decisão de quais partes ou componentes serão produzidos internamente ou adquiridos de fornecedores, e se estes serão locais ou internacionais.

Um dos objetivos é programar e produzir o mais próximo ou compatível possível com a efetivação de vendas firmes e, assim, reduzir o *lead time* entre a emissão de pedidos e a entrega dos produtos, bem como minimizar a existência de estoques ao longo do processo. Esse objetivo faz parte do conceito de produção enxuta (*lean production*), e a gestão dos suprimentos é fundamental para que a produção atenda o previsto, evitando discrepâncias.

Bowersox, Closs e Cooper (2006) conceituam *lead time de produção* como o tempo despendido entre a emissão do pedido no ponto de venda e a conclusão de todo o trabalho, isto é, produto pronto para ser embarcado. Nesse sentido, os autores citados afirmam que integram o *lead time* total:

O **LEAD TIME DE COMPRA**: Tempo de preparação do pedido para sua confirmação, liberação pelo fornecedor, trânsito do produto, recebimento e armazenamento, e se refere também ao tempo total para o material estar disponível para uso.

O **LEAD TIME DA PRODUÇÃO**: Tempo de processamento de pedidos, de manufatura, de embalagem e de liberação.

O LEAD TIME DA MOVIMENTAÇÃO: Tempo de estocagem, de processamento do pedido e de sua expedição.

O LEAD TIME DE VENDA: Tempo para o recebimento da fatura relativa ao produto e para o pagamento com o dinheiro disponível para uso.

O planejamento e controle da produção e o *lead time* total devem ser considerados quando da análise do ciclo de processamento de pedidos dada as demandas por suprimentos.

2.1.1.4 Ciclo de processamento de pedidos

Esse ciclo se refere à troca de informações entre a empresa e os envolvidos na distribuição do produto. A gestão de pedidos depende da entrada precisa e qualificada dos pedidos aos clientes e do entendimento dos atributos associados aos produtos e acordados com os clientes.

De acordo com Ballou (2006), as exigências de suprimentos para contratação *(procurement)* podem ser dispostas em uma sequência temporal de processamento dos pedidos de materiais para atendimento aos clientes de uma empresa, tal como segue:

1. **Tempo de ciclo do pedido:** Intervalo de tempo medido entre a colocação do pedido e a entrega do produto ao cliente.

2. **Disponibilidade de estoque:** Demanda que pode ser atendida com base no estoque existente.

3. **Restrições do tamanho do pedido:** Tamanhos de lotes de interesse do cliente e que a empresa pode atender.

4. **Facilidade em se fazer o pedido:** Comunicação amigável com os clientes (*user friendly*), e fácil acesso entre as partes.

5. **Frequência de entrega:** número de entregas por intervalo de tempo, com a flexibilidade de resposta como padrão de desempenho.

6. **Confiabilidade da entrega:** Pedidos entregues no prazo, nas quantidades contratadas e com documentação completa em relação ao número total de pedidos.

7. **Qualidade da documentação:** A documentação deve ser amigável aos clientes, com dados íntegros e completos, sem erros.

8. **Procedimento para reclamação**: Identificação das causas usuais de reclamações e indicação se a empresa está apta a resolvê-las.

9. **Apoio técnico**: Tipos de apoio técnico oferecidos aos clientes e padrão desse atendimento.

10. **Informação sobre a situação do pedido**: Informações aos clientes sobre a posição de seus pedidos, indicando problemas eventuais de disponibilidade de estoque ou entrega.

A evolução e o barateamento dos meios de comunicação e informação têm oportunizado o diálogo entre fornecedores e clientes em tempo real, assim, a prestação dessa comunicação passou a ser usual e obrigatória, tanto na logística doméstica quanto na internacional.

2.1.1.5 Gestão de inventários

O inventário (estoque) encontra-se praticamente em todas as atividades logísticas, em uma relação direta com a armazenagem, o transporte, a embalagem, as questões fiscais e os sistemas de informação. Devemos considerar que estoque sempre representa custos de manutenção (guarda, tratamento, disposição, recuperação e obsolescências) e custo do capital investido em forma de matéria-prima, produtos em processo e produtos acabados.

O inventário, segundo Lambert (citado por Nakagawa; Andrade, 2003), tem como funções principais:

- possibilitar à empresa a obtenção de economias de escala e de especialização na fabricação;
- equilibrar os fluxos de demanda e de oferta;
- fornecer condições para a empresa lidar com as incertezas na demanda e no ciclo de vida do pedido;
- atuar como regulador das inter-relações e movimentações nos canais de distribuição.

A gestão de inventário pode ser associada a uma caixa-d'água de uma residência: o inventário deve ter um volume suficiente (produtos em estoque) para compatibilizar os **fluxos de saída** (consumo de materiais para produção e produtos prontos para atendimento de vendas e expedição de mercadorias) e os **fluxos de entrada** (suprimentos de materiais e peças para produção). O **fluxo de produção**, como a água disponível para consumo na residência, não pode sofrer interrupção, o que impactaria o nível de serviço e o atendimento aos clientes (produtos entregues no prazo e nas condições acordadas).

> Na logística internacional, a gestão de inventários é crítica por causa de tempos maiores para ressuprimento e entrega de produtos, e também pelo fato de haver riscos inerentes relativos a maior possibilidade de ocorrência de falhas ou faltas.

A gestão de inventário e as relações com fornecedores são base para a definição das políticas de compra das empresas nas respostas às seguintes questões (Lambert; Stock; Vantine, 1998):

QUANTO PEDIR: Qual é a quantidade ideal para cada pedido na relação entre necessidades de consumo e tempos de ressuprimento? (O lote econômico de compra – LEC – é uma prática que pretende reduzir os custos combinados de pedido e de manutenção de inventários)

QUANDO PEDIR: Com qual frequência e tempo de antecedência deve ser realizado cada pedido?

ONDE COMPRAR: Qual é a localização dos fornecedores (cidade, estado, país)? (Compras centralizadas ou descentralizadas entre fábricas devem levar em conta questões fiscais, tributárias e aduaneiras de cada país)

POLÍTICAS DE PEDIDOS: Quando deve ser realizada a revisão dos pedidos, considerando as quantidades e o *lead time* de entrega (tempo decorrido desde a emissão do pedido até a entrega final do produto)? Quais são as incertezas da demanda?

ANÁLISE DA DEMANDA: Quais são as particularidades e os hábitos de consumo de cada produto? Onde são consumidos, por quem, quando (sazonalidade) e como? (Note que a análise da demanda tem a ver com os produtos acabados e subsidia as principais decisões sobre os estoques no atendimento aos clientes, condicionando a resposta e a eficiência das cadeias de suprimentos)

Ainda segundo Lambert, Stock e Vantine (1998), essa gestão, principalmente nos negócios internacionais, classifica os estoques da seguinte maneira:

ESTOQUE CÍCLICO: É a quantidade média de estoque necessária para satisfazer a utilização de materiais entre as entregas dos fornecedores. As empresas compram e produzem em grandes lotes para explorar economias de escala nos processos de produção, transporte e compra.

ESTOQUE EM TRÂNSITO: São os produtos que estão sendo movimentados da origem (fabricante) para o destino (comprador). Na logística internacional, os tempos de trânsito podem ser de mais de um mês, e seu acompanhamento é crítico, ou seja, requer cuidados específicos e com foco na gestão de riscos, a fim de se evitar falhas.

ESTOQUE DE SEGURANÇA: É o estoque de produtos acabados mantido para dar atendimento às demandas excedentes e não previstas, como proteção contra a falta de produto se a demanda real exceder a previsão de vendas.

ESTOQUE SAZONAL: Visa atender variabilidades previsíveis da demanda. Nessa classificação, estão as demandas referentes a datas comemorativas (por exemplo: o estoque de brinquedos para vendas no Natal e no Dia das Crianças etc.).

Na logística internacional, assim como na doméstica, a gestão de inventário está relacionada ao nível de serviço acordado ao longo das cadeias de suprimentos, ou seja, são gerenciados os estoques localizados nos fabricantes e nos centros de consolidação e distribuição, os estoques em trânsito e a quantidade de produtos entregues aos clientes.

Nos centros citados, encontram-se os produtos que são mantidos nas instalações dos clientes e que são faturados somente quando efetivamente utilizados, como na indústria automobilística, em que há a implantação de *shops* (lojas) de fornecedores nos sítios das montadoras. Na verdade, isso representa a absorção dos custos do inventário pelos fornecedores.

O JIT é um procedimento também presente nas transações internacionais, com peças e sistemas sendo embalados em contêineres, em uma ordem e sequência que os prepare para a utilização sem a necessidade de desembalagem, armazenagem intermediária e novos preparos para o posicionamento nas linhas de montagem. É comum, na indústria automotiva, o transporte em contêineres de conjuntos nos sistemas denominados *completely knock-down* ou *complete knock-down* (CKD)[4] e *semi knock-down* (SKD)[5]. Esses conjuntos são estufados de modo que sua retirada obedeça à sequência prevista de utilização nas linhas de montagem.

---

4   Em português, "completamente desmontados".
5   Em português, "divididos em módulos".

2.1.1.6 ARMAZENAGEM

Na logística internacional, a atividade de armazenagem se apresenta como crítica para as cadeias logísticas, tanto pelos custos envolvidos quanto pela necessidade de acompanhamento e rastreamento das mercadorias ao longo de seu encaminhamento. Esse é o elo entre produtores e consumidores que pode assegurar o pedido perfeito (*perfect order*), ou seja, tempo certo, quantidade certa e custo certo.

Nas operações ligadas à armazenagem, apresentam-se serviços como o abrigo, a consolidação, a transferência, o transbordo e o agrupamento ou a composição (*mixing*) da mercadoria como parte integrante dos sistemas logísticos da empresa, no que se refere ao estoque de produtos entre o ponto de origem e o ponto de consumo.

Os **armazéns** são providos de espaço para o fluxo de materiais nas funções comerciais (compra e venda) e, no comércio internacional, para cargas de importação e exportação. As funções básicas de entrada, manutenção e saída do estoque em um armazém são: recebimento (descarga); identificação e classificação por tipo de produto; conferência (documental e física); endereçamento para estocagem; posicionamento nas prateleiras; remoção de estoque (*picking* ou separação dos materiais dos pedidos); acumulação de itens; e consolidação e unitização das cargas.

A armazenagem na logística doméstica e internacional é crucial na obtenção de economia de transporte; na economia de produção; no aproveitamento de descontos por quantidades e compras antecipadas; no apoio a políticas de serviço aos clientes; no atendimento às condições variáveis de mercado (sazonalidade, flutuação de demanda); no equacionamento dos diferenciais de tempo e espaço entre produtores e consumidores; e no apoio a sistemas como o JIT. O objetivo é ajustar o suprimento à demanda, no tempo e na quantidade corretos.

O apoio da armazenagem no atendimento aos serviços de embarque e desembarque nas operações principais de exportação e importação é muito importante na logística internacional, pois atua como *buffer* (pulmão) de recebimento e expedição. Por exemplo: contêineres para exportação são recebidos no portão de entrada do terminal (*gate*) transportados por caminhões ou vagões; conferida a documentação, recebem um endereço tridimensional, ou seja, determina-se sua localização precisa na área de pátio do terminal portuário (zona primária). Nesse local, os contêineres são empilhados temporariamente, até liberação e destinação para embarque nos navios; assim, ficam posicionados de acordo com a programação de operações dos navios (*planner*) e por tipo da carga. As áreas para os contêineres refrigerados (*reefer*) contam com tomadas de energia elétrica (*plugs* de energia) para manter condições de temperatura que preservem a integridade da carga.

Já na importação, os contêineres são descarregados dos navios e transferidos por caminhões próprios do terminal para a área do pátio de contêineres de importação (geralmente separada da de exportação), onde são empilhados temporariamente até sua liberação e transferência para um recinto alfandegado. Note que as taxas de permanência (armazenagem) são altas, pois o objetivo do pátio é a alta rotatividade de contêineres. É praxe, nas negociações, firmar dias livres de taxa de armazenagem, para que se tenha tempo de realizar o despacho aduaneiro.

Os terminais alfandegados apoiam as atividades de movimentação e armazenagem para as cargas provenientes dos modais marítimo e aéreo e, para tanto, são dotados de áreas para armazenagem, pátio de contêineres e local para os serviços aduaneiros. Eles estão situados em áreas da zona secundária (fora do cais e da operação de carga e descarga – zonas primárias), onde o recebimento de carga de importação ou de exportação é controlado pela alfândega. A movimentação (transporte) das cargas para esses terminais é feita em **regime de trânsito aduaneiro**, com controles rígidos de entrada e saída da carga nos portões (*gates*).

2.1.1.7 Embalagens

Do ponto de vista legal, a embalagem é definida como "invólucro, recipiente ou qualquer forma de acondicionamento, removível ou não, destinado a conter, cobrir, empacotar, envasar, proteger ou manter [os produtos], seus componentes e afins" (Brasil, 2002).

O *Manual de embalagem Embraer* (Lima; Silva, 2011, p. 6) define *embalagem* como

> todos aqueles materiais utilizados para envolver, conter, proteger, movimentar, entregar e apresentar mercadorias, desde o produtor até o consumidor final, assegurando a integridade e a qualidade do material nela contido. [Embalagem Primária Embalagem é aquela] que está em contato direto com o produto. [Embalagem Intermediária ou Secundária é aquela] utilizada para proteção à embalagem primária. [Embalagem Final ou de Transporte é a aquela] utilizada para agilizar e facilitar o transporte e oferecer proteção à embalagem intermediária. Esta embalagem deve atender as exigências do transportador ou do tipo de transporte.

As embalagens são entendidas em duas dimensões conceituais associadas às áreas de *marketing* e logística. Para o *marketing*, a embalagem atrai e fornece informações sobre o produto aos clientes, servindo como interface entre produtores/vendedores e consumidores. Do ponto de vista da logística, a função da embalagem é organizar, proteger e identificar os produtos e aumentar a eficiência do manuseio das cargas.

Costa e Galdino (2012) resumem as considerações de Dias (2010) e Francischini e Gurgel (2014) a respeito das embalagens e propõem seis funções para elas, a saber:

1. **Contenção**: Os produtos devem ser contidos para movimentação de um lugar para outro.

2. **Proteção**: O conteúdo do produto e o ambiente onde ele devem ser protegidos dos efeitos ambientais exteriores e ter suas condições preservadas.

3. **Divisão**: Os produtos devem se apresentar em quantidades e dimensões administráveis pelos consumidores.

4. **Unitização**: As embalagens primárias devem ser acondicionadas em secundárias, e estas, por sua vez, contidas em embalagens terciárias. Um exemplo é a paletização de embalagens e os paletes colocados em contêineres.

5. **Conveniência**: A embalagem deve facilitar a utilização do produto (por exemplo: a montagem de *kits* para uso).

6. **Comunicação**: A embalagem deve ser ilustrada com símbolos claros e de compreensão imediata (por exemplo: usando-se os símbolos de produto de manuseio perigoso ou frágil).

Fatores externos, como temperaturas elevadas, umidade e materiais estranhos podem acarretar avarias e estão fora do controle logístico, podendo afetar o conteúdo das embalagens e levar os produtos a derreter, estragar, empolar, descascar e até fundir uns com os outros. Desse modo, os produtos deverão ser embalados de forma que possam ser expostos a choque, intempéries e vibração, o que é usual nos transportes, sem sofrer danos. A embalagem deve fornecer proteção contra danos mecânicos, físicos, influências climáticas, contaminação do meio ambiente e perda de características intrínsecas ao produto.

Nos projetos de embalagem devem ser considerados os riscos ambientais (calor, sol, poeira, contaminação), de perdas de características (perda ou absorção de odores, essências, gases) e físicos, que representam o afrouxamento da embalagem, rupturas ou amassamentos. Além disso, a embalagem deve satisfazer aos requisitos de armazenagem, levando-se em consideração a dimensão e as características de empilhamento (quantos de alto[6]).

Com relação ao transporte do produto, a embalagem afeta a movimentação do material pela estabilidade da carga e compatibilização com diferentes formas de mecanização. Na gestão do transporte, a padronização e as informações na embalagem diminuem os tempos de expedição nos armazéns e o custo de movimentação, além da possibilidade de embarques extraviados, avarias e roubos.

Na comunicação, como mencionamos anteriormente, devem ser utilizados símbolos claros e de compreensão obrigatória. Caso haja considerações especiais para o manuseio do produto, como restrições de temperatura, estas também devem ser especificadas na embalagem. Quanto aos produtos químicos, a orientação para empilhamento explícita na embalagem deve oferecer instruções de como lidar com eventuais derramamentos.

As embalagens na logística internacional devem atender aos padrões para rótulos e etiquetas determinados por normas internacionais para identificação das mercadorias embaladas. Tais normas são estabelecidas pela Organização das Nações Unidas (ONU) e devem ser expressas por meio de desenhos, símbolos e logomarcas, tornando esses elementos legislações dos países.

A Figura 2.2 apresenta alguns dos símbolos utilizados internacionalmente para identificação de mercadorias com especificidades, conforme a instrução do Aprendendo a exportar, do Ministério do Desenvolvimento, Indústria e Comércio Exterior (MDIC).

---

[6] Jargão aplicado no setor de armazenagem e transporte que se refere ao número de embalagens empilhadas na vertical.

Figura 2.2 – Símbolos para embalagens internacionais

FRÁGIL
Fragile
Handle with care

SENSÍVEL AO CALOR
No heat

SENSÍVEL À UMIDADE
No maist
No wet

NÃO PODE SER TOMBADA
This end up
This side up
Handle with care

NÃO ADMITE USO DE GUINCHO
No grapple

Crédito: Cool Vector Maker/Shutterstock

Fonte: Adaptado de Brasil, 2016m.

Da mesma forma, o tipo da embalagem internacional depende diretamente das características das mercadorias que vão ser acondicionadas e das exigências do país exportador e do importador, destacando-se:

- a origem da mercadoria;
- o nome do produtor e do consignatário;
- a classificação do produto, de acordo com as exigências aduaneiras;
- o peso e as condições para unitizar as embalagens;
- a indicação do lote;
- os certificados e os selos;
- a simbologia especial para determinados produtos, como frágeis, perigosos ou perecíveis.

> A simbologia é muito importante, pois as diferenças linguísticas podem gerar interpretações duvidosas; assim, os símbolos facilitam o entendimento do tipo de carga e como manuseá-la.

Na facilitação do rastreamento, tanto na armazenagem como no transporte, há que se considerar a tecnologia de identificação por radiofrequência (*Radio-Frequency Identification* – RFID), aplicada à identificação de paletes, contêineres e caixas, conforme explicamos na Seção 2.2. As *tags* (etiquetas) dos sistemas RFID fazem parte das embalagens internacionais.

2.1.1.8 Transporte

De forma simples, *transporte*, no contexto desta obra, pode ser definido como o meio de movimentação de estoques, ao longo das cadeias de suprimentos, pelo modal utilizado por uma empresa, que pode ser terrestre (rodoviário, ferroviário e dutoviário), aquaviário (marítimo, fluvial e lacustre) ou aéreo. O componente logístico transporte é apresentado com mais detalhes no Capítulo 3.

No Brasil, considera-se que a matriz de transportes inter-regionais de cargas está desbalanceada pela concentração do modal rodoviário. Dados de 2011 do Plano Nacional de Logística e Transportes (PNLT), do Ministério dos Transportes, indicam que no total dos produtos a divisão modal foi: rodoviária: 52%; ferroviária: 30%; cabotagem: 8%; hidroviária: 5%; e dutoviária: 5%. Ao se retirar o minério de ferro, a divisão modal passa para: rodoviária: 68%; ferroviária: 10%; cabotagem: 10%; hidroviária: 6%; e dutoviária: 6% (Brasil, 2012b).

No entanto, no comércio exterior brasileiro, segundo Nakabashi et al. (2015, p.1), foi o transporte marítimo que se sobressaiu: em 2014, ele foi responsável por 83,2% do valor (US$ FOB[7]) das exportações e 74,8% do valor das importações, evidenciando a importância do modal marítimo para a economia brasileira.

A escolha do modal de transporte tem como fatores específicos **distâncias**, **volume** ou **tamanho dos lotes**, as **características** e **densidades da carga** (granel sólido ou líquido, carga conteinerizada e cargas especiais ou de projeto) e suas **especificidades** (resfriada; congelada; alimentícia; química e de movimentação perigosa, facilidades de acondicionamento; facilidades de manuseio etc.) (Bowersox; Closs; Cooper, 2006). Além disso, é necessário considerar as condições de disponibilidade de infraestrutura e, no caso do comércio internacional, a condição geográfica.

Desse modo, as empresas, em seu planejamento de transportes, devem avaliar os seguintes itens, de acordo com Christopher (2007):

---

7 Valor FOB (*free on board*) se refere aos Incoterms, mas, nas estatísticas de comércio exterior, indica valores totais sem frete e seguros.

Disponibilidade: Capacidade que cada modal tem de atender às entregas prontamente. Nesse sentido, o modal rodoviário é o melhor qualificado a oferecer o serviço porta a porta (*door-to-door*), que tem como principal vantagem evitar transbordos e manuseios adicionais de embalagens e cargas.

Velocidade: Tempo de trânsito em uma rota, desde a origem até o ponto de destino. O modal aéreo é o mais rápido de todos.

Confiabilidade: Habilidade de entregar no tempo declarado e acordado e de maneira satisfatória. Os dutos têm melhor destaque nessa característica na relação entre tempo de trânsito (*transit time*) e índice de falhas ou avarias.

Capacidade: Possibilidade que o modal de transporte tem de lidar com qualquer tipo e quantidade de carga. O transporte aquaviário é o que mais se destaca.

Frequência: Quantidade de movimentações programadas e realizadas por período de tempo. Os dutos se sobressaem por seu tempo contínuo.

Segundo Ballou (1995), a escolha do modal de transporte considera ainda os menores custos, a existência de economias de escala, a agilidade e a flexibilidade dos processos de movimentação e de correção de eventos não programados, a menor quantidade de avarias, a maior segurança no transporte e no manuseio da carga, a padronização na unidade de carga transportada, o menor tempo de operação e a distância a ser percorrida.

Na logística internacional, o modal de transporte obedece ainda a restrições geográficas: no caso do Brasil, o modo terrestre está restrito aos países lindeiros da América do Sul. Também podemos mencionar que como a embalagem ou a falta dela (produtos a granel) determina a escolha do modal.

2.1.1.9 Custos logísticos

Tanto na logística doméstica quanto na logística internacional, a concepção e a avaliação de alternativas logísticas, isto é, as formas alternativas de encaminhamento de produtos, envolvem a escolha de modais, a necessidade ou não de armazenagem intermediária, a compatibilização de embalagens e a identificação de provedores de serviços e seus respectivos custos e tempos (prazos) de execução.

Muitas vezes, essa avaliação é feita por empresas de consultoria logística, chamadas *fourth-party logistics services providers* (4PLs), que, para a movimentação de produtos entre países, realizam estudos em que identificam a alternativa mais econômica, assim como o provedor logístico (3PL) mais adequado do ponto de vista de custos, confiabilidade e eficácia na prestação de serviços.

A contabilidade de custos tradicional, que utiliza o custeio por absorção – ainda muito presente nas empresas –, ao apropriar despesas de forma agregada, dificulta a identificação dos custos incorridos no atendimento aos clientes. Algumas metodologias de apropriação de custos têm sido propostas, tais como custeio baseado em atividades (*activity based costing* – ABC) e custos para servir (*cost to serve*), que têm buscado resolver essa questão, apesar das dificuldades e dos problemas de implantação, como tempo despendido, recursos alocados e mudança nas práticas de gestão.

Independentemente do método de custeio utilizado, as empresas buscam as melhores alternativas logísticas e a identificação dos seus custos, inclusive para avaliar a rentabilidade por cliente e segmento de clientes. De acordo com Christopher (2007), esses procedimentos envolvem as seguintes atividades:

- estimativas e prognósticos de caráter estratégico, tático e operacional;
- determinação dos preços de venda dos produtos e serviços;
- melhoria e aperfeiçoamento dos sistemas de produção;
- controle das despesas operacionais;
- controle da eficiência de cada segmento da cadeia;
- controle dos investimentos em cada segmento;
- análise dos dados estatísticos de cada segmento;
- cálculo da rentabilidade por cliente e por produto.

Dessa forma, os custos logísticos subsidiam a avaliação do desempenho logístico e as decisões sobre as estratégias logísticas de gestão de canais de distribuição. No que diz respeito a essas estratégias, podemos citar aquelas referentes aos seguintes itens e questionamentos:

- **Quais são os custos do centro de distribuição (CD)? Com quantos CDs a empresa deve operar? Onde devem estar localizados? Quanto os seus custos representam em relação às despesas e ao faturamento da empresa? Qual é a tendência dessa participação?**

  O propósito fundamental de um CD é prover instalações e sistemas para o fluxo de materiais (recebimento, armazenagem intermediária, transformação, embalagem, expedição, carregamento) decorrente das funções comerciais e operacionais das empresas. A redução dos custos de armazenagem pode ser obtida na integração entre práticas operacionais, gestão de inventários, embalagem (criação e operação), técnicas e equipamentos de movimentação de materiais, métodos de estocagem e recuperação de produtos, processamento de pedidos e administração de tráfego de veículos operacionais e de transporte (recebimento e expedição). Essas atividades devem ser integradas, e seus efeitos conjuntos, previstos a fim de se satisfazer o nível de serviços aos clientes, ao menor custo possível.

- **Como estão os níveis dos estoques? Por que precisamos desse estoque?** Essas perguntas dizem respeito às três dimensões básicas do estoque: matérias-primas e materiais, produtos em processo ou semiacabados e produtos acabados. As respostas devem se referir também às seguintes categorias: estoque de segurança (garantia e proteção à organização das incertezas do fornecimento); estoque para cobrir efeitos sazonais (periodicidade de colheitas, consumo sazonal, efeitos da moda); estoque estratégico (mantido para apoiar campanhas de vendas ou cobrir uma possível interrupção da produção); estoque especulativo (quando convém aguardar variação de mercado com potencial de obtenção de ganhos ou de estabilização conjuntural) e estoque indefinido (materiais obsoletos ou itens de produção descontinuada).

- **Quais estratégias de terceirização (*outsourcing*) de determinada atividade logística serão utilizadas?** A terceirização tem sido adotada pelas empresas com a finalidade de tornar variáveis os custos. Em outras palavras, os custos fixos são transformados em custos variáveis ao serem contratados recursos de terceiros, os quais são mais facilmente mobilizados ou desmobilizados, tendo em vista as variações dos mercados. Outra justificativa é a de as empresas se concentrarem no que sabem fazer melhor e com mais rentabilidade (*core business*). A terceirização já é tradicional na prestação de serviços indiretos à produção, como limpeza, segurança, alimentação, entre outros. Na logística, ela se reflete na composição de mercado para os 3PLs.

Um exemplo de destaque na logística internacional é o da Empresa Brasileira de Aeronáutica Embraer®, que se notabiliza por elevar produtos de ponta ao estado da arte das tecnologias aeronáutica e aviônica. Os projetos das aeronaves são desenvolvidos no Brasil em colaboração estreita com fornecedores localizados em outros países. Aprovado o projeto, a montagem das aeronaves é feita por encomenda também nas instalações da empresa no Brasil, que recebe materiais de diversos portes e de movimentação especializada dos fornecedores, localizados na Europa e nos Estados Unidos.

O encaminhamento logístico é feito por 3PLs, que têm centros de consolidação de carga em ambos os continentes. A carga consolidada por meio de sistemas de coleta é embalada em contêineres, que seguem para o Brasil via aérea ou marítima, dependendo dos custos e da programação de utilização (gestão de inventário). O encaminhamento é acompanhado por sistemas de informação, que fornecem uma visão em tempo real da disponibilidade e da localização dos componentes de montagem. Logicamente, a distribuição é mais simples, pois os aviões seguem voando até os clientes.

No entanto, a venda de um avião compreende um pacote que engloba financiamentos em condições favoráveis e prestação de serviços de manutenção em centros de manutenção e de estocagem de peças nos países dos compradores dos aviões. Como se vê, a Embraer® é uma empresa com um processo logístico sofisticado, intrínseco e voltado a agregar valor aos seus clientes.

2.2 Sistemas de informação na logística internacional

Os sistemas de informação são os "fios" que ligam as atividades logísticas em um processo integrado. Em outras palavras, o gerente de logística se "alimenta" do planejamento e do controle de movimentações físicas, mas as informações constituem "o ar que ele respira". A gestão das cadeias de suprimento, conforme ressaltamos, representa o gerenciamento de fluxos físicos de produtos e fluxos de informação viabilizados por fluxos financeiros, os quais, por sua vez, se utilizam de recursos informacionais, seja nas relações locais, seja nas relações internacionais.

Esses sistemas estão remodelando cada vez mais as organizações e a natureza dos vínculos entre elas. As empresas já podem conectar o reabastecimento do produto no mercado a operações com fornecedores graças ao uso de informações compartilhadas em recursos de tecnologia de informação, como *softwares*, bancos de dados e redes.

Bowersox, Closs e Cooper (2006) propõem a integração informacional em quatro níveis de funcionalidade – planejamento estratégico, análise e tomada de decisões, sistemas de transação e controle gerencial –, os quais são apresentados no Quadro 2.4.

Quadro 2.4 – Funcionalidade do sistema de informação na gestão de cadeias de suprimento

Planejamento estratégico	<ul><li>Formulação de alianças estratégicas</li><li>Desenvolvimento e aperfeiçoamento de capacitações e oportunidades</li><li>Análise de serviços aos clientes, focalizada e baseada no lucro</li></ul>
Análise e tomada de decisões	<ul><li>Programação e roteirização de veículos</li><li>Gestão e níveis de inventários</li><li>Integração e localização de instalações e redes</li><li>Integração vertical *versus* terceirização</li></ul>
Sistemas de transação	<ul><li>Gestão de pedidos</li><li>Alocação de inventários</li><li>Separação de pedidos</li><li>Expedição e embarque</li><li>Formação de preços</li><li>Pesquisa entre clientes</li></ul>

(continua)

(Quadro 2.4 – conclusão)

Controle gerencial	• Avaliações financeiras • Custos • Gestão de ativos • Avaliação de serviços aos clientes • Avaliação da produtividade • Avaliação da qualidade

Fonte: Adaptado de Bowersox; Closs; Cooper, 2006, p. 169.

Dessa forma, conforme proposto pelos mesmos autores:

- O **planejamento estratégico** subsidia a redefinição de estratégias logísticas da empresa para melhoria da capacidade de produção, capacitação gerencial para identificação e aproveitamento das oportunidades de mercado e aprimoramento da capacidade de resposta aos clientes.

- A **análise** e a **tomada de decisões** podem ser feitas por meio de ferramentas de *software*, incluindo banco de dados, geração de relatórios e apoio a procedimentos formais de avaliação.

- O **sistema de transação** se apoia em regras formais, procedimentos e comunicações padronizados e subsidia as atividades logísticas em todas as suas etapas (processamento de pedidos, embalagem e transporte, armazenagem e controle de inventários).

- O **controle gerencial** avalia o desempenho e eventuais exceções operacionais por meio de sistemas e processos orientados para evidenciar situações fora dos padrões definidos pela organização.

Uma das particularidades da logística internacional é a importância de a questão fiscal e os procedimentos aduaneiros estarem apoiados em sistemas da tecnologia de informação (TI) e em pessoal qualificado. Além disso, o rastreamento de produtos e embalagens, assim como a gestão dos terminais de exportações e importação, baseiam-se fortemente na TI.

Nos terminais portuários, aeroviários, de contêineres e de outros tipos de cargas, diferentes atividades logísticas acontecem simultaneamente e, por isso, há a dependência de robustos sistemas integrados de informação. Grandes máquinas se movimentam em todas as direções; equipamentos levantam e transferem cargas; caminhões, navios, aviões e veículos chegam e partem a todo momento. Esses exemplos se apresentam no transporte internacional de mercadorias, e a eficiência do terminal tem impacto significativo na velocidade, na uniformidade e no custo do transporte das cargas exportadas e importadas. Todas essas transações precisam ser coletadas e tratadas por sistemas de informação para que não se perca a posição física e documental da carga.

No Brasil, do ponto de vista fiscal, a formulação do sistema processual das operações de exportação e importação teve por base uma estrutura desenvolvida na década de 1990, com a introdução do **Sistema Integrado de Comércio Exterior (Siscomex)**, incluindo as atividades da Secretaria de Comércio Exterior (Secex), da Receita Federal do Brasil (RFB) e do Banco Central do Brasil (Bacen). O Siscomex padronizou conceitos, códigos e nomenclaturas em um fluxo único de informações informatizado, eliminando diversos documentos até então utilizados.

> O programa Portal Único de Comércio Exterior é uma iniciativa de reformulação dos processos de importação, exportação e trânsito aduaneiro que é composto por processos harmonizados e integrados entre todos os intervenientes públicos e privados no comércio exterior, envolvendo a RFB, a Secex e a supervisão da Casa Civil da Presidência. Atualmente, esse programa conta com 22 órgãos do governo e tem atuação no comércio exterior com participação de entidades representativas do setor privado (importadores, exportadores, despachantes aduaneiros, transportadores, depositários, terminais portuários, entre outras).

O Gráfico 2.1 ilustra o desenvolvimento da integração entre órgãos intervenientes no comércio exterior pretendido pelo programa.

Gráfico 2.1 – Integração de órgãos intervenientes no comércio exterior

Fonte: Brasil, 2016p.

Nessa integração, a etapa inicial compreende o simples compartilhamento entre os intervenientes dos dados presentes nos sistemas e documentos de comércio exterior. Na etapa seguinte, as informações correspondem aos conjuntos de dados apresentados de forma organizada. Com base no conhecimento do que existe em comum entre as atividades dos órgãos, tem-se o compartilhamento de metodologias de trabalho, o que traz maior previsibilidade aos operadores e leva ao compartilhamento das ferramentas destinadas à sua implantação. Por exemplo: caso dois ou mais órgãos tenham a mesma necessidade de controle (inspeção física), é conveniente que partilhem a mesma forma de execução e um mesmo instrumento, ou seja, um sistema de TI comum (Brasil, 2016p).

O objetivo central do Siscomex, criado no âmbito do MDIC, foi o de se constituir como "instrumento administrativo que integra as atividades de registro, acompanhamento e controle das operações de comércio exterior, mediante fluxo único, computadorizado, de informações", conforme disposto na sua criação no Decreto n. 660, de 25 de setembro de 1992 (Brasil, 1992).

O Portal Siscomex pretende adotar o conceito de "portal único" ou "janela única" (*single window*), nos moldes definidos pelo Centro das Nações Unidas para Facilitação de Comércio e Negócios Eletrônicos (United Nations Centre for Trade Facilitation and Electronic Business – UN/Cefact), em sua Recomendação 33:

> O portal único é uma facilidade que permite às partes envolvidas no comércio e no transporte apresentar informações padronizadas e documentos em um ponto único de entrada para atender a todas as exigências regulatórias relativas a importação, exportação e trânsito. Se a informação é eletrônica, então os elementos de dados individuais devem ser enviados apenas uma vez. (UN/Cefact, citado por Brasil, 2016p)

A Figura 2.3 mostra uma representação da estrutura dos processos de comércio exterior no conceito de *single window*. As setas **pontilhadas** indicam as informações prestadas pelos operadores privados, e as setas **normais**, as respostas e exigências dos órgãos de governo.

Figura 2.3 – Estrutura de processos do comércio exterior no conceito de *single window*

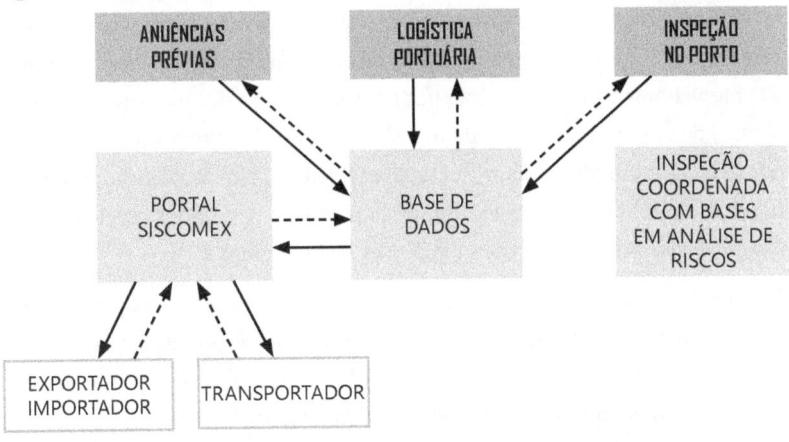

```
        ANUÊNCIAS          LOGÍSTICA          INSPEÇÃO
         PRÉVIAS           PORTUÁRIA          NO PORTO

                                              INSPEÇÃO
                                             COORDENADA
         PORTAL           BASE DE             COM BASES
        SISCOMEX           DADOS             EM ANÁLISE DE
                                                RISCOS


     EXPORTADOR
                     TRANSPORTADOR
     IMPORTADOR
```

Fonte: Adaptado de Brasil, 2016p.

O Portal Siscomex representa um avanço ao programa da Secretaria de Portos (SEP), o Porto Sem Papel (PSP), que também tem como concentrador de dados para simplificação dos procedimentos portuários o conceito de *single window*. Já implantado em 35 portos brasileiros, esse sistema contempla as operações de entrada e saída de navios dos portos. O Portal Siscomex, por sua vez, contempla a carga e, como mostra a Figura 2.3, abrange também os portos e integra os sistemas portuários.

A utilização da TI nas atividades logísticas permite controlar a movimentação e a armazenagem das mercadorias, fornecendo aos clientes a situação de seus pedidos em tempo real. Uma das ferramentas utilizadas é a **tecnologia RFID**, citada anteriormente, que utiliza a radiofrequência para capturar dados, e não a luz, como o código de barras. A utilização dessa tecnologia diminui a discrepância de dados, o que melhora a produtividade, aprimora os serviços prestados aos clientes, reduz os custos operacionais e permite o acompanhamento dos produtos ao longo das cadeias de suprimentos, por meio da identificação e do rastreamento de paletes, contêineres e caixas nas áreas de sua armazenagem e movimentação.

A tecnologia RFID aplicada a etiquetas eletrônicas, da mesma forma que o sistema de código de barras, permite a identificação de objetos sem contato visual para leitura. Conforme o tamanho e a sensibilidade da antena leitora e a potência da antena transmissora, a etiqueta pode ser verificada a distâncias consideráveis, ampliando suas possibilidades de uso. O sistema RFID é composto basicamente por três componentes: antena, transceiver e leitor (com decodificador) e transponder, conhecido como RF *tag*, ou somente *tag*, que é composto pela antena e um *microchip*. A função de cada um desses componentes é:

ANTENA: Ativa a etiqueta para trocar/enviar informações e se apresenta em diversos formatos e tamanhos, conforme as necessidades de uso. Em alternativa disponível, a antena, o *transceiver* e o decodificador estão juntos em um recipiente conhecido como *leitor*.

TRANSCEIVER E LEITOR: O leitor emite frequências de rádio que podem atingir alguns metros. Tem a mesma função de um leitor de código de barras e atua como a fonte para o *transponder*. Assim, o leitor decodifica a informação repassada pela etiqueta e a envia para processamento por computador.

TRANSPONDER (TAG): É uma etiqueta que guarda informações. Pode apresentar formatos diferentes em função da aplicação, do ambiente de uso e do desempenho. As *tags* ativas possuem bateria interna, e as passivas operam com energia fornecida diretamente pelo leitor.

A tecnologia RFID apresenta como vantagens sua capacidade de leitura, armazenamento e envio de dados para etiquetas ativas, sem necessidade de visada direta (sem obstáculo entre equipamentos de comunicação), sua durabilidade e a possibilidade de reutilização. Como desvantagens, Pinheiro (2004) aponta o custo elevado em comparação com o código de barras.

O conceito em que essas tecnologias ou sistemas se baseiam é o da **simplificação e eliminação da interferência do homem na leitura e na transcrição de dados**, para evitar redundâncias ou falhas no acompanhamento dos processos logísticos e permitir o rastreamento de produtos em tempo real, o que é essencial para uma prestação de serviços que agregue valor aos clientes.

Estudo de caso

A Embraer® na logística internacional

A Embraer S.A., uma das mais importantes empresas brasileiras, foi criada em 1969 como companhia de capital misto e controle estatal e privatizada em 1994. Seus objetivos são projetar, desenvolver, fabricar e comercializar aeronaves e sistemas, fornecendo, ainda, apoio técnico e serviços de pós-venda nos segmentos de negócios de aviação comercial, aviação executiva, defesa, segurança e sistemas. O sucesso da empresa se deve por agregar tecnologia aeronáutica e aviônica ao profundo conhecimento dos mercados fornecedores e consumidores. Inicialmente, o local escolhido para a instalação da empresa, em São José dos Campos, no Vale do Paraíba (SP), deveu-se à proximidade com o Instituto Tecnológico de Aeronáutica (ITA). A Embraer® sempre se destacou por práticas empresariais avançadas e, após a privatização, pela inovação e atuação comercial, que compreendem a fabricação e a comercialização de aviões, agregando a prestação de serviços de assistência técnica de qualidade reconhecida.

Essa empresa atua em segmentos e nichos de mercado adequados à sua *expertise*, e a inovação tecnológica é sua marca nos mercados nacional e mundial. Ela conta com escritórios e fábricas em várias partes do mundo, e já soma mais de 5 mil aeronaves entregues em todos os continentes, sendo hoje uma das maiores companhias exportadoras do Brasil. Atualmente, a Embraer® se localiza, mais especificamente, na cidade de São José dos Campos, no Estado de São Paulo, onde se localizam também as unidades de Gavião Peixoto, Botucatu e Sorocaba e os centros logísticos de Taubaté e Campinas. Em Belo Horizonte, Minas Gerais, está localizado o Centro de Engenharia e Tecnologia, e há escritórios em Brasília, São Paulo e Rio de Janeiro.

A Embraer dispõe ainda de escritórios e unidades nas cidades de Fort Lauderdale, Melbourne e Jacksonville, nos Estados Unidos; Villepinte, na França; Farnborough, na Inglaterra; Dubai, nos Emirados Árabes Unidos; Cingapura; Dublin, na Irlanda; Amsterdã, na Holanda; e Pequim, na China. Já seus centros de serviços e venda de peças de reposição estão localizados em São José dos Campos,

Sorocaba e Gavião Peixoto, em São Paulo; Le Bourget, na França; Alverca, em Portugal; e em Fort Lauderdale, Nashville, Mesa e Windsor Locks, nos Estados Unidos. Há, ainda, centros de distribuição de peças de reposição em Louisville e Minneapolis, nos Estados Unidos, Cingapura, Pequim e Dubai.

Além do escritório em Pequim, a Embraer possui 51% do capital da Harbin Embraer Aircraft Industry Co., Ltd. (Heai), associação com a companhia chinesa Aviation Industry Corporation of China (Avic).

O outro polo industrial da Embraer localiza-se em Portugal, na cidade de Évora, assim como uma subsidiária, a Indústria Aeronáutica de Portugal S.A. (Ogma), em Alverca.

O relatório anual de 2013 da empresa (Embraer, 2014) explicita que a Embraer, na seleção de fornecedores, considera sua "competitividade de custos, qualidade, confiabilidade, capacidade técnica e produtiva, responsabilidade socioambiental, saúde financeira, logística, riscos, certificações e experiência". Além disso, nos contratos há cláusulas relativas ao cumprimento de legislação e normas socioambientais, como a proibição de utilização de mão de obra infantil e trabalho forçado.

A gestão da cadeia de suprimentos utiliza-se de algumas ferramentas, como o *Balanced Scorecard* (BSC)[8], com acompanhamento mensal de indicadores; o compartilhamento de planos de ação, os quais são discutidos junto aos fornecedores; e o *risk assessment*[9] no controle de riscos de suprimentos, além de auditorias presenciais nas plantas dos fornecedores.

O *site* do Regime Aduaneiro de Entreposto Industrial sob Controle Informatizado (Recof) disponibilizou notícia do *Jornal Valor Econônimo*, de junho de 2009, sobre a logística complexa da Embraer, situando a empresa, em 2008, como a terceira maior exportadora brasileira e como responsável por 2,2% do total de importações, em um total de 19 mil toneladas de materiais,

---

[8] *Balanced Scorecard* (BSC), cuja tradução é "indicadores balanceados de desempenho", é uma metodologia de proposição, aferição e avaliação de indicadores de desempenho empresarial desenvolvida em 1992 por Robert Kaplan e David Norton, ambos professores da Harvard Business School (HBS) (Kaplan; Norton, 2004).

[9] *Risk assessment*, que significa "abordagem de risco", é um processo para determinar a probalidade de ocorrência de um evento negativo específico (Investopedia, 2016).

avaliados em US$ 3,8 bilhões. Nesse mesmo ano, as exportações alcançaram US$ 5,7 bilhões, e a Embraer foi responsável por 2,9% para o saldo da balança comercial do país (Silveira, 2009).

Esses números expressivos indicam uma operação logística internacional complexa, pois fornecedores, clientes e competidores se localizam no Hemisfério Norte. A empresa exporta mais de 90% da produção e importa 95% das matérias-primas, partes e peças para a produção e as peças de reposição para as aeronaves que monta. Para tanto, a Embraer inaugurou, em 2008, um centro de armazenagem de grandes segmentos aeronáuticos (matérias-primas, fuselagens, asas e superfícies de comando, entre outros) em Taubaté, São Paulo, com uma área total de 380 mil m², dos quais 135,7 mil m² foram doados pela prefeitura municipal, com investimentos da ordem de US$ 16,2 milhões.

A vantagem logística se relaciona com o processo de atendimento JIT da linha de produção. A Embraer® opera com 3PL nos Estados Unidos, que se responsabiliza por uma média de 11,9 mil toneladas de materiais enviados pela empresa por ano. Na Europa, a empresa trabalha com um operador aéreo, que transporta, em média, 1,1 mil toneladas de materiais ao ano, e um operador marítimo, com 5,6 mil toneladas ao ano. No Brasil, a Embraer® contratou dois operadores logísticos (porto e aeroporto), o que envolve 16,6 mil toneladas de materiais ao ano. No transporte aéreo, cerca de 18 mil processos são emitidos por ano, e no modal marítimo, 3 mil.

A Embraer® também conta com três centros de consolidação marítima de materiais, localizados em Colchester, na Inglaterra; Bilbao, na Espanha; e Freiburg, na Alemanha. No segmento aéreo, os centros de consolidação ficam em Londres, na Inglaterra; Paris, na França; Milão, na Espanha; e Frankfurt, na Alemanha. Segundo informações da empresa, 75% da movimentação, tanto de importação quanto de exportação, são feitas pelo modo aéreo. O marítimo, por sua vez, participa mais em movimentações que signifiquem peso.

Essa empresa aderiu ao Recof e, com isso, vem obtendo ganhos expressivos na redução de custos e eficiência da sua operação logística. "Diferentemente do que ocorria no regime 'drawback', o Recof permite a flexibilidade para a empresa realizar a destinação de até 20% das mercadorias estrangeiras admitidas no regime, para o mercado interno, no mesmo estado em que foram importadas", afirma o representante da empresa (Silveira, 2009). Com esse sistema, a Embraer® não precisa manter um estoque nacionalizado e outro para o atendimento da linha de produção.

O Recof, assunto que apresentamos com mais profundidade no Capítulo 5, é o regime aduaneiro especial que suspende os impostos incidentes na importação e concede isenção para a exportação; no caso da Embraer®, o Recof também possibilitou a passagem rápida pela alfândega, reduzindo tempos de importação e despesas de armazenagem de peças, que passou de 2 dias para 12 horas (Silveira, 2009).

Como dissemos, a Embraer® importa 95% das peças que utiliza na produção dos seus aviões, ou seja, conjuntos de materiais e componentes, como aviônicos, equipamentos, segmentos e matérias-primas, sem similares no mercado nacional. Entretanto, segundo a empresa (citada por Silveira, 2009), a industrialização das aeronaves, a mão de obra, o desenvolvimento e demais materiais de origem nacional, superam em 60% o índice de nacionalização do produto final exportado.

Essas explanações demonstram a importância da contratação de serviços logísticos de terceiros e a necessidade de tratamento dedicado às questões aduaneiras, uma das particularidades críticas da logística internacional.

Fonte: Elaborado com base em Silveira, 2009.

Questões sobre o estudo de caso

1. Quais são as razões do sucesso da Embraer® como empresa fornecedora de aviões?
2. A Embraer® é uma empresa mundial ou nacional? Explique sua resposta.
3. Qual é a importância de regimes aduaneiros especiais para empresas como a Embraer®?

Perguntas & respostas

Quais são as diferenças básicas entre as estratégias logísticas aplicadas ao comércio exterior e as usadas na logística doméstica?

A estruturação de cadeias internacionais de suprimentos e sua logística impõem tanto exigências comuns às cadeias domésticas quanto exigências específicas, como conhecimento dos tipos de demanda, o nível do serviço requerido pelos clientes, sua localização, idioma, legislação aduaneira e custos envolvidos. Na arquitetura dessas cadeias de suprimentos, destacam-se a localização, os modos de transporte, as formas de produção, a gestão de estoques, a tipologia de fornecedores, a armazenagem, os requisitos de embalagens e os sistemas de informação necessários. As cadeias logísticas internacionais compreendem, ainda, a necessidade de estender a lógica da integração para fora das fronteiras do país, incluindo fornecedores e clientes a longa distância. Modernamente, a vantagem competitiva de uma empresa se baseia na produtividade e na diferenciação do produto (inovação, qualidade e nível de serviço), com benefícios para todas as partes envolvidas.

Qual é o principal indicador de desempenho na logística internacional?

O principal indicador é a disponibilidade de produto, ou seja, o inventário (estoque) para atender às necessidades dos clientes. Esse é um desafio básico no planejamento das movimentações, dado o *transit time* maior até os importadores. Outro indicador é o tempo exigido para entrega dos pedidos aos clientes, ou seja, rapidez e consistência na entrega. Esse indicador representa também a integração e a confiabilidade entre os elos da cadeia, para que não exista retrabalho ou perda de informações. Os indicadores-chave de desempenho envolvem ainda tempos, configurações e consistência dos lotes de entrega e formas de entrega, como o sistema JIT.

Como se justifica a contratação de 3PLs na logística internacional?

A seleção adequada de intermediários e serviços na logística internacional leva em consideração competências organizacionais específicas dos operadores logísticos (3PLs): todo o conjunto de serviços para a movimentação de um produto, desde seu ponto de origem até seu destino, envolvendo tempos e prazos, controle de fluxogramas complexos, características particulares das operações (manuseio, armazenamento, transporte, embalagem etc.), ao lado do atendimento às leis e regulamentos dos países envolvidos, suas questões aduaneiras e tributárias e gerenciamento de riscos. Essas condições dificilmente são obtidas e replicadas em uma organização, daí a necessidade da contratação de operadores especializados.

Qual é o papel dos sistemas de informação na logística internacional?

Os sistemas de informação têm função preponderante na integração das cadeias logísticas internacionais ao facilitar a formulação de alianças estratégicas; o desenvolvimento e o aperfeiçoamento de capacitações; as oportunidades de serviços aos clientes; a programação e a roteirização de veículos; a gestão dos níveis de inventários nos elos das cadeias internacionais; a integração e a localização de instalações e redes terceirizadas; a gestão (separação de produtos, rastreamento e situação financeira) de pedidos; e a formação de preços.

Síntese

Ressaltamos neste capítulo que o planejamento da logística internacional leva em conta as distâncias, tempos e custos maiores para a movimentação de mercadorias entre os países. Além disso, demonstramos que, na logística internacional, convive-se com um conjunto de agentes que intermediam as relações complexas entre embarcadores, transportadores e clientes finais. Esses agentes desempenham uma função especializada, com o objetivo de facilitar e tornar mais rápidas e seguras as transações comerciais internacionais.

Na definição de estratégias logísticas para agregar valor aos produtos e atender às necessidades dos clientes, explicamos que se mostram críticos os fatores relativos a localização, seleção e avaliação de fornecedores, sistemas de produção enxuta (redução de estoques na linha de produção, diminuição de tempos e *setup*, melhorias nas linhas de montagem e aperfeiçoamento de práticas produtivas), armazenagem (na interação com transportes e embalagem), embalagens (na interação com armazenagem e transportes), transportes (na interação com armazenagem e embalagens) e gestão cuidadosa de custos logísticos, identificando e explorando trocas compensatórias de custo. Por fim, apresentamos os sistemas de informação na logística internacional e algumas de suas especifidades.

Questões para revisão

1. Assinale (V) para verdadeiro e (F) para falso no que se refere às diferenças básicas entre a logística aplicada ao comércio exterior e a logística doméstica.
   ( ) A logística internacional trata da movimentação de mercadorias entre países limítrofes.
   ( ) Na logística doméstica, os tempos são maiores, e as questões fiscais, mais complexas.
   ( ) Na logística internacional, predomina o uso dos modais marítimo e aéreo.
   ( ) A logística doméstica, assim como a internacional, tem os seguintes componentes básicos: transporte; armazenagem; embalagem; manuseio de materiais; sistemas de informação; gestão de inventários; questões fiscais; gestão do ciclo de pedidos; questões ambientais.
   ( ) Os sistemas de informação são críticos para a logística, pois a principal preocupação do gerente logístico é onde o produto está, com quem está, de que forma está sendo movimentado e quando vai chegar e ser entregue.

   A sequência correta, de cima para baixo, é:
   a) V, V, F, V, F.
   b) F, F, F, F, V.
   c) V, V, V, V, F.
   d) F, F, V, V, V.

2. Como se configuram cadeias internacionais de suprimento? Desenhe o fluxo de uma cadeia.

3. Assinale a alternativa correta. O que são trocas compensatórias de custos entre os componentes da logística internacional?
   a) Possibilidade de se realizar um transporte mais caro e transferir os custos para os clientes.
   b) Efeito de diminuição do custo total logístico ao se adotar uma alternativa individualmente mais cara (por exemplo: embalagem à prova d'água contra armazenagem ao relento).

c) Cobrança de despesas de armazenagem e de transporte pelas autoridades aduaneiras no país de destino do produto.

d) Utilização de formas não regulamentadas de entrada de produtos no país para venda aberta em logradouros e estabelecimentos temporários.

4. Assinale as alternativas que **não** são justificativas da contratação de 3PLs na logística internacional:

   a) Busca de especialização e redução de custos e tempos logísticos.

   b) Ações de facilitação da movimentação para o país de origem ou destino da mercadoria.

   c) Busca de aprendizado sobre a abordagem a um ambiente complexo e com muitas interferências.

   d) Utilização de sistema de informação dedicado para o rastreamento da movimentação de produtos ao longo das cadeias globais de suprimento, desde sua origem até o destino final.

5. Qual é o papel desempenhado pelos sistemas de informação na logística internacional? Exemplifique.

> ## Para saber mais
>
> Os portais do Siscomex e da Embraer® apresentam informações importantes para quem quer conhecer melhor o conceito de *single window*.
>
> BRASIL. Ministério do Desenvolvimento, Indústrial e Comércio Exterior. Programa portal único de comércio exterior. **Portal Siscomex**. Disponível em: <http://portal.siscomex.gov.br/conheca-o-portal/programa-portal-unico-de-comercio-exterior>. Acesso em: 31 maio 2016.
>
> MME – Grupo Manuseio, Movimentação e Embalagem. **Manual de embalagens para importação e exportação de material avião**. jan. 2015. Disponível em: <http://www.embraer.com.br/Documents/spolicy/manual_embalagens_embraer.pdf>. Acesso em: 31 maio 2016.

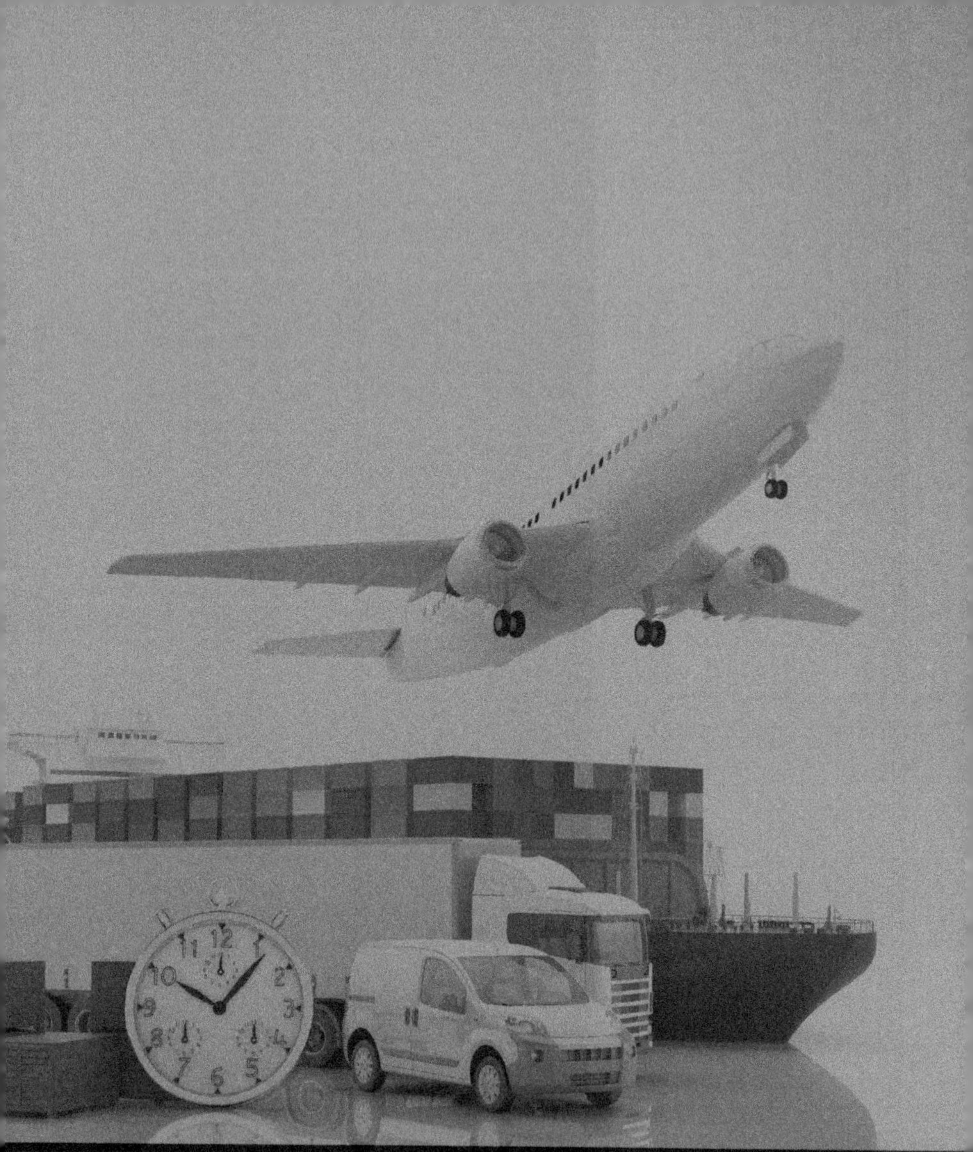

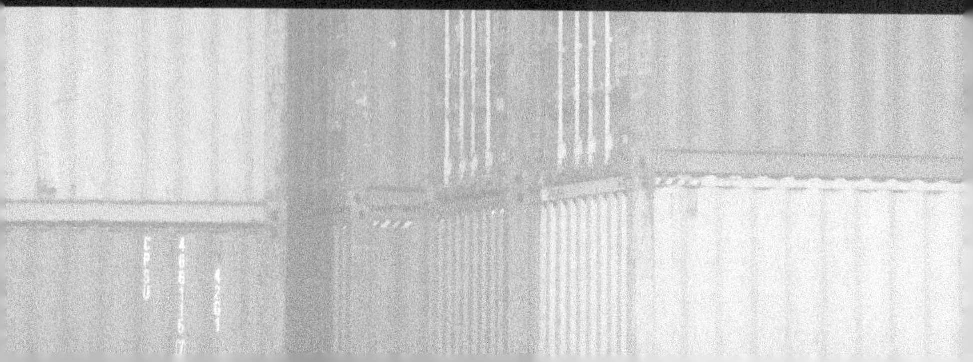

3

Transporte internacional

Conteúdos do capítulo:

- Intermodalidade.
- Unitização de cargas.
- Contêineres.
- Transporte marítimo internacional.
- Agentes de transporte marítimo.
- Operação portuária.
- Transporte aéreo internacional.
- Transporte terrestre internacional.

A GESTÃO LOGÍSTICA compreende o gerenciamento estratégico e integrado dos componentes logísticos já citados nesta obra, os quais, na logística internacional, dizem respeito ao processo de aquisição, movimentação de materiais, peças e produtos acabados entre dois ou mais países.

Entre os componentes logísticos, destaca-se o **transporte**, o mais visível e o maior consumidor de tempo e custos na logística internacional. O transporte internacional dificilmente se dá por um único modo de movimentação e, assim, se aproxima do transporte intermodal. Tipicamente, tem-se um transporte terrestre partindo da origem do produto, seguido de uma movimentação marítima ou aérea e de um transporte terrestre até seu local de destino.

Dessa forma, o transporte intermodal se apresenta como facilitador dos negócios internacionais, pois integra as operações internacionais do ponto de origem ao destino. Dessa maneira, torna-se responsável pelos deslocamentos dos produtos entre pontos de armazenagem intermediária, de consolidação e de unitização de cargas, em terminais internacionais e de embarque e desembarque.

Outras questões determinantes sobre o transporte internacional são a especialização de veículos e a consolidação e unitização de cargas. Navios, aviões e caminhões se especializam para cargas que se movimentam, e o contêiner passa a ser uma embalagem essencial a embarcadores e equipamentos básicos de navios porta-contêineres e aviões cargueiros, como veremos adiante.

A movimentação das cargas se faz de e para terminais (*depots*), que operam com cargas internacionais recebendo-as em trânsito, aplicando a legislação aduaneira vigente em cada país (de origem e destino) e se constituindo em locais de consolidação e desconsolidação das cargas. Outra questão crítica se refere aos procedimentos aduaneiros: as administrações alfandegárias devem trabalhar em colaboração, com a adoção das normas comuns e reconhecidas, a fim de maximizar a segurança e facilitar as cadeias logísticas internacionais na movimentação de cargas e contêineres ao longo das diversas etapas da sistemática do comércio global.

3.1 INTERMODALIDADE

Transporte intermodal é aquele que, no encaminhamento de uma mercadoria entre dois pontos, utiliza mais de um modal de transporte. Embora conceitualmente seja o mesmo que transporte multimodal, este último é reconhecido quando a movimentação intermodal é de responsabilidade de um só operador, correspondendo, portanto, a um só conhecimento de transporte.

O transporte internacional é intermodal quase que por natureza, pois a movimentação das cargas se dá entre vários pontos, desde a origem até o destino, e geralmente envolve longas distâncias e largos períodos de tempo para que as cargas alcancem seus destinos finais. Dessa forma, a intermodalidade constitui um processo de movimentação de cargas e passageiros em um sistema de redes interconectadas com várias combinações de modais de transporte e de agentes intervenientes, exigindo cuidados de transbordo e, no caso do transporte internacional, a consideração de exigências aduaneiras e legais.

A utilização do transporte intermodal compreende a gestão dos fluxos físicos de mercadorias e do de informações decorrentes, além do conhecimento e acompanhamento da rede física de transporte e interface entre os modais de transporte e seus agentes intervenientes. A eficiência corresponde ao atendimento dos objetivos (tempo, local e forma) do transporte ao menor custo possível e sem danos às mercadorias em cada "perna" do transporte (sentido ou trecho da movimentação).

> O transporte mobiliza e transfere de local os estoques ao longo das cadeias de suprimentos. Sendo assim, o modo de transporte utilizado (mais lento ou mais rápido) afeta diretamente a gestão dos inventários nos ciclos de pedidos e recebimentos, tendo em vista as características dos produtos e sua embalagem.

No Brasil, existe a figura do **operador de transporte multimodal (OTM)**, que é definido pela Agência Nacional de Transporte Terrestre (ANTT) como o único responsável pela movimentação de cargas, regida por um único contrato, utilizando duas ou mais modalidades de transporte, desde a origem até o destino, e que arca com "prejuízos resultantes de perda, por danos ou avaria às cargas sob sua custódia, assim como por aqueles decorrentes de atraso em sua entrega, quando houver prazo acordado" (ANTT, 2016b).

Além do transporte, os contratos com OTMs podem abarcar serviços de coleta, unitização, desunitização, consolidação, desconsolidação, movimentação, armazenagem e entrega da carga ao destinatário. Para tanto, o operador pode se utilizar de meios próprios ou por intermédio de terceiros.

A Resolução ANTT n. 794, de 22 de novembro de 2004 (ANTT, 2004), regulamentou os procedimentos para que uma pessoa jurídica nacional ou o representante de empresa estrangeira possa se habilitar como OTM. Este poderá ser transportador ou não, e o exercício da atividade depende de prévia habilitação e registro na ANTT. Caso deseje atuar em âmbito internacional, ele deverá também se licenciar na Secretaria da Receita Federal – SRF (ANTT, 2016b).

O Conhecimento de Transporte Multimodal de Cargas (CTMC), segundo a ANTT (2016b), expressa no contrato de transporte multimodal toda a operação de transporte, desde a coleta da carga em sua origem até a entrega no destino. No entanto, o prazo decorrido entre as primeiras iniciativas legais para a criação do OTM (Lei n. 9.611, de 19 de fevereiro de 1998 – Lei do Transporte Multimodal de Cargas – Brasil, 1998) até a sua efetiva regulamentação (Resolução ANTT n. 794/2004), além da pendência em relação ao CTMC (onde o imposto será devido: na origem ou no destino da mercadoria), fizeram com que a importância do OTM não se mostrasse relevante no país. Consequentemente, suas funções têm sido atendidas por operadores logísticos (*third party logistics providers* – 3PLs), alguns deles habilitados como OTMs, com a movimentação podendo envolver mais de um conhecimento de transporte.

Por princípio, o transporte intermodal ou multimodal, nos processos de importação e exportação, deve aproveitar o que cada modal de transporte oferece de melhor, visando à redução de custos e à melhoria do nível de serviço. Sua utilização e a escolha dos modais de transporte têm como base desde as condições geográficas até as características das cargas e sua urgência e necessidade. A condição geográfica diz respeito, por exemplo, aos países com os quais o país de origem faz fronteira, o que possibilita os modos terrestres de transporte.

Bowersox, Closs e Cooper (2006) classificam o sistema de transporte em cinco modais: **ferroviário**, **dutoviário** e **rodoviário** (terrestres); **aquaviário** (marítimo, hidroviário e lacustre) e **aéreo**. A escolha do modo de transporte deve considerar os fatores específicos de cada modal e sua adequação às condições de movimentação da carga, como distância, volume, densidade, facilidade de acondicionamento e facilidade de manuseio.

Ainda segundo Bowersox, Class e Cooper (2006) no tocante ao transportador, há condições que devem ser consideradas, quais sejam:

- a disponibilidade/frequência da oferta de transporte;
- a confiabilidade;
- o tempo de trânsito;
- o valor do frete;
- o índice de faltas/avarias;
- o nível serviços aos clientes.

Ballou (1995) propõe como critérios de escolha do modal: redução de custos; economias de escala; agilidade e flexibilidade dos processos de movimentação; menor quantidade de avarias; maior segurança no transporte e manuseio da carga; padronização na unidade de carga transportada; menor tempo de operação; e distância a ser percorrida.

Os critérios básicos de escolha modal aplicáveis tanto à logística doméstica quanto à internacional, ainda de acordo com Ballou (1995), são:

TAMANHO DA CONSIGNAÇÃO: É o lote ou volume de encaminhamento (maiores volumes induzem a modos de maior capacidade, como o aquaviário e o ferroviário).

VELOCIDADE: É a exigência ou a necessidade de o produto ser encaminhado e entregue em prazo menor (modos mais rápidos, como o rodoviário e, principalmente, o aéreo, embora com custo de frete maior, podem representar custos de inventário menores pela possibilidade de reposição rápida de estoques).

CUSTO DE TRANSPORTE: O valor do frete, com maior frequência, é o determinante da escolha do transportador, pois representa o maior e mais visível dispêndio monetário.

Resposta dos serviços: Diz respeito à confiabilidade do prestador de serviços nos prazos, tempos e formas atendidas conforme o acordado e à flexibilidade e disposição para solução de eventuais problemas ou falhas.

Custo do estoque: Inventários representam custos que têm de ser minimizados.

Os modos de transporte apresentados na Figura 3.1, a seguir, partem dos de maior capacidade, porém mais lentos (ferroviário, marítimo e hidroviário), para os de menor capacidade e mais rápidos, como o rodoviário, nas modalidades de caminhão com carga completa (*Full Truck Load* – FTL), carga que não completa o caminhão totalmente (*Less Truck Load* – LTL) e cargas fracionadas que operam com veículos de menor porte, mais ágeis e próprios para a distribuição e coletas urbanas, e o modal **aéreo** com maiores velocidades e fretes.

A Figura 3.1 resume os critérios básicos de escolha modal.

Figura 3.1 - Fatores de decisão no processo de escolha do modo de transporte

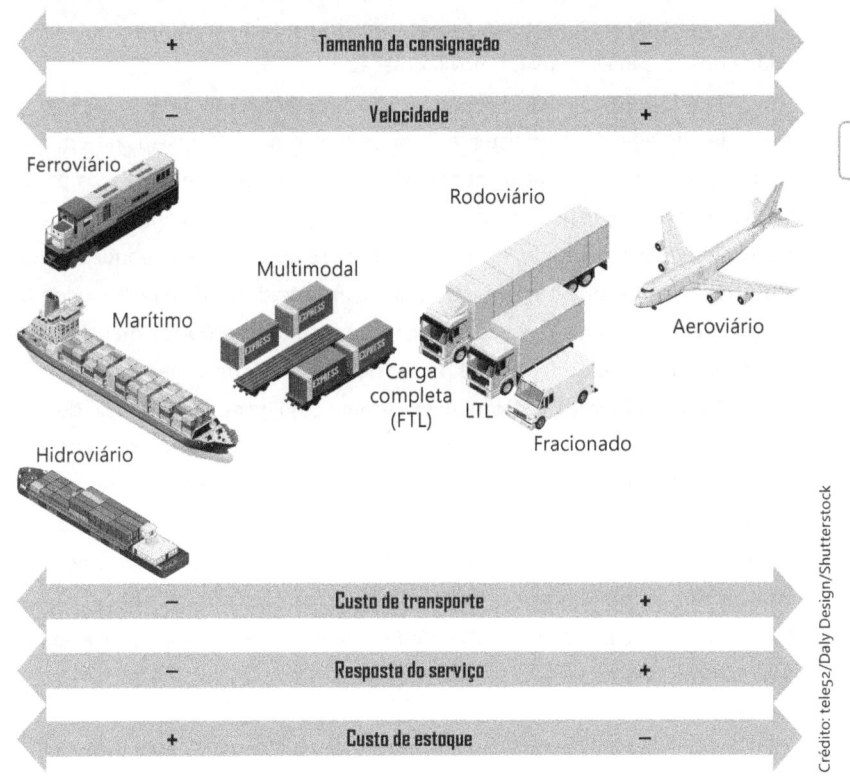

Fonte: Adaptado de Costa, 2008.

Nilsson (2002) apontou que as possibilidades de movimentação intermodal em uma rede podem representar uma estrutura complexa de elos, cada um com suas características de tempo de movimentação (*transit time*), capacidade e confiabilidade. Nesse sentido, destaca-se como possível elo de transferência modal a transferência de um navio para outro, operação conhecida como *transbordo* ou *baldeação* (*transhipment*). Assim, o conceito de transferência modal também se aplica para o transbordo de cargas entre veículos de maior capacidade de carga para outros com menor capacidade.

Essas operações entre navios são bastante comuns, assim como em outros modos de transporte, seja de mercadorias, seja de passageiros. Essa dinâmica resultou na criação de um sistema hierárquico de terminais de embarque e desembarque em portos e aeroportos, os quais são compostos por terminais concentradores de carga (*hubs*) e terminais alimentadores ou distribuidores de carga (*feeders*), que facilitam as operações de carga e descarga, permitindo aos armadores e linhas aéreas a concentração de esforços e equipamentos de maior capacidade nos terminais de maior movimentação.

Nos Estados Unidos, essa operação é largamente utilizada no transporte aéreo de passageiros, cujo sistema é conhecido como *hub-and-spoke*[1], em que aeroportos concentradores recebem aviões de maior porte e, então, os passageiros são distribuídos ou coletados por aviões menores em aeroportos menores. No transporte marítimo, essa configuração se apresenta em grandes navios porta-contêineres, que operam em portos concentradores (*hub ports*), onde os contêineres, por exemplo, serão destinados/recebidos de portos menores, em navios de menor capacidade, para portos de destino ou de origem.

Essa configuração se tornou importante pelo incremento do uso de contêineres em larga escala a partir da década de 1990, e os portos concentradores deram atendimento às estratégias dos armadores na prestação de serviços regulares (*liner operation*), possibilitando a utilização de navios maiores, a concentração de rotas e a redução do número de escalas. Os maiores *hub ports* se localizam no extremo oriente – mais precisamente, são os portos de Shangai e Cingapura, os quais movimentam grande número de contêineres provenientes das mais diversas rotas.

---

1   A denominação é uma analogia a uma roda de carroça, com seu eixo (*hub*) e aros (*spoke*).

3.2 Unitização de cargas

A unitização de cargas consiste em transformar volumes, pesos, formatos e tamanhos diferentes em uma unidade uniforme, de modo a facilitar seu transporte, manuseio e armazenamento. Bowersox, Closs e Cooper (2006) corroboram essa afirmação ao definirem *unitização* como o agrupamento de embalagens em uma unidade física para manuseio ou transporte de materiais.

Essa unitização é cada vez mais utilizada em todos os modais de transporte, por padronizar equipamentos de manuseio das cargas e pela possibilidade de aplicação do sistema porta a porta (*door-to-door*)[2]. Para tanto, busca-se a padronização internacional também dos recipientes das cargas unitizadas, principalmente paletes e contêineres. Dessa forma, apresenta-se o conceito de *conteinerização*, ou seja, a embalagem de cargas em caixas padrões (TEUs).

Kendal e Buckley (2001) apresentam várias vantagens da unitização, ao considerarem custos, movimentos físicos e o tempo despendido na movimentação de cargas:

- redução do número de volumes a manipular, possibilitando menores custos de transporte, perdas e roubos na movimentação;
- redução das operações de manuseio e de armazenagem, com redução da necessidade de áreas de estocagem e maior facilidade no controle de entradas e saídas e dos volumes;
- redução do tempo das operações de embarque e desembarque, pela maior agilidade no manuseio e estocagem de cargas;
- redução dos custos de embarque e desembarque, pois serão necessários menos homens × hora;
- maior possibilidade de uso da mecanização, pela padronização dos volumes (embalagens) a manipular;
- otimização dos custos com embalagens na dimensão de proteção e de transporte, facilitando as movimentações.

Bowersox, Closs e Cooper (2006) estendem o conceito de conteinerização a todas as formas de unitização, desde o uso de fita adesiva para juntar duas embalagens até o uso de equipamento de transporte especializado. Nesse caso,

---

2   Nesse sistema, o carregamento, o transporte e o descarregamento são feitos desde a origem (por exemplo: fazenda ou fábrica) até o destino final (por exemplo, terminal portuário, centro de distribuição ou cliente final) sem operações de transbordo, reduzindo tempos de movimentação e perdas ou avarias de produtos.

o contêiner se caracteriza como embalagem adequada para a intermodalidade, por facilitar o manuseio de mercadorias, embalar de forma correta e padronizada e agilizar operações, reduzindo custos.

> Para Lambert, Stock e Vantine (1998), o uso de contêineres na logística reduz a necessidade de mão de obra, minimiza danos e furtos e diminui o tempo de trânsito em virtude do tempo menor de operação dos navios nos portos, permitindo a embarcadores e transportadores a negociação de fretes em conformidade com o volume e a cadência dos carregamentos.

É inegável o papel do contêiner no comércio mundial. Muitas vezes, perguntamo-nos se foi o contêiner que levou à globalização ou se foi esse evento que induziu ao desenvolvimento do contêiner como embalagem essencial para os embarcadores e como equipamento fundamental para navios especializados. Drucker (2008, p. 40) resumiu a revolução promovida pelo contêiner no transporte internacional da seguinte maneira:

> Não havia tecnologia na ideia de tirar uma carroceria de caminhão de suas rodas e colocá-la num navio cargueiro. Esta inovação, "o *contêiner*", não surgiu de uma tecnologia qualquer, mas sim de uma nova percepção do "navio cargueiro" como sendo um equipamento para manipular cargas, e não simplesmente um "navio", significando, com isto, que o mais importante era tornar mais curto possível o tempo de atracação no porto. Mas esta inovação, aparentemente, trivial quase quadruplicou a produtividade dos cargueiros marítimos de carga geral e, provavelmente, salvou a marinha mercante. Sem ela, a tremenda extensão do comércio mundial nos últimos 40 anos – o maior crescimento dentre as mais importantes atividades econômicas, jamais registradas não poderia possivelmente ter ocorrido.

Por que é possível definir a introdução do contêiner no transporte internacional como uma revolução? No sentido figurado, uma revolução é entendida como uma "transformação profunda" e o estabelecimento de uma nova ordem em uma dada situação. No caso do transporte internacional, ocorreram transformações significativas nos equipamentos de transporte (navios especializados ou aviões cargueiros) de carga, nos equipamentos de seu manuseio (pórticos, guindastes, empilhadeiras de grande porte – *reach stackers*) e, principalmente, na quantidade e qualificação da mão de obra empregada na movimentação de contêineres.

Levinson (2008) defende que o contêiner representou uma mudança profunda nos negócios de transporte marítimo; tornou o mundo menor e a economia maior, com a possibilidade de transportar, de forma padronizada, cargas unitizadas. O autor apresenta como fato determinante para a generalização e a expansão do uso dos contêineres a Guerra do Vietnã, ocorrida entre 1955 e 1975, em que houve a padronização em contêineres de 20 pés (*Twenty Equivalent Unit* – TEU) e de 40 pés (*Forty Equivalent Unit* – FEU), e a comprovação de sua possibilidade de suportar viagens marítimas de longas distâncias.

Outra forma importante de unitização de cargas é o **palete**, um estrado confeccionado em madeira, metal ou plástico, com medidas padronizadas para acomodar cargas para a formação da unidade de movimentação (Unimov).

Na fabricação do palete, definem-se os pesos dinâmico e estático que deverá suportar, suas medidas de largura, comprimento e altura, e se a carga a ser paletizada necessita que os paletes sejam vazados ou que tenham faces superiores fechadas, além de fixação (cintas, fitas plásticas – *filme shrink* e *filme stretch*), identificação e equipamentos de movimentação (empilhadeiras, pisos, embarques e desembarques).

No Brasil, o padrão de paletes para a movimentação doméstica é o palete PBR, com dimensões de 100 cm × 120 cm e cujo suporte é de até 1.200 kg. Já os paletes Euro ou *Euro pallets* – fabricados na Europa e em madeira pinus – têm medidas padronizadas de 80 cm × 120 cm e são muito comuns no comércio internacional, suportando em média 1.000 kg de carga. Os tamanhos dos paletes são dimensionados para melhor aproveitamento de espaços em aviões ou contêineres, ou carrocerias de caminhões ou vagões de trens, de modo a minimizar os custos de transporte e propiciar um carregamento que ocupe somente os compartimentos de transporte.

> Os paletes de exportação requerem um tratamento fitossanitário denominado *fumigação*, voltado para o controle de pragas. A desinfecção se dá por via seca nos países que recebem esses materiais, com o objetivo de eliminar quaisquer espécies de seres vivos que possam existir nas madeiras, evitando, assim, a disseminação de pragas (animais e insetos) entre os países. Nas exportações, são necessários certificados de tratamento dos paletes, os quais são emitidos por empresas credenciadas pelo Ministério da Agricultura, Pecuária e Abastecimento (Mapa).

O uso de equipamento de movimentação de cargas, como empilhadeiras e pontes rolantes, reduz o tempo e os movimentos de manuseio das cargas paletizadas, com menor uso de mão de obra nas etapas de carregamento e descarregamento, tanto no transporte como na armazenagem. Além disso, o uso de paletes racionaliza a utilização dos espaços de estocagem, pois possibilita a utilização de espaços verticais nos armazéns e no transporte, o que contribui para a redução de avarias e danos nas cargas.

3.3 Transporte marítimo internacional

A água é o mais antigo meio de transporte utilizado pela humanidade para o deslocamento de pessoas e mercadorias. Atualmente, conforme dados da Conferência das Nações Unidas sobre Comércio e Desenvolvimento (United Nations Conference on Trade and Development – Unctad, 2014), o transporte marítimo se constitui na "espinha dorsal" do comércio mundial, sendo responsável por cerca de 80% da movimentação internacional de cargas em volume e por mais de 70% em valor. No Brasil, essa participação é ainda maior. Segundo Nakabashi et al. (2015, p. 1), em 2014 houve uma participação de 83,2% em valor na corrente do comércio exterior brasileiro.

O navio, principal equipamento do transporte aquaviário, navega em águas profundas (mares e oceanos) ou águas interiores (rios e lagos) e apresenta a maior capacidade volumétrica por veículo e por viagem. Quando consideramos o total de embarcações empregadas para a prestação de um serviço, ele confirma a condição de maior capacidade instalada de transporte.

O transporte aquaviário de cargas é realizado por embarcações de médio e grande porte, que são classificadas em três formas de navegação, a saber:

1. **CABOTAGEM**: É a navegação realizada entre portos ou pontos do território brasileiro, por via marítima ou entre via marítima e vias navegáveis interiores.
2. **NAVEGAÇÃO INTERIOR**: Realiza-se em hidrovias interiores (rios) ou lagos (navegação lacustre), em percurso nacional ou internacional.
3. **NAVEGAÇÃO DE LONGO CURSO**: É realizada entre portos brasileiros e estrangeiros em navios especializados por tipo de carga, destacando-se os graneleiros (sólidos e líquidos), porta-contêineres, transporte de veículos prontos (*Roll-on Roll-off* – Ro-Ro), entre outros. Notemos que os navios de carga seca têm sido cada vez mais substituídos por navios especializados, à medida que se expande a utilização dos contêineres para os mais diversos tipos de carga.

Os serviços de transporte marítimo são a expressão mais cabal da globalização, principalmente ao considerarmos o local onde os navios são construídos (estaleiros chineses e coreanos, os mais importantes); sua bandeira de registro (principalmente a Libéria, na África Ocidental, e o Panamá); a propriedade do navio (por exemplo: armadores europeus); a tripulação (muitos de origem indonésia, de países do Leste Europeu ou chilenos, entre tantas outras nacionalidades); e sua operação em rotas da Costa Leste da América do Sul (Nobre; Santos, 2005).

Segundo dados da Unctad (2014)[3], em 2013, no transporte marítimo de carga medido em t · km (o peso transportado multiplicado pela distância percorrida), do total de 80,8 trilhões de t · km, se destacam os granéis sólidos, com 58,1% de participação, seguido do petróleo e derivados, com 23,6%, e os contêineres, com 15,8%. A composição por grupo é a seguinte:

- 30,3% – principais cinco granéis: minério de ferro, carvão, grãos agrícolas, bauxita/alumina e rocha fosfática;
- 27,8% – outros produtos e granéis: cimento, níquel, madeiras, produtos florestais, produtos siderúrgicos e produtos agrícolas (por exemplo: açúcar e óleos vegetais);

---

3 A *Review of Maritime Transport*, criada em 1968, é uma publicação anual do Secretariado da Unctad cujo objetivo é promover a transparência dos mercados marítimos e analisar os eventos mais relevantes. O acesso é público e está disponível em: <http://unctad.org/en/Pages/Publications/Review-of-Maritime-Transport-(Series).aspx>.

- 23,6% – petróleo e derivados;
- 15,8% – contêineres;
- 2,5% – gás natural e outros gases.

Para os embarcadores (*shippers*), o transportador é um prestador de serviço. As companhias de navegação oferecem serviços específicos de acordo com as necessidades dos clientes, cuja decisão, conforme aponta Stopford (2009), envolve uma gama variada de fatores, dentre os quais os mais significativos:

- **O preço** (valor do frete) é sempre importante. No entanto, na sua composição, os embarcadores dão ênfase à oferta de frequência de escalas ou linhas de navegação para o local de destino da mercadoria.
- **A velocidade**, uma vez que o tempo em trânsito é fundamental para cargas de alto valor agregado.
- **A segurança**, que diz respeito à redução de riscos de perdas ou acidentes em trânsito.
- **A confiabilidade**, que envolve a regularidade da oferta de serviços e dos tempos de trânsito.

A importância dos suprimentos *just-in-time* (JIT), aliados a sistemas de controle de estoque, têm exigido a confiabilidade da prestação de serviços de transporte. Alguns embarcadores se propõem a pagar mais por serviços que garantam a operação no tempo proposto e que atendam ao acordado.

Nesta obra, nosso foco é o modal aquaviário, o segmento de transporte marítimo de longo curso, determinante na logística internacional. Os outros segmentos – de cabotagem e navegação interior – são mais utilizados, no caso brasileiro, na logística doméstica, embora se mostrem importantes na movimentação de cargas entre países da União Europeia.

3.3.1 Mercados de transporte marítimo de longo curso

A história do transporte marítimo a partir da segunda metade do século XX pode ser caracterizada por **uma evolução e três revoluções**:

A evolução: Crescimento do transporte marítimo, impulsionando novas dimensões (gerações) portuárias, nova tipologia de navios e funções correlacionadas.

As revoluções: Nova estrutura institucional de gestão dos portos, consolidação do uso do contêiner e prestação de serviços de logística integrada.

Essas inovações tecnológicas foram tão importantes quanto a introdução da navegação a vapor no fim do século XVIII, que reduziu os tempos das viagens marítimas, aumentou sua confiabilidade e permitiu que os navios passassem a carregar um volume maior de cargas.

O transporte marítimo se caracteriza como um sistema composto de portos e seus equipamentos, da operação da tipologia de navios e das características das cargas e de sua movimentação. Sua evolução se deu por inovações significativas, como a diversificação da tipologia de navios para cargas a granel líquidas (petróleo e seus derivados) e sólidas (minério de ferro e produtos agrícolas) e a generalização do uso dos contêineres para cargas secas e acondicionadas, com especialização na prestação de serviços.

O mercado pode ser estruturado por suas características principais, assim como pelos tipos de navios e de cargas. Quanto ao tipo, o mercado de navegação marítima de longo curso pode ser categorizado em três modalidades de prestação de serviços, a saber:

1. **INDUSTRIAL OPERATIONS**: São navios de frota própria, operados pelos donos da carga. É o caso da exportação de suco de laranja no Brasil: a Citrosuco, por exemplo, opera quatro navios graneleiros de líquidos refrigerados especializados em terminal próprio, arrendado no Porto de Santos (SP), que dispõem de câmaras frias e tanques de aço inox, os quais garantem a qualidade do produto até seu destino, os terminais da Citrosuco no exterior.

2. **TRAMP SHIPPING**: Em linguagem marítima significa "navio independente, sem linha regular de navegação" ou "navio a frete". É um mercado em que não há previsibilidade de serviço, rota e frequência de navios nos portos; é o principal responsável pela movimentação de granéis líquidos e sólidos. Os produtos mais importantes transportados por ele são o petróleo e seus derivados, minérios (carvão e minério de ferro) e produtos agrícolas, como o complexo soja, açúcar de cana, milho e trigo.

3. **LINER OPERATIONS**: Refere-se à operação de linhas regulares, com itinerário fixo e repetitivo – as chamadas *rotas* – designando os portos e as escalas (*slings*) programadas e as frequências (semanais ou mensais) que,

por sua vez, representam as janelas de atracação (dia da semana e horário de atracação e desatracação) em cada porto da rota, de acordo com o estabelecido entre terminais portuários e armadores. Essa operação é também conhecida como *liner shipping* (navio de linhas regulares), ou simplesmente *liner*. De modo geral, as cargas são conteinerizadas, mas operam também na modalidade *liner* – navios especializados em produtos químicos e gás liquefeito de petróleo (GLP) e navios Ro-Ro.

Os tipos de navios são classificados usualmente como:

Ro-Ro (*Roll-on Roll-off*): São navios utilizados para carga rolante, ou seja, carga que é movimentada para dentro do navio, sem auxílio de equipamentos, como veículos prontos, máquinas agrícolas e animais vivos.

Multipropósito: Navios projetados para atender a diferentes cargas. Em geral, atendem cargas especiais ou de projeto, como pás eólicas.

Graneleiros: Navios que acondicionam granéis sólidos (*bulkcarriers*) ou granéis líquidos (navio tanque ou *tankers*). São navios para um ou mais produtos.

Porta-contêineres (*full container ship*): São navios concebidos para transportes de contêineres, com números de *slots* (berços de acomodação do contêiner) que definem a capacidade em TEUs (*Twenty Feet Equivalent Unit*), unidade de medida referente a um contêiner de 20 pés.

Os navios são classificados por tamanho, como mostra a Tabela 3.1 e o Gráfico 3.1, que se referem a navios graneleiros para líquidos e sólidos e para contêineres. O tamanho dos navios é medido em TBR (tonelagem bruta rebocada) ou DWT (*Deadweight Tonnage*), que corresponde ao peso total que o navio desloca, incluindo carga, combustível, óleo, tripulação, peças sobressalentes, suprimentos, água potável e água de lastro. O peso é expresso em toneladas métricas (1.000 kg).

Tabela 3.1 – Classificação de navios graneleiros por tamanho (DWT)

Navios-tanque para petróleo cru	
ULCC (*Ultra Large Crude Carrier*)	300.000 ou + DWT
VLCC (*Very Large Crude Carrier*)	200.000 – 299.999 DWT
Suezmax	120.000 – 199.999 DWT
Aframax	80.000 – 119.999 DWT

(continua)

(Tabela 3.1 – conclusão)

Navios-tanque para granéis sólidos	
Cape-size (ou Pós-Panamax)	100.000 ou + DWT
Panamax	60.000 – 99.999 DWT
Handymax	40.000 – 59.999 DWT
Handy-size	10.000 – 39.999 DWT

Fonte: Adaptado de Stopford, 2009, p. 69.

A classificação dos navios graneleiros é apresentada no Gráfico 3.1. Vale ressaltarmos que os navios aumentaram em comprimento e largura. Os Pós-Panamax por vezes chegam a ocupar dois berços de atracação, dado seu comprimento.

Gráfico 3.1 – Classificação de navios graneleiros por tamanho*

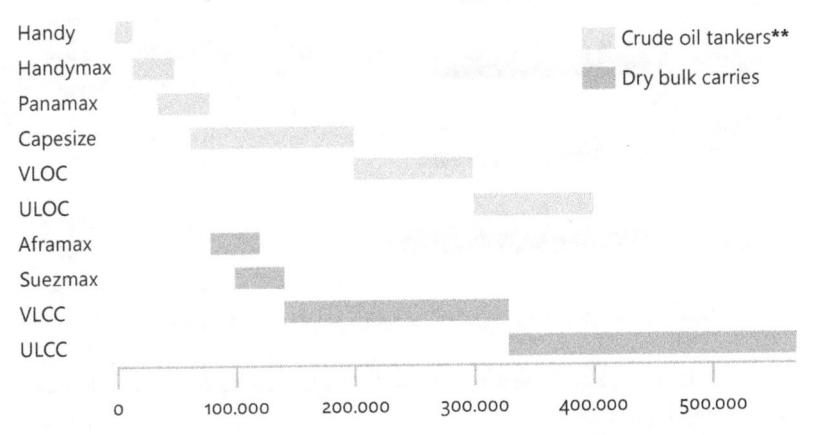

Handy
Handymax
Panamax
Capesize
VLOC
ULOC
Aframax
Suezmax
VLCC
ULCC

0   100.000   200.000   300.000   400.000   500.000

Crude oil tankers**
Dry bulk carries

Fonte: United Nations Conference on Trade and Development – Unctad, 2000, citada por Rodrigue et al., 2013.

*****Nota:** Os valores estão representados em DWT.

******Nota:** *Crude oil tankers* são navios-tanque para petróleo bruto; *Dry bulk carriers* são navios para granel sólido.

Os navios porta-contêineres, embora também categorizados por DWT, têm sua classificação associada à capacidade de transporte em TEUs, como mostra a Tabela 3.2.

Tabela 3.2 – Classificação dos navios porta-contêineres segundo sua capacidade em TEUs

		Lenght – comprimento	Draft – calado	TEU – unidade padrão de contêiner
First – primeira (1956-1970)	Converted Cargo Vessel / Converted Tanker	135 m 200 m	< 9 m < 30 ft	500 800
Second – segunda (1970-1980)	Cellular Containership	215 m	10 m 33 ft	1.000-2.500
Third – terceira (1980-1988)	Panamax Class	250 m 290 m	11-12 m 36-40 ft	3.000 4.000
Fourth – quarta (1988-2000)	Post-Panamax	275-305 m	11-13 m 36-43 ft	4.000-5.000
Fifth – quinta (2000-2005)	Post-Panamax Plus	335 m	13-14 m 43-46 ft	5.000-8.000
Sixth – sexta (2006-)	New Panamax	397 m	15,5 m 50 ft	11.000-14.500

Fonte: Adaptado de Eurans, 2016.

*Nota: A classificação *Panamax* se refere à dimensão dos navios que podem passar pelo Canal do Panamá. Boca: 32 m largura)

A Tabela 3.2 resume a dinâmica de evolução dos tamanhos de navios porta-contêineres.

Tabela 3.2 – Evolução dos tamanhos de navios porta-contêineres

Períodos	Denominação	Capacidade em TEUs
Primeira geração (1960-1970)	Navios convertidos	De 500 a 800
Segunda geração (1970-1980)	*Full Cellular Ships*	De 1.000 a 2.500
Terceira geração (1980-1988)	Panamax	De 3.000 a 4.000
Quarta geração (1988-2000)	Pós-Panamax	De 4.000 a 5.000
Quinta geração (2000-2005)	Super Pós-Panamax – *Very Large Container Ship* – VLCS	De 5.000 a 8.000
Sexta geração (após 2005)	*Super-Size* ou *Ultra Large Container Ship* – UCLS	De 11.000 a 19.000

É interessante compararmos a evolução da capacidade de carregamento dos navios em TEUs, seu comprimento e calado (*draft*), conforme mostra a

Tabela 3.2. Vemos que os navios evoluíram sua capacidade média de 1.750 TEUs na segunda geração para 12.750 TEUs na sexta geração, ou seja, a capacidade aumentou mais de 6 vezes em um período de 30 anos. O comprimento (*length*) também aumentou, de pouco menos de 170 m para quase 400 m, isto é, mais que dobrou. No entanto, é no *draft* que a evolução foi mais notável: de 9 m para pouco mais de 15 m (75%).

Assim, para maior capacidade, os navios ficaram mais extensos e mais largos, mas as exigências de profundidade nos canais de acesso, nas bacias de evolução e nos berços de atracação não se fizeram proporcionalmente muito maiores. Isso pode ser explicado pelo fato de que são poucos os portos no mundo que têm profundidade para suportar e operar esses navios de grande calado (estamos nos referindo a navios porta-contêineres, pois navios graneleiros se tornaram mais exigentes no que se refere à profundidade de portos de operação).

Logicamente, as categorias de navios porta-contêineres maiores (VLCS e ULCS) são dedicadas às rotas de grandes volumes de tráfego, como as da Ásia aos Estados Unidos e à Europa, e sua operação está associada ao conceito de *hub ports*, conforme mencionamos anteriormente.

Mewis e Klug (2004) apontam que os porta-contêineres estão maiores, melhores e mais rápidos: maiores pelo aumento de largura e comprimento; melhores pelo aumento de sua capacidade de transporte em TEUs e consequente possibilidade de exploração de suas economias de escala, e mais rápidos dadas as condições tecnológicas de modernização das embarcações e de seus projetos e técnicas de construção.

> Mais recentemente, a preocupação passou a se voltar para o desenvolvimento de navios mais amigáveis ao meio ambiente, com a utilização de combustíveis menos poluentes, como o GLP.

Uma discussão presente no setor refere-se ao limite da expansão dos navios, pois a exploração das economias de escala (mais contêineres por viagem e, assim, custos menores por contêiner) já se defronta com a necessidade do aparelhamento de portos: é necessário que exista um número de berços disponíveis para navios de maior extensão e canais de acesso com mais profundidade e terminais especializados, além de um número maior de pórticos, pórticos com lanças maiores e maior disponibilidade de retroáreas e equipamentos de maior produtividade (movimentos/hora).

Essas exigências implicam investimentos significativos, os quais só se justificam por grandes volumes de movimentação, de modo a explorar o potencial de produção e produtividade. Essa condição é atendida por poucos portos no mundo e poucas regiões com um montante de comércio exterior que possibilite a efetiva exploração. No caso brasileiro, ou melhor, no da Costa Leste da América do Sul, ainda há um volume de movimentação de contêineres que justifique a operação desses grandes navios, embora todos os principais armadores internacionais operem na região.

Outra condição a ser considerada, mas que se espera que seja conjuntural, é a do arrefecimento do crescimento do comércio mundial a partir da crise econômica de 2008-2009 e da redução das taxas de crescimento da China. Nesse sentido, o comércio internacional e o mercado de frete marítimo têm apresentado um comportamento peculiar: por um lado, há a maturação dos pedidos de construção de navios novos (e maiores); por outro, há menor movimentação entre países.

Esse fato tem induzido o aumento do descarte e da demolição (*scrap*) de navios e a estratégia de grandes armadores se unirem para ofertar, de modo conjunto, navios para atendimento aos níveis relativamente menores do comércio internacional. Essa prática, já antiga no mercado marítimo, se apresenta com a formulação de *joint ventures* entre armadores. Por exemplo: a Maersk Line, armadora dinamarquesa e a maior do mundo na movimentação de contêineres, fechou acordo, em 2015, com a Mediterranean Shipping Company (MSC), de origem suíça, e com a Mitsui OSK Lines (MOL), japonesa, para operar a rota da Ásia à Costa Leste da América do Sul. A MSC e a Maersk Line vão operar, cada uma, 6 navios, com capacidade de 9.000 TEUs, e a MOL operará 10 navios, com capacidade de 5.500 TEUs cada (Colett, citada por Clipping, 2015).

3.3.2 Contêineres

O comércio internacional tem como "espinha dorsal" o transporte marítimo e, nesse sentido, o contêiner se apresenta como equipamento essencial para os navios especializados e embalagem fundamental para os embarcadores (*shippers*). Essa é praticamente a dimensão física da globalização, pois, no ciclo "vazio, cheio, vazio, cheio", alcançará as mais diversas bases territoriais, movimentando e distribuindo mercadorias unitizadas e aumentando a produtividade e a economicidade do manuseio de cargas gerais.

> Tal é a importância do contêiner que a Organização Internacional para Normalização (International Organization for Standardization – ISO, 2013) define *contêiner* como um equipamento de transporte de caráter permanente e suficientemente resistente para o uso repetitivo, especialmente projetado para facilitar a movimentação de cargas por um ou mais modos de transportes, sem recarga intermediária, provido de recursos que permitam seu manuseio, especialmente sua transferência de um modal para outro. Além disso, ele também é projetado para facilitar as operações de carga e descarga.

Ao entrar em tráfego, cada contêiner recebe uma **identificação** e uma **numeração**, com registro no Bureau International des Containers et du Transport Intermodal (BIC), organização não governamental, com sede em Paris, cujos membros (fabricantes, transportadores, empresas de *leasing*, embarcadores e consignatários de carga) se reúnem em um plano global com vistas à conteinerização e ao transporte intermodal.

Por padronização da ISO, essa identificação é composta por uma sigla ou um prefixo com quatro letras, seguido da numeração com sete dígitos, sendo o último de controle. As três primeiras letras são determinadas a critério das empresas proprietárias dos contêineres, normalmente correspondendo às iniciais de seus nomes. A última letra é sempre *U*, e significa unidade (*unity*). Os três primeiros dígitos identificam a série, e os três seguintes identificam o contêiner em relação a essa série. O último dígito é chamado *dígito verificador* e é determinado com base em um cálculo que considera a sigla (valores são atribuídos a cada letra) e os seis primeiros dígitos. Esse cálculo impede que dois contêineres de mesma sigla tenham numeração igual. Por exemplo: Triton – TTNU5906043 e Hamburg Süd – SUDU5073190. A Triton® é uma empresa de *leasing* de contêineres, e a Hamburg Süd® é a principal armadora que opera na Costa Leste da América do Sul.

> Os contêineres são de propriedade dos armadores, empresas de *leasing* ou dos próprios embarcadores. Estima-se que a frota em circulação tenha a seguinte distribuição: 70% de armadores, 27% de empresas de *leasing* e 3% dos próprios embarcadores (donos da carga) (Nobre, 2006).

De acordo com Nobre (2006), as taxas diárias (*per diem*) de aluguel (*on hire*) variam para cada tipo de contêiner, e seu contrato explicita:

- o preço do aluguel de contêiner a uma taxa diária;
- o prazo (*on hire*);
- os locais e as quantidades mensais para as devoluções das unidades alugadas;
- a multa diária em caso de atraso na devolução (*off hire*) contratada;
- o preço da unidade ou tabela com seu valor depreciado em caso de perda total da unidade;
- e demais taxas acordadas entre as partes.

Durante o período em que o contêiner permanece alugado, a responsabilidade sobre a unidade é do armador locatário, que, em caso de avarias, deve repará-lo de acordo com as normas internacionais de reparos do International Institute of Container Lessors (IICL), entidade internacional localizada em Washington, nos Estados Unidos.

Brooks, Button e Nijkamp (2002) destacam que as características intrínsecas do contêiner reduzem os custos logísticos totais, ao mesmo tempo que potencializam níveis de serviço pela padronização de funcionalidades e de quesitos operacionais para movimentação. Isso vai ao encontro do conceito de logística integrada, isto é, de otimização dos componentes logísticos: transporte, armazenagem, embalagem, manuseio de materiais, sistemas de informações, gestão de inventários e questões fiscais e ambientais.

A **padronização** (diâmetro, altura, volume e peso) possibilita a definição de entidades de mensuração e o controle para o transporte de cargas com dimensões próprias, uniforme, não diferenciada e com caminhos próprios. Essa padronização em contêiner de 20 pés (TEU) e de 40 pés (TEU) representa a padronização de equipamentos de movimentação e de transbordo de e para os navios e de movimentação terrestre, tanto em portos de origem quanto de destino. Além disso, o contêiner eliminou a necessidade de os navios estarem presentes nas operações de carga e descarga de mercadorias: os contêineres são estufados e desestufados, em terra, liberando os navios para viagens, aumentando a rotatividade (número de viagens/período) e a produtividade (número de contêineres operados por atracação), e reduzindo custos e tempos de forma significativa.

De acordo com Nobre (2006, p. 56-58), os tipos de contêineres mais utilizados no transporte marítimo são:

Dry Van 20': contêiner completamente fechado destinado ao transporte de carga seca: caixas de papelão, sacas de café e fardos de madeira.

Dry Van 40': contêiner completamente fechado destinado ao transporte de carga seca com pouco peso e muito volume: fardos de tabaco, caixas de chocolate, caixas de doces.

Dry Van 40' High Cubic **(HC)**: contêiner completamente fechado destinado ao transporte de carga seca com grande volume: fardos de algodão (Padrão ABRAPA - Associação Brasileira dos Produtores de Algodão), caixas de fogão, bobinas de papel *craft*. O HC é um pé (aprox. 30 cm) mais alto do que o contêiner de *Dry Van 40'*, do qual se originou.

Open Top: contêiner destinado ao transporte de cargas que excedem a altura de um contêiner padrão ISO (International Organization for Standardization). Não possui teto sua parte superior é coberta por uma lona chamada Tarpaulin, sustentada por travessas presas as longarinas superiores laterais. A longarina superior traseira é removível para facilitar a entrada da carga.

Reefer: contêiner isolado termicamente com maquinário integrado e controle eletrônico de temperatura, destinado ao transporte de cargas que necessitam de aquecimento, resfriamento ou congelamento: produtos industrializados de origem animal como carne de aves e bovinos, produtos de origem vegetal como frutas e plantas. Normalmente os contêineres *reefer* operam em uma faixa de temperatura entre −25° C e +25° C. Existem os chamados *super freezers* que conseguem manter temperaturas de até −60°C.

Tank: contêiner completamente fechado e isolado termicamente destinado ao transporte de granéis líquidos, químicos ou alimentícios: óleo de soja, álcool, ácido sulfúrico.

Flat Rack: contêiner aberto nas laterais e teto, destinado ao transporte de cargas que excedem as dimensões de largura e altura e também cargas muito pesadas: tratores, blocos de granito. O propósito deste tipo de contêiner é permitir que cargas disformes sejam embarcadas em navios *fully contêiner*.

Plataform: contêiner aberto em sua totalidade destinado ao transporte de cargas que excedem as dimensões padrão ISO de altura, largura e comprimento:

máquinas colheitadeiras, pás eólicas, peças de usinas hidroelétricas. O propósito deste contêiner é o mesmo do contêiner *Flat Rack*, permitir que cargas disformes sejam embarcadas em navios *fully container*.

A **produtividade do contêiner** é determinada pelo tempo em que completa cada ciclo "vazio, cheio, vazio, cheio". Nele, várias condicionantes intervêm, como a estrutura operacional dos portos, avarias que requerem reparo, legislação de cada país e, notadamente, fatores macroeconômicos determinantes das correntes do comércio exterior, as quais são desbalanceadas com exportações superando importações e vice-versa. Esse desbalanceamento (*unbalancing*) representa a necessidade de reposicionamento de contêineres vazios entre regiões, países, portos e rotas.

As correntes do comércio exterior nos países são como as correntes marítimas: alternam períodos de cheia (importação maior que exportação) e de esvaziamento (exportação maior que importação), o que resulta na acumulação ou falta de contêineres vazios e na necessidade constante de reposicionamento. Isso se reflete nos custos de transportes: estima-se que cerca de 20% do custo de transportes das armadoras se dá pela necessidade de reposicionamento de contêineres vazios (Nobre, 2006).

Ainda segundo Nobre (2006), em decorrência das correntes do comércio internacional, a movimentação dos contêineres no seu ciclo "vazio, cheio, vazio, cheio", e o processo logístico de gestão do contêiner vazio mostram-se críticos pelo recebimento e pela expedição, apresentando situações peculiares para cada continente geográfico, a saber:

AMÉRICA DO NORTE: área com excesso de contêineres vazios, devido ao volume de importações superiores ao de exportações, o desbalanceamento leva os armadores a reposicionar unidades vazias desta área para outras áreas que sofrem com a falta de contêineres, normalmente estas unidades são reposicionadas pela Costa Oeste para a Ásia e pela Costa Leste para América do Sul e Europa.

AMÉRICA CENTRAL: área que tem excesso de contêineres, as unidades vazias são reposicionadas para América do Sul, Europa e em caso extremos para a Ásia.

AMÉRICA DO SUL: área com falta de contêineres, devido ao desbalanceamento entre importações e exportações, é necessário que esta área receba reposicionamento de vazios vindos usualmente da América do Norte e Central.

ÁFRICA: área que não dispõe de uma movimentação significativa de contêineres para ser considerada a nível global.

EUROPA: área balanceada entre a exportação e importação, apresenta um alto giro das unidades dentro de seu território.

ÁSIA: área que apresenta um alto giro de unidades dentro de seu próprio território, com a China entrando de vez no comércio exterior enfrenta a falta de contêineres implicando no reposicionamento de vazios, de todas as áreas em que houver excesso, principalmente da América do Norte.

OCEANIA: área balanceada e com pouco fluxo.

Do ponto de vista dos armadores, conforme indica Nobre (2006), as raízes da gestão do contêiner vazio se apresentam em diferentes níveis: as decisões do nível **estratégico** se referem a planos de longo prazo (rotas, frequência) e na escolha da localização dos terminais portuários e dos *depots* de vazios; já as questões **táticas** recaem sobre a necessidade do balanceamento dos fluxos e os aspectos operacionais para alocação de contêineres.

> Uma questão de atenção diz respeito às instalações de terminais de contêineres vazios, as quais, por vezes, não são próprias dos armadores, e sim de terceiros. Essa situação é predominante no Brasil.

Uma das constatações práticas da logística internacional é que dificilmente o contêiner vazio estará disponível para o embarcador próximo à carga a ser transportada. Portanto, no processo logístico, o embarcador deve retirar o contêiner vazio em um terminal, transportá-lo até o ponto de consolidação (estufagem) da carga, e depois de carregado, redirecioná-lo ao porto de embarque. Na situação inversa, ou seja, na importação, o contêiner será desestufado em local determinado pelo importador e devolvido vazio para o terminal designado pelo armador.

Dessa forma, há uma dependência forte de sistemas de informação para se obter agilidade, flexibilidade e confiabilidade no planejamento e controle de estoque de contêineres pelos armadores, tanto local quanto globalmente.

A utilização do contêiner, conforme já mencionamos, é crescente no comércio internacional e recentemente, no Brasil, mais especificamente nos portos de Rio Grande e Santos, se apresenta a movimentação de produtos agrícolas a granel (por exemplo: soja em grãos e açúcar) em contêineres fechados comuns. Essa contingência é decorrente do desbalanceamento da corrente de comércio exterior, com a geração de contêineres vazios nesses portos em virtude do aumento relativo das importações.

Outro fenômeno usual é o carregamento de cargas secas acondicionadas em contêineres *reefers*, na modalidade *non-operating reefer* (NOR). O Brasil é exportador de cargas refrigeradas e necessita de contêineres especializados, e, para que os armadores evitem percursos vazios (sem receita), estes têm trabalhado para convencer embarcadores a se utilizarem dessa modalidade.

3.3.3 Função dos agentes do transporte marítimo

A contratação dos serviços de transporte, qualquer que seja o modal, necessariamente passa pela intermediação de agentes (pessoas ou empresas) especializados que atuam como elo entre os donos das cargas, embarcadores e os transportadores e os órgãos aduaneiros. Dessa forma, como usual em outros modos, tem-se para o transporte marítimo a atuação dos seguintes atores:

Agentes de carga ou *freight forwarders*: Gerenciam as operações logísticas relativas ao transporte de mercadorias nos diversos modos e se responsabilizam pelas questões documentais aduaneiras.

Despachantes aduaneiros ou *brokers*: Representam os donos da carga, facilitando a movimentação e a liberação das mercadorias nas aduanas, preparando a documentação e registrando as operações.

O transporte também pode ser contratado diretamente com as armadoras, como a Hamburg Süd®, a Maersk Line, a CMA-CGM, entre outras, ou lançar mão de intermediários, o que dependerá do porte da empresa embarcadora ou do tamanho e frequência dos lotes de transporte. Notemos que todas as armadoras internacionais operam no Porto de Santos, o principal porto da Costa Leste da América do Sul.

Existem agentes de intermediação no transporte marítimo, quais sejam:

Agências marítimas: As agências marítimas representam os armadores diante dos embarcadores. Com a implantação de escritórios próprios das companhias marítimas no Brasil, passaram a atuar à semelhança dos agentes de carga. Por exemplo: a Evergreen®, grande armadora com sedes em Hong Kong, Formosa e Cingapura, atua no Brasil por meio de uma agência marítima.

***Non Vessel Operator Common Carrier* (NVOCC)**: Em português, "transportador marítimo não proprietário de navios"; é o agente que atua como um armador, porém não possui navio próprio ou arrendado. Responsabiliza-se pelo transporte de mercadorias e todos os riscos da operação, mesmo não sendo proprietário do navio. Um NVOCC pode trabalhar com contêineres com vários embarcadores e até mesmo com outros NVOCCs. Da mesma forma como ocorre no transporte aéreo, o conhecimento de transporte (*Bill of Lading* – BL) principal (*master*) engloba os conhecimentos (*house*) ou "filhotes" referentes aos vários embarques das cargas consolidadas. A atividade desse agente surgiu com a generalização dos navios porta-contêineres e pela impossibilidade ou dificuldade de pequenos embarcadores de ter de arcar por um TEU inteiro, ao ocupar uma parcela dele ou, ainda, ter de esperar que cargas adicionais de terceiros compensassem ao armador os custos da operação do contêiner.

Tanto os agentes de cargas quanto os NVOCCs são entendidos pelos armadores como clientes normais; assim, não gozam de condições especiais, a não ser as advindas de um maior volume de transporte. Muitas vezes, ao fechar uma quantidade de *slots* de contêineres com um armador, os agentes e NVOCCs têm de buscar cargas que os ocupem nas datas e frequências acordadas. Os contratos se caracterizam pela modalidade *take or pay*, ou seja, as reservas de espaço têm de ser pagas.

Outro intermediário importante na logística internacional é o **despachante aduaneiro**, que representa o embarcador, dono da mercadoria, facilitando a movimentação (liberação) das mercadorias no processo de alfandegamento, pois prepara a documentação necessária e acompanha os trâmites burocráticos de liberação das mercadorias (Brasil, 2016c).

3.3.4 Operação portuária

A evolução tecnológica dos portos tem relação direta com a evolução do comércio marítimo internacional, com a tipologia de navios que operam e com as características das cargas e movimentação a que estão associadas. Os portos têm assumido funções diferentes, com maior complexidade e prestação de serviços mais abrangente, o que envolve desde pontos de transferência modal até locais de concentração de atividades referentes à integração de serviços logísticos.

Atualmente, os portos podem ser considerados plataformas logísticas, pelas operações realizadas em suas áreas de influência, como armazenagem, embalagem, transporte e controle de documentação. Alguns portos internacionais (por exemplo: Roterdã e Antuérpia) se apresentam também como áreas industriais importantes e de ligação intermodal.

Outra transformação importante refere-se à gestão e operações portuárias, as quais foram assumidas pelo setor privado, com o Estado passando à função de regulamentador, contratante e controlador dos serviços portuários. No Brasil, é a Lei n. 12.815, de 5 de junho de 2013 (Brasil, 2013), que substituiu a Lei n. 8.630, de 25 de fevereiro de 1993, que regulamenta a atividade portuária. Os portos são vinculados à Secretaria de Portos (SEP), que foi criada em 2007 e conta com o *status* de ministério.

A Agência Nacional de Transportes Aquaviários (Antaq) foi criada pela Lei n. 10.233, de 5 de junho de 2001 (Brasil, 2001). É vinculada à SEP e responsabiliza-se por regular, supervisionar e fiscalizar as atividades de prestação de serviços de transporte aquaviário e de exploração da infraestrutura portuária e aquaviária.

A estrutura portuária brasileira é composta por portos públicos (PPs) e terminais de uso privado (TUPs). De acordo com a Antaq (2013), há 34 PPs comerciais (21 deles administrados pelo Governo Federal via Companhias Docas), 13 estaduais e 2 municipais. Quanto aos TUPs, há 92.

> As operações portuárias são concedidas ao setor privado por processos de licitação, e a destinação das áreas arrendadas deve ser coerente como os planos de desenvolvimento e zoneamento (PDZs) dos portos.

A continuidade da operação privada é uma realidade no país e a discussão se dá em novas licitações para arrendamento de novas áreas e a extensão das concessões existentes. São inegáveis os avanços tecnológicos, de produtividade e de volume na movimentação portuária, muito consequente da operação privada e do crescimento do comércio exterior brasileiro. Alguns terminais de contêineres no Brasil têm indicadores de desempenho e produtividade comparáveis aos melhores portos do mundo, e os terminais especializados na exportação de minério de ferro são considerados *benchmarking* mundial.

3.4 Transporte aéreo internacional

O transporte terrestre internacional, conforme já mencionado, depende de que os países importadores e exportadores façam fronteira um com o outro. O transporte aéreo, por sua vez, está associado à movimentação de mercadorias de alto valor agregado, ou que tenham urgência de despacho e entrega – essa necessidade de menor tempo deve compensar o custo de frete mais alto, dependendo do peso e tamanho das mercadorias.

No caso do Brasil, é a rapidez que faz com que o transporte aéreo se justique. Por exemplo: um voo de São Paulo para Miami leva cerca de 8 horas, e um navio do Porto de Santos ao porto de Miami pode demorar até 12 dias para chegar ao destino, dependendo do número de escalas programadas na rota.

O transporte aéreo de cargas, de forma similar ao transporte marítimo, apresentou uma evolução do tipo de aeronave que opera. O transporte aéreo de cargas evoluiu da condição de receita adicional advinda do aproveitamento dos porões dos aviões de passageiros para a utilização de aeronaves puramente de carga. Segundo Cortês (2010), essa evolução se apresenta, atualmente, nas seguintes configurações:

Full pax: Aeronaves para transporte exclusivo de passageiros; no compartimento inferior são transportadas as bagagens, onde também pode haver volumes de carga de pequenas proporções.

Combi: Aeronaves com dupla aplicação (transportam passageiros e cargas). Por terem um *deck* inferior mais amplo, podem movimentar, além das bagagens, volumes maiores de carga.

FULL CARGO OU CARGUEIRO PURO: Aeronaves projetadas para transporte exclusivo de mercadorias nos *decks* superior e inferior (algumas podem receber até 100 t ou 600 m³ de carga). As aeronaves denominadas *nose door* carregam grandes volumes pela frente do avião, com o "nariz" erguido para carregamentos.

No Brasil, a restrição dos aviões cargueiros se dá na oferta limitada de rotas, nem sempre regulares, e na restrição da operação em terminais aeroportuários ou pequeno número de aeroportos dedicados ao transporte de carga aérea, seja doméstica, seja internacional.

Os principais órgãos e empresas intervenientes do transporte aéreo no Brasil são: o Comando da Aeronáutica (Coar), integrado ao Ministério da Defesa; a Secretaria da Aviação Civil (SAC-PR), vinculada à Presidência da República; a Agência Nacional de Aviação Civil (Anac), ligada à SAC-PR; e a Empresa Brasileira de Infraestrutura Aeroportuária (Infraero®), também vinculada à SAC-PR. O Coar, a SAC-PR e a Anac constituem-se nos organismos responsáveis pela regulamentação e controle de toda a navegação aérea e os aeroportos no Brasil. Já a Infraero® é uma empresa estatal responsável pela gestão, por investimentos e pelo desenvolvimento dos aeroportos brasileiros, bem como pela administração dos terminais de passageiros e terminais de cargas (Tecas) desses aeroportos.

As companhias aéreas são os principais agentes privados do transporte aéreo, como proprietárias ou arrendatárias dos aviões, e, na sua atuação no mercado de frete aéreo, negociam espaços nos seus equipamentos com os agentes de carga, os quais, por sua vez, oferecem disponibilidades e tarifas a seus clientes: os importadores e exportadores.

Esses agentes exercem função semelhante à dos agentes de viagem no transporte de passageiros, e seus serviços prestados englobam desde o acompanhamento das datas de entrega e das ordens de compra – podendo abranger a coleta das mercadorias em pontos de origem designados, sua movimentação até os armazéns e dentro deles (por exemplo: centros de consolidação ou distribuição) – até a entrega da mercadoria (encomenda) no cliente final. Para tanto, os agentes se valem de sistemas informatizados de gestão e rastreamento das cargas ao longo de toda a cadeia logística de transporte e de armazenagem. Muitas vezes, essas ferramentas tecnológicas são decisivas para a obtenção de novos negócios.

A Associação Internacional de Transportes Aéreos (International Air Transport Association – Iata) regulamenta, no âmbito internacional, o transporte aéreo de passageiros e mercadorias, contando como afiliados a maior parte das companhias aéreas e operadores logísticos. Essa associação foi criada há 70 anos e, atualmente, conta com 265 companhias aéreas de 117 países, representando 83% do tráfego aéreo mundial. Sua missão é representar, liderar e servir o setor de linhas aéreas, com a atuação voltada para prover serviços mundiais de transporte seguros, eficientes e rentáveis para seus afiliados (Iata, 2016a, 2016b).

Os fretes aéreos, conforme mencionamos anteriormente, são maiores que os dos demais modos de transporte, sendo calculados pelo peso da mercadoria ou pelo espaço ocupado (peso cubado), prevalecendo o que for maior. Para tanto, deve-se levar em conta o volume da embalagem (comprimento × largura × altura), multiplicado por um fator de referência:

- 1 kg → 6.000 cm^3
- 1 kg → 0,006 m^3
- 1 m^3 → 166,6667 kg

Analisemos o seguinte exemplo: dado um volume com 150 kg, com as dimensões de 175 cm de comprimento, 75 cm de largura e 60 cm de altura, seu peso cubado será resultante da operação: 175 × 75 × 60/6.000 = 131,25 kg cubados. Nesse caso, o frete será calculado pelo maior, ou seja, 150 kg.

Os fretes, a exemplo dos outros modos, poderão ser pagos na origem (frete pré-pago – *freight prepaid*) ou no destino (frete a pagar – *freight collect*). Segundo Cortês (2010), os principais tipos de tarifas do transporte aéreo são:

TARIFA GERAL: É aplicada por faixas de peso (até 45 kg; de 45 kg a 100 kg; de 100 kg a 300 kg; de 300 kg a 500 kg; e acima de 500 kg), tendo como base o "peso cubado" (quanto maior o peso cubado, menor a tarifa por unidade).

TARIFA MÍNIMA: É aplicada a pequenos volumes que não atingem um valor de frete mínimo resultante do cálculo por peso (o valor varia conforme o destino da carga);

TARIFA CLASSIFICADA: Refere-se a poucas mercadorias em áreas determinadas, sendo expressa por porcentagem de aumento ou redução das tarifas de carga. Por exemplo: *ad valorem*, ou "por valor" (animais vivos; pintos de menos de três dias; carga valiosa; restos humanos etc.) e redução (bagagem desacompanhada e relativa a roupas e objetos de uso pessoal; produtos culturais; aparelhos médicos);

TARIFA PARA EXPEDIÇÕES DE UNIDADE DE CARGA: Aplicada para dispositivos unitários de carga (ULD), excluindo-se a tara (peso da embalagem).

De forma semelhante ao transporte marítimo, são essenciais os procedimentos de unitização e consolidação de cargas, sob o mesmo princípio de dissociar as operações de carga e descarga de mercadorias da presença física da aeronave, ou seja, as cargas são preparadas e unitizadas antes da presença do avião, e as operações de desembarque e embarque poderão acontecer concomitantemente ao abastecimento da aeronave ou à realização de pequenas manutenções e suprimentos.

Usualmente, o primeiro ato concreto é a montagem, pelo operador logístico, dos volumes de tamanhos variados em um único palete aeronáutico, de modo a apresentar um formato compatível com o da fuselagem da aeronave. Esse procedimento, realizado sob um gabarito das dimensões da aeronave, reduz os riscos de manuseio dos pequenos volumes nos caminhões e aeroportos, evitando extravios, avarias e, consequentemente, sinistros.

A consolidação de cargas se apresenta como uma atividade basicamente documental, propiciando o recebimento de cargas de diferentes clientes pelos operadores logísticos e a negociação de volumes maiores de carga com as companhias aéreas. Assim, ocorre a aplicação de tarifas unitárias de frete menores. Essa documentação apresenta três tipos de conhecimentos de transporte aéreo internacional, a saber:

1. *MASTER AIRWAYBILL* **(MAWB)**: Documento emitido pela companhia aérea para a totalidade das cargas consolidadas pelos operadores logísticos. No mercado, é comumente conhecido como *master* (mãe) de determinado lote unitizado de cargas. Esse conhecimento representa a fatura de frete e a relação comercial das companhias aéreas com os operadores e, normalmente, não é visto pelos embarcadores.

2. *HOUSE AIRWAYBILL* **(HAWB)**: Documentos utilizados pelos embarcadores e denominados de *houses* (filhotes), os quais são emitidos e entregues por seus operadores logísticos. Assim, um *Master Airwaybill* engloba diversos *houses*, cada um referente à mercadoria de um embarcador.

3. ***Airwaybill* (AWB)**: Documento emitido pela companhia aérea diretamente ao proprietário da carga. Em geral, refere-se a uma mercadoria individual. Nesse caso, o pagamento do frete será feito pelo embarcador diretamente para a companhia aérea, sem a intermediação de operador logístico. Essa forma não é muito comum, pois a carga não consolidada poderá representar um frete maior. O *Airwaybill* se aplica a materiais com normas de embarque mais restritas, como mercadorias com finalidade militar.

A escolha do modal aéreo depende basicamente de duas questões:

1. Qual é o nível de serviço ou tempo de atendimento exigido para a entrega do material na linha de produção (importação) ou no estabelecimento do cliente (exportação)? (Se houver urgência, certamente o modal aéreo será escolhido)
2. Qual é o perfil de carga a movimentar (seu valor agregado, peso, dimensões e rota de transporte)?

O valor da mercadoria está ligado ao custo de capital da empresa, ou seja, o custo financeiro do material em trânsito (inventário) e os custos efetivos da movimentação são calculados com base nas informações referentes ao peso, às dimensões, à rota e às tarifas acordadas com os operadores logísticos. Assim, muitas operações aéreas são realizadas em virtude do alto custo de capital de materiais, como componentes eletrônicos, equipamentos de informática e telecomunicações, peças de sistemas aeronáuticos, produtos essenciais e medicamentos, entre outros. De modo geral, esses materiais são relativamente leves, resultando em custos razoáveis de fretes, o que viabiliza o uso do transporte aéreo.

3.5 Transporte terrestre internacional

O transporte terrestre se apresenta como o mais utilizado na matriz de transporte doméstico do Brasil, em que há predominância do modal rodoviário. Como **vantagens**, o transporte rodoviário apresenta sua larga oferta de transportadores, ampla tipologia de veículos de operação, flexibilidade na proposta de alternativas de soluções diante de eventuais imprevistos, malha viária relativamente em boas condições e, principalmente, a possibilidade do transporte porta a porta (*door-to-door*). As **desvantagens** dizem respeito ao maior dispêndio energético e maior impacto no meio ambiente pela emissão de gases poluentes, assim como o efeito que causa nas grandes cidades, cada vez mais expostas a grandes congestionamentos.

> Dados de Nakabashi et al. (2015, p. 3) para 2014 indicam que a participação do modo rodoviário nas exportações brasileiras foi de 6,4% em valor (US$ FOB). Nas importações, essa participação foi de 4,5%. A movimentação basicamente se dá de e para países do Mercosul com os quais o Brasil tem fronteira contígua.

No que tange ao transporte rodoviário internacional, a ANTT participa de reuniões conjuntas entre os países da América do Sul, principalmente os ligados ao Mercosul, para que o transporte rodoviário internacional tenha veículos adequados e procedimentos aduaneiros mais ágeis. Um dos acordos estabelecidos diz respeito a normas comuns de dimensões e peso/eixo dos caminhões que operam nos países limítrofes, conforme o Decreto n. 7.282, de 1 de setembro de 2010 (Brasil, 2010).

De acordo com Silva (2013), a utilização do modo rodoviário exige que se verifique a certificação de que a empresa transportadora está autorizada a realizar o transporte de forma direta ou combinada com a empresa do outro país, e alerta que o seguro é obrigatório e deve ser providenciado pela empresa contratante, considerando as cláusulas da apólice do seguro contratado pelo transportador.

O frete, a exemplo do transporte aéreo, é calculado na relação peso × volume, ou seja, leva em consideração o cálculo do peso cubado. Além disso, incide uma taxa *ad valorem* relativa ao valor da mercadoria.

3.6 Transporte ferroviário internacional

O transporte ferroviário se caracteriza como de alta capacidade pelo alto custo de implantação, custos operacionais relativamente baixos por unidade transportada (t · km) e eficiência energética significativa. O transporte ferroviário de cargas é realizado por diversos tipos de vagões, que são adequados ao tipo de mercadoria movimentada, e tem como vocação o transporte de grandes volumes a grandes distâncias.

No Brasil, as ferrovias foram concessionadas ao setor privado e ainda se ressentem de uma prestação de serviço aquém do nível prestado pelo modo rodoviário, concentrando-se na movimentação de cargas a granel do agronegócio, como o açúcar e o complexo soja.

O transporte ferroviário internacional de cargas praticamente inexiste no Brasil, seja pelas restrições de malha de acesso de e para os países limítrofes, seja pelas condições insatisfatórias de prestação desse serviço. Além disso, por motivos históricos, há diferença de bitola (distância entre trilhos) entre os países, com exceção da ferrovia que liga o Brasil à Bolívia. Outro impedimento é a não operação de contêineres empilhados a dois de alto por vagão, prática comum nas ferrovias norte-americanas na movimentação de contêineres da Costa Oeste à Costa Leste dos Estados Unidos, as chamadas *pontes terrestres* (*land bridges*). Esse serviço concorre com a travessia do Canal do Panamá em tempo e custos no traslado de contêineres da Ásia à União Europeia.

De acordo com Kogan (2004), as ligações ferroviárias internacionais do Brasil são três:

1. **ARGENTINA**: Realizada pela América Latina Logística (ALL), na cidade de Uruguaiana (RS), e de Paso de los Libres, na província de Corrientes (Argentina), sendo em bitola métrica (1,00 m) no ramo brasileiro e padrão (*standard* – 1.435 m) na Argentina.

2. **URUGUAI**: Entre a ALL na cidade de Livramento (RS) e Rivera (Uruguai) com a Aministración de Ferrocarriles del Estado (AFE), sendo bitola métrica no Brasil e padrão no Uruguai.

3. **BOLÍVIA**: ALL, na cidade de Corumbá (MS), e Puerto Quijarro (Bolívia), na ligação com a Ferroviária Oriental S.A. da Bolívia em bitola métrica.

    O Mapa 3.1 mostra o mapa da malha ferroviária da América do Sul.

Mapa 3.1 – Malha ferroviária da América do Sul

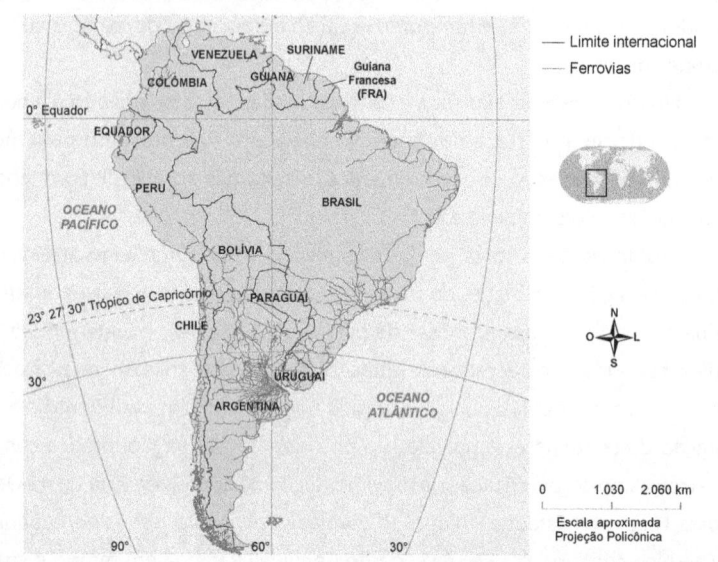

Fonte: Adaptado de University of Texas Library, 2016, tradução nossa.

O transporte ferroviário internacional tem pouca representatividade na matriz de transporte brasileira e, provavelmente, deve permanecer assim.

3.7 Transporte dutoviário

O transporte dutoviário é importante na movimentação de produtos líquidos ou liquefeitos e se destina à movimentação de petróleo e seus derivados. Existem ainda os minerodutos, que transportam, na condição de uma massa quase líquida, produtos pulverulentos, como o minério de ferro, que vai de Minas Gerais ao Porto de Ubu, no Espírito Santo.

O gás natural é transportado por um gasoduto; no Brasil, o mais relevante é o Gasoduto Bolívia-Brasil, que começou a operar em 1999 na localidade boliviana de Rio Grande, próximo a Santa Cruz de la Sierra. Ele se estende por 557 km até Porto Suarez, na fronteira com o Brasil, entra no país por Corumbá (MS) e percorre os Estados de Mato Grosso do Sul, São Paulo, Paraná, Santa Catarina e Rio Grande do Sul, perfazendo 3.150 km (2.593 km no Brasil). Esse gasoduto tem uma capacidade de fornecimento de 30,08 milhões de m³/dia, e sua concessão é de 20 anos. No trecho brasileiro, é de responsabilidade da Transportadora Brasileira Gasoduto Bolívia-Brasil (TBG), empresa com participação de 51% da Petrobras (TBG, 2016).

> Há, no mundo todo, gasodutos de grande importância, tanto econômica quanto estratégica, como o gasoduto que liga os campos de petróleo da Rússia aos países da União Europeia e os que ligam a região do Alasca ao Canadá e aos Estados Unidos.

No Brasil, cabe à ANTT (2016a) "promover levantamentos e organizar cadastro relativo ao sistema de dutovias do Brasil e às empresas proprietárias de equipamentos e instalações de transporte dutoviário". Essa agência se relaciona com as entidades da área para criação de um cadastro nacional de dutovias, de modo a apoiar ações e projetos.

Estudo de caso

A prestação de serviços de logística integrada

O transporte marítimo internacional é intermodal por sua natureza intrínseca, pois o encaminhamento das cargas exige movimentação terrestre desde a origem até o porto, o traslado marítimo ao porto de destino e o transporte terrestre até seu destino final, conforme ilustra a Figura 3.2.

Figura 3.2 – Fluxograma da prestação de serviços de logística integrada referente a cargas conteinerizadas

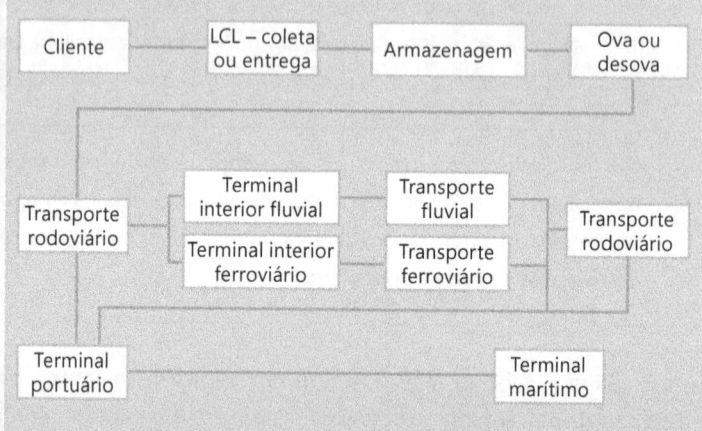

```
Cliente ── LCL – coleta ── Armazenagem ── Ova ou
           ou entrega                      desova

                    Terminal              Transporte
Transporte ──      interior fluvial        fluvial        ── Transporte
rodoviário          Terminal interior     Transporte         rodoviário
                    ferroviário           ferroviário

Terminal                                               Terminal
portuário                                              marítimo
```

Fonte: Adaptado de Costa, 2008.

O fluxograma da Figura 3.2 apresenta a sequência típica de atividades de encaminhamento de cargas conteinerizadas, conforme se configura a prestação de serviços de logística integrada pela Aliança Navegação e Logística Ltda., empresa do grupo Hamburg Süd®, que também opera como OTM.

O encaminhamento começa com a coleta das mercadorias no recinto designado pelo cliente por meio de caminhões. Caso o lote não preencha um contêiner completamente (*less container load* – LCL), a mercadoria passa por armazenagem intermediária no interior (armazém de consolidação). Com a carga completa, o contêiner passa por estufamento (ou *ova*, termo muito usado no Porto de Santos) e é transferido de caminhão para um terminal especializado (por exemplo: o terminal de Jundiaí da Aliança, que conta com desvio ferroviário). Logicamente, é possível que a carga seja encaminhada diretamente a esse terminal para consolidação.

Desse terminal, o encaminhamento ao terminal portuário no Porto de Santos pode ser por via férrea ou rodoviária, dependendo da programação do navio de embarque, e daí ao porto de destino. Essa sequência é inversa para o caso de importação, ou seja, do desembarque no terminal portuário à transferência do contêiner ao ponto de desestufamento (desova).

A alternativa fluvial é viável na utilização da Hidrovia Tietê-Paraná; há terminais de embarque e desembarque localizados em Pederneiras (SP), com ligação ferroviária, ou em Santa Maria da Serra, Anhembi ou Conchas, com ligação rodoviária. O transporte fluvial é, ainda, uma possibilidade muito pouco utilizada, seja na movimentação de contêineres, seja para outras cargas.

Dessa forma, a Figura 3.2 ilustra a integração dos componentes logísticos de transporte, embalagem e armazenagem e a importância da atuação de um operador único na prestação desses serviços. Uma constatação clara é que, no Brasil, o contêiner ainda se apresenta como uma "entidade" internacional, e sua "domesticação" passa necessariamente pela mudança da mentalidade de embarcadores, pela melhoria das condições de prestação de serviço (confiabilidade, regularidade, frequências, disponibilidade e flexibilidade) e pelo menor custo total logístico, ou seja, tempos e custos (fretes).

Fonte: Elaborado com base em Costa, 2008.

Questões sobre o estudo de caso

1. Por que uma empresa de transporte de longo curso como a Hamburg Süd® investe e oferece serviços de transporte porta a porta?

2. No Brasil, quais alternativas modais de transporte terrestre se apresentam para os armadores internacionais?

3. Qual o potencial de participação de empresas brasileiras nesse tipo de prestação de serviços? Como ele poderia ser concretizado?

Perguntas & respostas

Como se explica a predominância do transporte marítimo no comércio mundial?

Os serviços de transporte marítimo são a expressão da globalização, principalmente se considerarmos o local onde os navios são construídos (notadamente, estaleiros chineses e coreanos) e sua bandeira de registro (principalmente a Libéria, na África Ocidental, e o Panamá, na América Central). A expansão do comércio internacional e da inter-relação entre os continentes conduziu o crescimento do transporte marítimo, impulsionando novas dimensões (gerações) e estruturas institucionais portuárias, nova tipologia de navios e funções correlacionadas, a consolidação do uso do contêiner e a prestação de serviços de logística integrada. Os navios porta-contêineres estão maiores pelo aumento de largura e comprimento; melhores pelo aumento de sua capacidade de transporte em TEUs, com consequente possibilidade de exploração de economias de escala: e mais rápidos dadas as condições tecnológicas de modernização das embarcações e de seus projetos e técnicas de construção.

Qual é o principal equipamento da intermodalidade para o transporte internacional de mercadorias, as chamadas *cargas secas*?

Entre os componentes logísticos se destaca o transporte, o mais visível e o maior consumidor de tempo e custos na logística internacional. O transporte intermodal se apresenta como facilitador dos negócios internacionais ao integrar as operações internacionais desde o ponto de origem até o destino, sendo responsável pelos deslocamentos dos produtos entre pontos de armazenagem intermediária, de consolidação e de unitização de cargas em terminais internacionais e de embarque e desembarque. O contêiner é o equipamento essencial na logística internacional por facilitar a intermodalidade e possibilitar a padronização internacional de recipientes das cargas unitizadas. O uso de contêineres na logística reduz a necessidade de mão de obra, minimiza danos e furtos e diminui o tempo de trânsito – o tempo é menor na operação dos navios nos portos, permitindo a embarcadores e transportadores a negociação de fretes em função do volume e da cadência dos carregamentos.

Por que a unitização é importante no transporte aéreo de cargas?

A unitização de cargas consiste em transformar volumes, pesos, formatos e tamanhos diferentes em uma unidade uniforme, de modo a facilitar seu transporte, manuseio e armazenamento. Ela é cada vez mais utilizada, quaisquer que sejam os modais de transporte, por padronizar equipamentos de manuseio das cargas e pela possibilidade de aplicação do sistema porta a porta (*door-to-door*). No transporte aéreo, a unitização possibilitou a operação de aviões puramente cargueiros (*full cargo*).

Síntese

Apresentamos neste capítulo as características do transporte internacional de mercadorias, focalizando as condições brasileiras e analisando as características de cada modal de transporte e o uso da intermodalidade como facilitador de negócios internacionais. No comércio global, é notória a importância do transporte marítimo, praticamente dominante nas trocas internacionais em volume de carga. Suas características de alta capacidade e as inovações tecnológicas que têm se apresentado com navios maiores, mais rápidos, mais econômicos e ambientalmente mais amigáveis explicam e reforçam o domínio do modal no comércio global. Como vimos, o transporte marítimo é intermodal quase por natureza, pois os produtos transportados necessitam de transportes terrestres no seu encaminhamento de e para os portos.

Nesse sentido, a embalagem é crítica. Para as cargas secas, o contêiner é equipamento fundamental dos navios porta-contêineres e embalagem essencial para os embarcadores. Sua introdução consubstanciou uma verdadeira revolução no setor, modificando relações de trabalho, o que desencadeou o desenvolvimento de uma nova tipologia de navios especializados e novos equipamentos de manuseio nos portos. No entanto, isso aumentou as exigências críticas para os terminais portuários e suas áreas lindeiras.

O transporte marítimo relaciona-se com a especialização de navios, equipamentos e terminais, os quais têm evoluído para sua adequação às características das cargas e embalagens movimentadas. Outros modais de transporte também têm se apresentado de forma semelhante na evolução de veículos e equipamentos de movimentação.

No transporte internacional, uma evidência está no modal aéreo, com o desenvolvimento de aeronaves e de formas de unitização de cargas, à semelhança com os contêineres marítimos, mas adaptados às especificidades técnicas e de carregamento dos aviões. O modal opera com custos de frete maiores e se orienta para produtos de maior valor agregado ou que exijam rapidez em seu deslocamento na restrição técnica de volumes menores.

> Com relação aos modos terrestres (rodoviário e ferroviário), observamos que a primeira restrição é a geográfica, pois há que se ter fronteiras contínuas com os países envolvidos nas transações comerciais. O modo dutoviário, no Brasil, se restringe ao Gasoduto Bolívia-Brasil, importante para o transporte de gás natural entre os países. No Brasil, esses modais são pouco representativos, com predominância do modo rodoviário no comércio com países do Mercosul.

Questões para revisão

1. Por que o transporte marítimo é considerado intermodal por natureza? Cite um exemplo prático.

2. A evolução recente do transporte marítimo internacional apresentou algumas características específicas. Assinale a(s) alternativa(s) que apresenta(m) essas características:
   a) Os navios se tornaram maiores, especializados, mais rápidos, mais econômicos e ambientalmente menos prejudiciais.
   b) Grandes empresas armadoras têm adotado estratégias de fusões e aquisições, principalmente no segmento dos contêineres.
   c) Navios porta-contêineres maiores possibilitam ganhos de escala (redução dos custos unitários de movimentação), mas exigem investimentos significativos de movimentação nos terminais portuários.
   d) A tendência de conteinerização de cargas ainda está em desenvolvimento, com a agregação de novos tipos de cargas e de produtos para a movimentação por contêineres.

3. O contêiner utilizado no transporte internacional oferece várias possibilidades, **exceto**:
   a) a padronização da embalagem e, consequentemente, dos equipamentos de movimentação.
   b) melhores tempos totais de movimentação, pois permite a movimentação de cargas diversas e não acondicionadas.
   c) a especialização de operadores e a facilitação da elaboração da documentação da movimentação dos produtos.
   d) a visibilidade externa das cargas, o que facilita a fiscalização nos portos de origem e destino.

4. Sobre o papel dos agentes de transporte marítimo na logística internacional, assinale (V) para verdadeiro e (F) para falso:
   ( ) Os agentes marítimos operam como atravessadores do mercado; pouco oferecem, porém cobram muito dos embarcadores
   ( ) Os agentes de transportes, como os agentes de turismo, propiciam a pequenos embarcadores (poucos volumes) a possibilidade de transportarem seus produtos com os grandes armadores.
   ( ) Os serviços prestados são limitados a faturamento e designação dos locais de entrega ou retirada de mercadorias.
   ( ) Os NVOCCs são importantes, pois, ao fecharem contratos com os armadores, buscam carga para o atendimento às obrigações e, assim, atuam praticamente como canais de distribuição dos armadores.
   ( ) A tendência dos agentes de carga é de desaparecerem no Brasil, pois os armadores estão trabalhando com estruturas comerciais próprias.

   A sequência correta, de cima para baixo, é:

   a) F, V, F, F, F.
   b) V, V, F, V, V.
   c) F, V, F, V, F.
   d) V, F, V, F, V.

5. Quais são as alternativas de transporte internacional por via terrestre no Brasil? Elas são importantes? Quais são suas limitações?

> **Para saber mais**
>
> Para conhecer a legislação brasileira sobre tansporte terrestre, acesse:
> ANTT – Agência Nacional dos Transportes Terrestres. **Legislação**. Disponível em: <www.antt.gov.br/index.php/content/view/7754/Legislacao.html>. Acesso em: 2 jun. 2016.
>
> Para ter informações detalhadas sobre exportação de suco de laranja a granel, acesse o *site* da Citrosuco, principal exportadora brasileira:
> CITROSUCO. **Logística**. Disponível em <http://www.citrosuco.com.br/pt/logistica.php>. Acesso em: 2 jun. 2016.

Para conhecer um estudo sobre as ferrovias na América do Sul, acesse:

KOGAN, J. **Rieles con futuro**: desafíos para los ferrocarriles de América del Sur. Caracas: CAF, 2004. Disponível em: <http://scioteca.caf.com/bitstream/handle/123456789/423/5.pdf?sequence=1&isAllowed=y>. Acesso em: 2 jun. 2016.

Jean-Paul Rodrigue é professor da Hofstra University e especialista em geografia econômica e transporte marítimo. Para conhecer uma de suas obras, acesse:

RODRIGUE, J-P. et al. **The Geography of Transport Systems**. Hofstra University, Department of Global Studies & Geography, 2013. Disponível em: <http://people.hofstra.edu/geotrans>. Acesso em: 26 set. 2015.

Visite o *site* da Tecnologística, uma revista especializada em logística:

TECNOLOGÍSTICA ONLINE. Disponível em: <http://www.tecnologistica.com.br/>. Acesso em: 2 jun. 2016.

A TBG é a empresa proprietária e operadora, em solo brasileiro, do Gasoduto Bolívia-Brasil.

TBG – Transportadora Brasileira Gasoduto Bolívia-Brasil. **Informações técnicas**. Disponível em: <http://www.tbg.com.br/pt_br/o-gasoduto/informacoes-tecnicas.htm>. Acesso em: 2 jun. 2016.

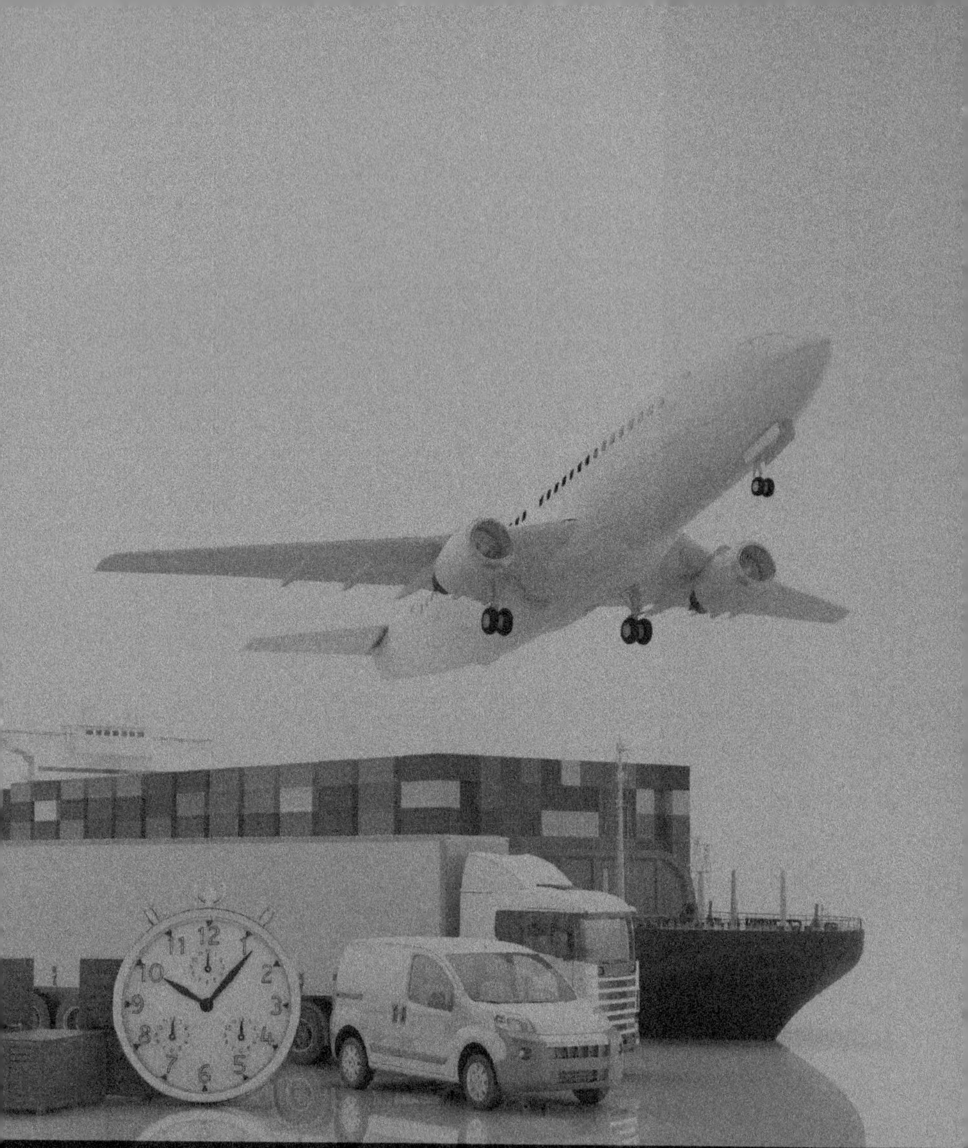

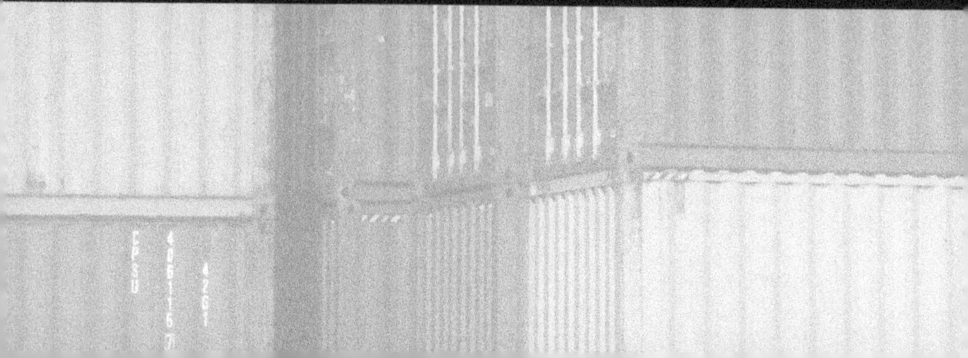

4

Termos Internacionais de Comércio (Incoterms)

Conteúdos do capítulo:

- Termos no comércio internacional.
- Condições de negociação do transporte.
- Sistema de importação e exportação.
- Termos Internacionais de Comércio (Incoterms 2010).
- Incoterms e logística integrada.
- Evolução histórica dos Incoterms.

A TRANSAÇÃO COMERCIAL compreende as negociações e as relações necessárias para a transferência de propriedade de mercadorias, ou seja, as especificações dos produtos (formas, embalagens, prazo de entrega), os preços acordados e as condições de pagamento que constituem os termos de venda. No comércio internacional, é importante o estabelecimento de acordos entre as partes para designação e assignação das responsabilidades pelo encaminhamento dos produtos e assunção dos riscos inerentes às movimentações em longas distâncias. Essas negociações envolvem idiomas, culturas e legislações diferentes.

O procedimento, para tanto, é a especificação dos **Termos Internacionais de Comércio (Incoterms)** e do seu ano de referência – assunto que abordaremos neste capítulo. Os Incoterms definem as condições de assunção de riscos e de custos nas transações internacionais de compra e venda, tendo em vista a integração dos componentes da logística internacional.

> Os Termos Internacionais de Comércio (*International Commercial Terms*), também chamados de **Incoterms**, foram criados pela Câmara Internacional do Comércio (CCI), com sede em Paris, em 1936, para definir, na estrutura de um contrato internacional de compra e venda, os direitos e as obrigações recíprocas e acordadas entre exportadores e importadores – em outras palavras, estabelece as regras para administrar conflitos oriundos da interpretação de contratos internacionais firmados e relativos à transferência de mercadorias, às despesas decorrentes das transações e à responsabilidade sobre perdas e danos.

Assim sendo, os Incoterms tratam de regras internacionalmente aceitas, imparciais e de caráter uniformizador, tomadas como base dos negócios internacionais, de modo a promover a harmonia e o entendimento na facilitação da negociação de compartilhamento de riscos e custos e na solução de eventuais conflitos.

A habilitação e o conhecimento dos Incoterms são indispensáveis aos negociadores e profissionais da área de logística internacional, que, ao identificarem a melhor troca compensatória (*trade-off*) nos gastos das operações de importação e exportação, estabelecem, de comum acordo e com conhecimento mútuo, a quem cabe a responsabilidade sobre riscos e custos de movimentação.

Considerando que contratos de compra e venda tratam da transferência de propriedade de um bem ou produto, pode ocorrer que essa transferência se dê quando o comprador (importador) retira o bem no estabelecimento do produtor ou quando o vendedor (exportador) entrega o produto no local designado pelo comprador.

Como vemos, existe uma ampla gama de possibilidades entre essas duas situações, e sua definição irá depender das condições negociadas, conforme as apontadas no Santander Trade Portal (2010):

CONDIÇÕES DA CARGA: Dizem respeito à natureza da carga e às exigências especiais de transporte (produtos a granel, embalagens especiais, cargas perigosas, cargas de projeto etc.).

CAPACIDADE DE PROVIDENCIAR O TRANSPORTE: Um dos participantes pode ter melhor condição de contratar o transporte (por exemplo: *tradings*[1] internacionais, com ampla atuação do comércio exterior de produtos agrícolas; produtores com frota própria, como a Citrosuco etc.).

RELAÇÕES ENTRE VENDEDORES E COMPRADORES: São relativas a contratos comerciais de médio e longo prazos, contratos de suprimento de grande monta, relações entre subsidiárias etc.

LOCALIZAÇÃO: É a capacidade que o comprador/vendedor tem de tomar posse da mercadoria em localizações diferentes.

RISCOS: É a negociação de disponibilidade/aceitação de riscos na transação (riscos podem resultar em assunção de pagamentos de seguros).

---

[1] São empresas internacionais que atuam na intermediação das transações de compra e venda no comércio exterior.

De modo geral, negócios internacionais envolvem longas distâncias, tempos de movimentação e interação impessoal entre interlocutores de países com língua, moeda e legislações diferentes. Os Incoterms, ao estabelecerem custos e riscos na entrega (transferência de propriedade) de mercadorias, atuam como facilitadores nas estratégias de suprimentos internacionais. Além disso, padronizam o entendimento das regras dos contratos internacionais por meio de seu estabelecimento, que foi acordado e tomado como referência para negociações e transações comerciais.

4.1 Sistemas de exportação e importação

Os negócios do comércio exterior exigem que se conheça compradores e ofertantes, ou seja, porte organizacional, clientes e condições de fabricação e de entrega. Aos ofertantes cabe conhecer seus clientes potenciais, as condições de pagamento e de recebimento e a real dimensão de suas necessidades de seu consequente atendimento. Para tanto, é usual a emissão de pedidos de informações (*Request for Information* – RFI), a solicitação de preços (*Request for Quotation* – RFQ) e proposta de fornecimento de produtos ou prestação de serviços (*Request for Proposal* – RFP).

> A **RFI** é usada quando se quer saber quais são os produtos e os serviços que o fornecedor pode oferecer, assim como informações sobre a empresa, como porte, principais clientes, volume de negócios, condições financeiras etc. Essa fase corresponde à prospecção de fornecedores e, muitas vezes, é eliminatória; os fornecedores considerados aceitáveis farão parte de futuros processos de compra ou contratação.
>
> A **RFQ** se refere ao pedido de preços e cotações de produtos que se deseja comprar do fornecedor, os quais devem ter sido homologados em fase precedente.
>
> A **RFP** é a solicitação de proposta técnica e comercial, ou seja, é a fase mais importante de um processo de compra ou contratação, o certame propriamente dito.

A avaliação das propostas, em geral, obedece a critérios técnicos e comerciais (preços, condições de pagamento, garantias etc.), e os negócios de exportação e importação têm como base contratos que exprimem, por parte do vendedor a aceitação e a consideração de uma fatura preliminar (proforma) com cotação de preços; por parte do comprador, a aceitação pode ser uma ordem de compra, uma carta de compromisso, uma proposta do cronograma de compra etc.

Nos contratos comerciais internacionais devem constar os detalhes da transação e as responsabilidades das partes, ou seja, o Incoterm acordado. As principais informações são:

- discriminação do produto em termos significativos (medidas, marcas etc.) para ambas as partes;
- unidade básica de medida (no sistema métrico, por exemplo);
- preços e eventuais descontos;
- moeda de referência da venda;
- condições e prazos de pagamentos;
- procedimentos relativos a eventuais devoluções;
- garantias bancárias e as relativas ao produto;
- foro legal (legislação aplicável no país);
- Incoterm acordado, sempre com a explicitação de seu ano e local de referência;
- procedimentos para solução de eventuais disputas e para anulação do contrato.

O Incoterm, como um componente do contrato internacional de compra e venda, objetiva padronizar e interpretar as diferentes responsabilidades do comprador e do vendedor relacionadas à entrega dos bens vendidos. Dessa forma, é necessário explicitar o ano de referência do Incoterm, de modo a assegurar o entendimento da operação na negociação, o local de entrega e a definição do modal de transporte.

A estratégia de negociação dos Incoterms é importante, pois o termo é o que define as condições de venda e compra, isto é, a quem cabe custos e riscos na movimentação das mercadorias envolvidas, e é determinado, normalmente, pelo poder de negociação na relação. Como veremos adiante, o estabelecimento de um Incoterm implica o pagamento das despesas (fretes e seguros), que formarão o preço final de aquisição/venda do produto e, assim, pode propiciar maior margem de manobra por parte das partes envolvidas.

Em termos práticos, "não existe almoço de graça: alguém sempre paga a conta". Por exemplo: o Incoterm que corresponde à entrega no destino final estabelecido com o cliente possibilita ao vendedor descaracterizar o valor final do produto (preço-base mais adicionais). Dessa forma, é possível obter vantagens na negociação com intermediários e operadores logísticos. Por outro lado, o comprador, ao se responsabilizar por retirar o produto no ponto de fabricação, controla os gastos de movimentação até o destino.

Como componente do contrato internacional, o Incoterm representa a necessidade de se ter o domínio dos custos logísticos, avaliar opções e poder gerenciar a cadeia logística internacional. Dessa forma, de acordo com Côrtes (2016), o Incoterm:

- define, com precisão, as condições de entregas dos produtos e o momento em que se dá a transferência de riscos, responsabilidades e assunção de custos;
- regulamenta a transação de compra e venda e padroniza nomenclaturas e seus respectivos procedimentos;
- define os custos (valor mais despesas logísticas) contidos em cada termo;
- harmoniza os negócios internacionais com uma interpretação única e aceita dos termos;
- viabiliza negócios entre partes de diferentes países, legislações, culturas e idiomas;
- define responsabilidades e riscos na regulamentação de conflitos e disputas.

Não se deve confundir os Incoterms da CCI com os *American Foreign Trade Definitions*, de 1919, renomeados em 1941 como *Revised American Foreign Trade Definitions* (RAFTD), que, embora utilizem as mesmas siglas, apresentam definições diferentes. Esses termos são usados somente nas relações comerciais com os Estados Unidos. Essa questão torna obrigatória a necessidade de se explicitar claramente que termo está sendo usado, conforme veremos adiante.

Os Incoterms normalizaram e facilitaram as inter-relações comerciais internacionais. Na verdade, eles exprimem as condições logísticas (riscos e responsabilidades) e níveis de serviços entre exportadores e importadores. No entanto, deve ficar claro que os Incoterms não definem a transferência de propriedade nem as condições de pagamento, entre outras particularidades de um contrato internacional de compra e venda.

> O conhecimento e a habilidade de se lidar com Incoterms são fundamentais para o gestor de logística internacional, pois uma definição adequada, compatível com as estratégias de *marketing* no comércio internacional, pode representar a viabilidade e a rentabilidade dessas transações.

4.2 Incoterms e logística integrada

Vale lembrarmos que a gestão integrada da logística se refere à consideração conjunta dos componentes logísticos, os quais já foram citados algumas vezes nesta obra. Os Incoterms contemplam esses componentes e têm como importância básica definir a quem cabem as responsabilidades, a assunção de riscos de encaminhamento de mercadorias e o pagamento das despesas referentes aos custos logísticos nas transações de importação e exportação, conforme estabelecido no contrato de compra e venda internacional.

O escopo dos Incoterms é estabelecer um conjunto de regras (definições dos termos) internacionalmente aceitas e imparciais, de modo a padronizar as condições comerciais e, assim, harmonizar as relações internacionais de compra e venda (Brasil 2016r).

No conhecimento dos Incoterms, o negociador ou profissional da área de logística internacional busca e identifica o melhor *trade-off* nos gastos das operações de importação e exportação. Nesse sentido, eles não impõem, mas propõem o entendimento entre vendedor (exportador) e comprador (importador) quanto às tarefas necessárias para deslocamento da mercadoria do local onde é fabricada até o local de destino, embalagem, transportes internos, licenças de exportação e de importação, encargos aduaneiros, movimentação em terminais e transporte e seguro internacionais.

As regras definidas pelos Incoterms têm validade somente para exportadores e importadores e não têm efeitos para outros intervenientes nas relações comerciais internacionais, como seguradoras, despachantes e transportadores.

4.3 Cronologia dos Incoterms

Ao longo do tempo, os Incoterms têm apresentado uma evolução de adequação às modificações tecnológicas e aos avanços do comércio internacional, o que faz com que seja **obrigatória** a explicitação do seu ano de referência no termo de comércio.

A CCI publicou os primeiros Incoterms em 1936 e seguidas atualizações em 1945, 1953, 1967, 1970, 1976, 1980, 1990, 2000 e 2011. A seguir, apresentamos a evolução das suas principais modificações.

Ano de 1936
Os Incoterms surgiram em 1936, quando a CCI interpretou e consolidou as diversas formas contratuais que vinham sendo utilizadas no comércio internacional.

Ano de 1976
Inicialmente empregados para os transportes marítimos e terrestres, os Incoterms passaram, a partir de 1976, a ser considerados também para os transportes aéreos.

Ano de 1980
Mais dois termos foram criados em 1980, de modo a contemplar o aparecimento do sistema intermodal de transporte, principalmente no que se refere aos processos de consolidação e unitização das cargas.

Ano de 2000
Em vigor a partir de 1º de janeiro de 2000, os Incoterms 2000 consideraram o crescimento das zonas de livre comércio, o aumento de comunicações eletrônicas em transações comerciais e mudanças nas práticas relativas ao transporte de mercadorias, oferecendo uma visão mais simples e mais clara dos 13 Incoterms. Os processos negociais e logísticos têm incorporado, em seus aprimoramentos, tecnologias mais sofisticadas, o que fez com que os Incoterms passassem por diversas modificações ao longo dos anos.

Ano de 2011

A partir de 1º de janeiro de 2011, entrou em vigor a versão **Incoterms 2010**, que excluiu quatro termos da versão 2000 e incluiu dois novos. Assim, de 13 termos anteriores passou-se a 11. A Câmara de Comércio Exterior (Camex), por meio da Resolução n. 21 (Brasil, 2011a), adotou a discriminação da Publicação n. 715E, de 2010, da CCI, para fins de identificação da venda praticada, nos documentos e registros de controle dos órgãos da Administração Federal (Brasil, 2011a).

4.4 Representação e definição dos Incoterms

Os Incoterms são representados por siglas de três letras e definem os direitos e obrigações mínimas do vendedor e do comprador quanto às tarefas de movimentação e entrega do produto no comércio internacional. São 11 os **Incoterms 2010** propostos pela CCI, os quais devem especificar uma localização precisa (por exemplo: "FOB Santos", que corresponde a uma mercadoria embarcada em navio no Porto de Santos). Eles também são denominados *cláusulas de preço*, pelo fato de cada termo determinar os elementos que compõem o preço final da mercadoria, ou seja, adicionais aos custos de produto.

Esses termos são facultativos, constituindo-se de cláusulas padronizadas, reconhecidas e concebidas para evitar litígios, além de separar claramente comprador, vendedor, custos e riscos. Ademais, dissociam a transferência dos riscos da propriedade, que se refere à legislação base do contrato.

A classificação dos Incoterms se dá por **grupos**, obedecendo a uma ordem crescente nas obrigações do vendedor, quais sejam: **E** (EXW); **F** (FCA, FAS, FOB); **C** (CPT, CIP, CFR, CIF); **D** (DAP, DDP). As vendas referidas nos grupos compreendem aquelas efetuadas na partida e na chegada: as vendas na **partida**, caso dos grupos E, F e C (Quadro 4.1), deixam os riscos do transporte a cargo do comprador. Já nas vendas na **chegada**, os riscos são de responsabilidade do vendedor. No caso dos termos do grupo D, exceto o DAF (*Delivery at Frontier*, ou Entrega na Fronteira), o vendedor assume os riscos até a fronteira citada no contrato, e o comprador, a partir dela.

O Quadro 4.1 apresenta a hierarquia dos Incoterms com base nas obrigações do vendedor.

Quadro 4.1 - Incoterms com base na hierarquia de obrigações do vendedor

DESIGNAÇÕES	Retira na fábrica	Transporte principal pago pelo comprador			Transporte principal pago pelo vendedor				Custos de encaminhamento assumidos pelo vendedor até o destino		
Incoterm/Custo	EXW	FCA	FAS	FOB	CFR	CIF	CPT	CIP	DAT	DAP	DDP
Embalagem	V	V	V	V	V	V	V	V	V	V	V
Carregamento na fábrica	C	V	V	V	V	V	V	V	V	V	V
Pré-encaminhamento	C	V	V	V	V	V	V	V	V	V	V
Alfândega exportação	C	V	V	V	V	V	V	V	V	V	V
Manutenção na partida	C	C	C	V	V	V	V	V	V	V	V
Transporte principal	C	C	C	C	V	V	V	V	V	V	V
Seguro do transporte	C	C	C	C	C	V	C	V	V*	V	V
Manutenção na chegada	C	C	C	C	C	C	C	C	V	V	V
Alfândega importação	C	C	C	C	C	C	C	C	C	C	V
Pós-encaminhamento	C	C	C	C	C	C	C	C	C	C	V
Descarga na fábrica	C	C	C	C	C	C	C	C	C	C	V

Fonte: Adaptado de Transport-Export, citado por Santander Trade Portal, 2016.

Nota: V - Custos assumidos pelo vendedor; C - Custos assumidos pelo comprador; * Não obrigatório.

Os termos do Grupo C merecem atenção para que confusões sejam evitadas. Por exemplo: se o contrato de transporte internacional ou o seguro for contratado pelo vendedor, isso não implica que os riscos totais do transporte principal recaiam sobre ele.

> **Informações importantes**
>
> - A CCI seleciona como próprios ao transporte marítimo, fluvial ou lacustre os termos FAS, FOB, CFR, CIF, DES e DEQ.
> - Destinam-se a todos os meios de transporte, inclusive multimodais, os termos EXW, FCA, CPT, CIP, DAF, DDU e DDP. Entre esses, o DAF é o mais utilizado no terrestre.

Para melhor entendimento, apresentamos a seguir as definições das regras em cada um dos grupos dos **Incoterms 2010** (Santander, 2016).

Grupo E

- **EXW (*Ex Works*)**: A mercadoria é entregue no estabelecimento do vendedor, em local designado. O comprador recebe a mercadoria no local de produção (fábrica, plantação, mina, armazém), na data combinada, e todas as despesas e riscos cabem ao comprador (desde a retirada no local designado até o destino final). São mínimas as obrigações e responsabilidades do vendedor: caberá a ele colocar a mercadoria embalada para o transporte à disposição do comprador. Existe a possibilidade de o carregamento ser feito pelo vendedor, caracterizando o termo *"EXW Carregado"* (*EXW Loaded*); se utilizado esse processo, essa cláusula deve constar do contrato. Da mesma forma, o vendedor poderá prestar a assistência necessária ao comprador para obtenção de licença de exportação, seguro e outras informações requeridas, se assim solicitado e aceito.

Grupo F

- **FCA (*Free Carrier* – Franco Transportador ou Livre Transportador)**: É empregado para o transporte rodoviário, ferroviário ou aéreo. A obrigação do vendedor termina na entrega da mercadoria, desembaraçada para a exportação, à custódia do transportador nomeado pelo comprador, no local designado (o desembaraço aduaneiro é encargo do vendedor). O comprador escolhe o meio de transporte e o transportador com quem deseja fazer o contrato e paga o transporte principal. A transferência dos custos e riscos se dá no momento em que o transportador coleta a mercadoria. Ambas as partes devem acordar o local de coleta (terminal do transportador ou locais do vendedor). Da mesma forma, no FCA, o vendedor ajuda o comprador na documentação e no aporte para a segurança necessária às operações no comércio exterior, inclusive a entrega no destino final. Os riscos e custos dessa assistência são do comprador (Santander Trade Portal, 2016). Mais que em outros termos, no FCA deve-se indicar com exatidão o local designado. Por exemplo: a informação "FCA (Santos)" não é suficiente se o exportador está localizado em Santos. Trata-se de "FCA (fábrica em Santos)", ou "FCA (armazém de consolidação do transitário

X em Santos)", ou, ainda, "FCA (Cais X (Terminal Y) do Porto de Santos)". Se a entrega for feita em um local diferente dos locais do vendedor, como um terminal de transportes (rodoviário, ferroviário, aéreo ou marítimo), o vendedor encaminha a mercadoria até esse terminal, mas não é responsável pelo descarregamento do veículo – quem recepciona a mercadoria no terminal de transporte é o responsável pelo descarregamento.

- **FAS (*Free Alongside Ship* – Livre no Costado do Navio):** A obrigação do vendedor é colocar a mercadoria ao lado do costado do navio no cais do porto de embarque designado ou em embarcações de transbordo. A partir desse momento, o comprador assume os custos e riscos de perda ou avaria, uma vez que a mercadoria foi entregue ao lado do costado do navio. Nesse caso, o comprador indica o transportador, contrata e paga o frete. O vendedor somente faz a entrega FAS quando o navio estiver no cais, e a obtenção da licença de exportação ou outra autorização legal será por sua conta. No caso de importação, essa responsabilidade é do comprador. Desde os Incoterms 2000, o desembaraço da mercadoria (exportação) é de responsabilidade do vendedor, ao contrário da versão anterior, quando era de responsabilidade do comprador.

- **FOB (*Free on Board* – Livre a Bordo do Navio):** O vendedor, sob sua conta e risco, deve colocar a mercadoria a bordo do navio indicado pelo comprador, no porto de embarque designado. Compete ao vendedor atender às formalidades de exportação. Esse método é o mais usado nas exportações brasileiras por via marítima ou aquaviário doméstico. O comprador escolhe o navio, paga o frete marítimo e trata das formalidades da chegada, assumindo todos os riscos de perda ou dano à mercadoria entregue. É usual também a variante "FOB *Stowed*" ou "FOB *Stowed and Trimmed*" (FOB Estivado ou FOB Estivado e Equilibrado), por meio da qual o vendedor se responsabiliza pela totalidade dos custos com a mercadoria no porto de embarque. No entanto, importa indicar no contrato onde se situa a transferência de riscos. Da mesma forma que no FCA, o vendedor ajuda o comprador na documentação e no aporte para a segurança necessária para as operações no comércio exterior, inclusive a entrega no destino final. Os riscos e custos dessa assistência são do comprador.

Grupo C

- **CFR (*Cost and Freight* – Custo e Frete):** As despesas decorrentes da colocação da mercadoria a bordo do navio, o frete até o porto de destino designado e as formalidades de exportação (alfandegamento da mercadoria) ficam por conta do vendedor; já os riscos e danos da mercadoria, a partir do momento em que é colocada a bordo do navio, no porto de embarque, são de responsabilidade do comprador, que deverá contratar e pagar o seguro e os gastos com o desembarque. O vendedor fornece ao comprador, por sua conta, o documento de transporte usual até o porto de embarque designado, cobrindo as mercadorias (por exemplo: reclamação da mercadoria ao transportador; venda da mercadoria em trânsito). Esse documento deve, ainda, prestar todas as informações necessárias que permitam ao comprador tomar as medidas adequadas para a recepção das mercadorias. O CFR pode ser utilizado somente para transporte marítimo ou transporte fluvial doméstico.

- **CIF (*Cost, Insurance and Freight* – Custo, Seguro e Frete):** Termo semelhante ao CFR, que apresenta como obrigação adicional ao vendedor o seguro marítimo, além do frete da mercadoria até o porto de destino designado; todos os riscos, desde o momento em que a mercadoria transpõe a amurada do navio, no porto de embarque, são de responsabilidade do comprador. Este recebe a mercadoria no porto de destino e arca com todas as despesas, como desembarque, impostos, taxas e direitos aduaneiros. As importações CIF e CIP (serão abordadas adiante), que incluem seguros, são permitidas no Brasil, mas os importadores brasileiros, muitas vezes, preferem não utilizar esses termos de Incoterms, pois a contratação de seguro no país permite que negociem diretamente com uma empresa local, em língua portuguesa, com coberturas ajustadas à sua operação, taxas iguais ou melhores que as do mercado externo, franquias inferiores e cobertura para o percurso complementar entre o local de desembarque e o recinto do importador. Essa modalidade somente pode ser utilizada para transporte marítimo; nos casos de transporte rodoviário, ferroviário ou aéreo deverá ser utilizado o termo CIP.

- **CPT (*Carriage Paid to* – Transporte Pago até):** O vendedor gere a cadeia logística e, após o alfandegamento de exportação, escolhe as transportadoras e paga o frete até o local do destino indicado. O comprador assume o ônus dos riscos por perdas e danos a partir do momento em que a transportadora se encarrega da custódia das mercadorias, assim como os custos de alfândega de importação e de descarga da mercadoria. É importante a identificação dos custos da descarga no contrato de transporte, pois o comprador normalmente assume esses custos, exceto se estiverem incluídos no preço do transporte, o que significa que será por conta do vendedor. No termo CPT, a transferência de riscos e custos pode ocorrer em locais distintos, que as partes devem indicar no contrato o local de entrega. Esse termo pode ser utilizado independentemente da forma de transporte, inclusive multimodal.

- CIP (*Carriage and Insurance Paid to* – Transporte e Seguro Pagos até): O frete é pago pelo vendedor até o destino convencionado; as responsabilidades são as mesmas indicadas na CPT, acrescidas do pagamento de seguro até o destino. Os riscos e os danos se tornam responsabilidade do comprador quando o transportador assume a custódia das mercadorias. Pelo termo CIP, o vendedor só precisa fazer um seguro de cobertura mínima; se o comprador desejar uma cobertura maior, deverá obtê-la em acordo do vendedor, ou então fazer ele mesmo um seguro suplementar. Esse termo pode ser utilizado em qualquer forma de transporte, inclusive multimodal.

Grupo D

- DAT (*Delivered at Terminal* – Entrega no Terminal[2]): Na interpretação e negociação desse termo, têm sido adotados como "terminal" o aéreo, o ferroviário e o rodoviário, cais e armazém ou terminal de contêineres (*depot*), desde que a mercadoria esteja descarregada do veículo transportador internacional (avião, navio, caminhão, trem) e colocada à disposição do comprador. Para reduzir eventuais conflitos nas negociações, deve-se tomar o cuidado de estipular o local de entrega, informando o terminal e sua localização, pois alguns terminais contam com mais de um domicílio. Definido o terminal, comprador e vendedor devem firmar o local de entrega por escrito. É importante considerar que, no termo DAT, o local interpretado como terminal é um recinto alfandegado, com a presença da Autoridade Tributária Aduaneira, para realizar os procedimentos de

---

2 Terminal designado no porto ou no local de destino.

desembaraço. O vendedor deve colocar as mercadorias à disposição do comprador no terminal designado, na data ou nos prazos acordados, sendo responsável pelo transporte e pela descarga da mercadoria no terminal. Essa regra de Incoterms foi criada especificamente para o transporte em contêiner, mas também está adaptada ao transporte marítimo convencional, desde que o vendedor assuma os riscos do descarregamento do navio no porto de destino. Nesse caso, é necessário identificar o local de entrega (cais, ao longo do navio). Se o risco e o custo de transporte do terminal (DAT) até outro local que não o terminal forem de responsabilidade do exportador, a regra a ser utilizada deve ser DAP, e não DAT.

- **DAP (*Delivered at Place* – Entregue no Local de Destino/Local Designado)**: O vendedor deve colocar as mercadorias à disposição do comprador no local de destino designado, e o desembaraço aduaneiro de importação é de responsabilidade do comprador. Caso essa responsabilidade seja do exportador, a regra a ser utilizada deve ser DDP, que permite ao exportador o pagamento de taxas e impostos da importação no destino, ou seja, a operação será de total responsabilidade do vendedor, já que o DDP implica assumir todos os riscos e custos da venda. A única ressalva é que essa regra não é permitida na importação brasileira pelo fato exclusivo de a empresa importadora ter de ser o contribuinte dos valores (direitos aduaneiros na importação). Em outras palavras, não é permitido que algum valor proveniente de empresa em outro país, a título de pagamentos de impostos, entre no Brasil. Assim como era no DDU (excluído da lista geral, mas que veremos adiante), agora é no DDP.

- **DDP (*Delivered Duty Paid* – Entregue Direitos Pagos)**: O vendedor cumpre os termos de negociação ao tornar a mercadoria disponível no país do importador no local combinado e deixá-la desembaraçada para importação, porém, sem o compromisso de efetuar desembarque. O vendedor também assume os riscos e os custos referentes a impostos e outros encargos até a entrega da mercadoria. Esse termo representa o máximo de obrigação do vendedor, em contraposição ao EXW. O comprador toma posse das mercadorias no local de destino designado e assume os custos de descarregamento.

Como vimos, os Incoterms 2010 incluíram os termos **DAT** (*Delivered at Terminal*) e **DAP** (*Delivered at Place*), adotados para qualquer modalidade de transporte. Há algumas diferenças entre eles, quais sejam:

- o lugar de entrega é fora de um terminal (pode ser o próprio navio ou qualquer outro lugar);
- a responsabilidade sobre o risco e o custo de transporte após o terminal é do exportador.

É necessário atentar para à modificação de "da amurada do navio" para "a bordo do navio", importante na aplicação dos termos **FOB**, **CFR** e **CIF**. Nos Incoterms 2010, define-se que a entrega da mercadoria deixa de ser na amurada do navio para ser a bordo do navio, evitando erros de interpretação das regras.

Em relação aos Incoterms 2000, ao introduzir os termos DAT e DAP, os Incoterms 2010 substituíram os seguintes termos:

- DAF (*Delivered at Frontier*) – Entregue na Fronteira;
- DES (*Delivered Ex-Ship*) – Entregue no Navio;
- DEQ (*Delivered Ex-Quay*) – Entregue no Cais;
- DDU (*Delivered Duty Unpaid*) – Entregues Direitos Não Pagos.

Além dessas substituições, houve a alteração da definição de transferência de custos e riscos nos termos FOB, CFR e CIF. Os Incoterms 2010 foram discriminados pela CCI em sua Publicação n. 715E/2010, tendo sido referendada na Resolução Camex n. 21, de 7 de abril de 2011.

4.5 Utilização dos Incoterms

De acordo com o Santander Trade Portal (2016), há alguns cuidados básicos para a utilização dos Incoterms. São eles:

- Indicar no contrato de venda o termo escolhido, seguido do seu ano de referência, e o local designado. Por exemplo: "FOB Incoterms 2010, Porto de Santos". Notemos que um Incoterm é uma convenção, e não uma legislação, ou seja, pode-se utilizar um termo da versão 2000, mas **sempre** com a designação clara do ano de referência e com a vontade manifesta das partes envolvidas.

- Escolher o termo adequado é parte integrante da negociação comercial e, sendo assim, essa adequação deve ser clara, tendo em conta a capacidade organizacional da empresa, o meio de transporte utilizado, o nível do serviço que se pretende prestar ao cliente ou ter do fornecedor, e a consideração dos hábitos do mercado e das práticas da concorrência, entre outros fatores. O Incoterm escolhido deve, pois, ser adequado tanto às mercadorias a enviar quanto ao meio de transporte que vai ser utilizado.
- Especificar o local ou porto com precisão é essencial (por exemplo: "FCA – Av. Rui Barbosa, 256, Santos, São Paulo, Brasil, Incoterms 2010"). Para certos Incoterms, como CPT, CIP, CFR e CIF, o local designado pode não ser o mesmo local de entrega (por exemplo: pode se tratar do local de destino até onde o transporte está pago). O local de destino final da mercadoria deve ser preciso, de modo a evitar qualquer ambiguidade. O contrato de venda necessita explicitar o local acordado (por exemplo: "CIF Hamburgo, Incoterm 2010"), com a inclusão sistemática do local de referência (porto, fronteira etc.) na sigla utilizada.
- Ter o conhecimento e o entendimento (o operador) do significado de cada Incoterm e de sua sigla.
- Utilizar as variantes dos Incoterms com rigor, a fim de evitar confusões e interpretações equivocadas (por exemplo: "FOB USA").

Os Incoterms são normas aceitas em todo o mundo e, como todas as normas (da indústria, de qualidade, entre outras), sua designação não apresenta qualquer tipo de divergência. Sendo assim, deve-se utilizar apenas as abreviaturas normalizadas com suas referências explícitas.

> Lembre-se: a consulta a um especialista em comércio internacional pode ser recomendada, e esse especialista pode ser você!

Atualmente, o comércio internacional apresenta a tendência de os compradores (importadores) não quererem se responsabilizar pela logística, valorizando a posição do exportador. Conforme mencionamos, a negociação do termo do

Incoterm tem a ver com a posição ou o poder de negociação das partes, pois os custos de encaminhamento, quando bem geridos, podem se tornar uma fonte adicional de lucro.

Na operação do comércio exterior, sempre será necessário negociar bem os termos do contrato, principalmente em uma primeira transação e expedição de mercadorias; no caso de países de maior risco (questões econômico-financeiras, perdas, roubos, avarias etc.), é aconselhável a exigência de um crédito bancário idôneo como meio de pagamento.

4.6 Aspectos jurídicos dos Incoterms

Depois de explicitados nos contratos de compra e venda, os Incoterms passam a ter forma legal, com seu significado jurídico preciso e efetivamente determinado, simplificando e agilizando a elaboração das cláusulas dos contratos de compra e venda.

É importante a determinação da legislação de referência dos contratos, cabendo três alternativas (Santander Trade Portal, 2016):

1. **Legislação do país exportador**: Em geral, é a preferida do vendedor, que está familiarizado com o regramento de seu país.
2. **Legislação do país importador**: Pode ser conveniente ao vendedor se for mais favorável que a de seu país, porém exige conhecimento detalhado de suas particularidades.
3. **Legislação de um terceiro país**: Geralmente, é escolhida quando há conflitos comerciais, situação em que é conveniente a competência de um país neutro.

A escolha e a negociação do Incoterm são determinantes na rentabilidade de uma operação no comércio internacional e, do ponto de vista do vendedor (exportador), pode servir de margem de manobra para operar com preços que remunerem seu negócio. Essa condição, logicamente, depende do seu poder relativo de negociação.

Estudo de caso

Qual é o Incoterm mais adequado para a exportação de produtos a granel por empresas brasileiras?

Usualmente, professores da área de administração respondem a esse tipo de pergunta com uma contestação: "Depende, cada caso é um caso". Na exportação de produtos a granel, essa assertiva é verdadeira, pois o Incoterm que será explicitado no contrato internacional de compra e venda dependerá das circunstâncias e da capacidade (poder) de negociação das partes envolvidas.

Vejamos, por exemplo, com base na instrução programada *Aprendendo a exportar*, do MDIC, a composição de despesas para a formação de um preço CIF, conforme mostra o Quadro 4.2. Notemos que, com o termo CIF, essas despesas não são identificáveis pelo comprador (importador).

Quadro 4.2 – Despesas agregadas no termo de Incoterm CIF na exportação

DESPESAS/CUSTOS	RESPONSÁVEL	CONDIÇÃO
Preço do mercado interno com IPI e exclusão de despesas internas	Empresa exportadora (EE)	A empresa deve retirar todos os custos referentes ao mercado interno do produto.
Embalagem	EE ou operador logístico (3PL) contratado	Embalagem do produto e de seu transporte (paletes, filmes plásticos, outros)
Transporte interno	EE (veículos próprios, 3PL, transportadoras)	Volume, regularidade, especialização etc.
Desembaraço aduaneiro na exportação	EE ou despachante	Serviços especializados
Despesas portuárias	EE ou 3PL	Volume, regularidade etc.
Aluguel do contêiner (CC)	EE ou 3PL	Contêiner do armador ou de empresa de *leasing*. Quantidade e regularidade.
Transporte e seguro do CC até o costado do navio	EE ou 3PL	Depende de onde o CC será estufado e realizado o desembaraço aduaneiro.
Carga, descarga e estadia do CC	EE ou 3PL	Depende de onde o CC será estufado, descarregado e devolvido ao arrendatário.

(continua)

(Quadro 4.2 – conclusão)

DESPESAS/CUSTOS	RESPONSÁVEL	CONDIÇÃO
Capatazia e taxas portuárias	EE ou 3PL	Depende para onde o CC será destinado e descarregado.
Seguro internacional	EE	O termo CIF contempla o seguro do transporte da mercadoria.
Outras despesas	EE	Demais despesas: comissões de agentes, despesas financeiras, seguro do crédito financeiro e outras.
Valor CIF da mercadoria	EE	Valor que o comprador (importador) conhece.

Fonte: Elaborado com base em Brasil, 2016n.

*Nota: CC – contêiner; EE – empresa exportadora; 3PL – operador logístico.

O Quadro 4.2 demonstra a importância de um termo de Incoterm como o CIF, pela quantidade de despesas que engloba, possibilitando ao exportador obter margens maiores, tendo em vista a negociação com provedores contratados por ele para a prestação desses serviços. Por outro lado, o termo exige do exportador conhecimento e atuação em mercados especializados, como o do frete de transporte marítimo, em que é possível contratar diretamente o armador ou utilizar agências de transporte dedicadas (*Freight Forwarders, Non Vessels Operator Common Carriers* – NVOCC, entre outros).

Uma alternativa é a contratação de um operador logístico (*Third-Party Logistics Provider* – 3PL), que pode se encarregar do encaminhamento da mercadoria na cadeia logística como um todo – os principais armadores têm um braço de prestação de serviços logísticos (por exemplo: a Maersk Logística e a Aliança Navegação e Logística). Entretanto, em qualquer alternativa, a decisão negociada dependerá da relação entre as partes vendedora e compradora (poder de barganha), como se apresenta para o caso da exportação brasileira de produtos a granel.

No Porto de Santos, os granéis agrícolas (açúcar e soja) são geralmente comercializados com o termo FOB (ou com sua variante FOB estivado), não obstante a importância dos exportadores no mercado internacional de granéis. A opção mais comum é a exportação por meio de *tradings* internacionais, que conhecem e intermediam vendas e compras desses produtos no mundo. Recentemente, a Copersucar® e a Cargill® se associaram e criaram uma *trading* para atuar no mercado internacional do açúcar, o que deve ter reflexo no termo de Incoterm a ser utilizado.

Mas o mercado internacional é complexo, e as negociações podem assumir grandes dimensões, como demonstra o exemplo da Vale S.A. Segundo Spinetto (2015), essa empresa, principal exportadora mundial de minério de ferro, já contratou e recebeu os maiores navios graneleiros do mundo voltados para granéis sólidos, a série Valemax®, com a estratégia de verticalizar sua cadeia logística de exportação, à semelhança de sua logística doméstica, por meio da qual controla o transporte das minas por ferrovia no Nordeste (da Estrada de Ferro Carajás – EFC, junto ao porto de Itaqui, em São Luís, no Maranhão, até o Terminal Marítimo de Ponta da Madeira – TMPM, também em São Luís), e no Sudeste (Estrada de Ferro Vitória-Minas – EFVM e Porto de Tubarão, junto ao Porto de Vitória, no Espírito Santo).

Essa estratégia visou compensar, com base nas economias de escala dos grandes navios com capacidade de deslocamento de 400.000 t, a distância maior, em relação aos concorrentes australianos, no acesso ao principal mercado importador, a China. A iniciativa, no entanto, foi bloqueada por decisão do governo chinês de impedir o acesso desses grandes graneleiros a seus portos, alegando condições de segurança e risco ambiental.

Essa alegação pode ser associada ao fato de que o mercado de frete de navios graneleiros de grande porte e especializados em granéis sólidos tem uma participação significativa de armadores chineses. A Vale S.A., enquanto negociava com os chineses, implantou portos de transbordo na Malásia e em Omã, para atendimento ao mercado e, recentemente, a empresa chegou a um acordo com a Cosco, armadora chinesa, de *leasing* de parte da frota Valemax®, para operação de minério de ferro para a China, ou seja, uma operação de *leasing* apoiada em contratos de transporte de minérios. Nesse tempo, foi levantada a proibição de operação desses navios em alguns portos chineses.

> Esse relato demonstra que a condição de negociação no mercado internacional é fundamental para a determinação do termo de Incoterm contratado, e a constatação de ambas as partes (exportador/importador) da conveniência da operação de termos mais abrangentes (Grupo D), com mais condições e margem de manobra de atuação e de rentabilidade, depende da efetiva participação da empresa no comércio exterior. Algumas empresas brasileiras já têm essa condição.

Fonte: Elaborado com base em Spinetto, 2015, e Aprendendo a exportar, 2016.

Questões sobre o estudo de caso

1. Por que é importante a escolha do Incoterm? Quem é responsável por essa escolha?

2. No caso de importação de máquinas industriais da China, qual seria o Incoterm mais adequado para uma empresa com pouca experiência no comércio exterior?

3. Qual é o papel das *tradings* em transações de comércio exterior?

Perguntas & respostas

Como se justifica a utilização dos Incoterms nos contratos internacionais de compra e venda de mercadorias?

Os Incoterms são essenciais ao comércio internacional, porque representam os acordos entre as partes para designação e assignação das responsabilidades pelo encaminhamento dos produtos e assunção dos riscos inerentes às movimentações em longas distâncias. Essas negociações são complexas, pelo fato de envolverem idiomas, culturas e legislações diferentes. Assim, os Incoterms, estabelecidos por convenção e internacionalmente aceitos, tratam de regras internacionais, imparciais e de caráter uniformizador, base dos negócios internacionais para promover a harmonia e o entendimento no compartilhamento de riscos e custos e na solução de eventuais conflitos. O Incoterm, como um componente do contrato internacional de compra e venda, padroniza e interpreta as diferentes responsabilidades do comprador e do vendedor relacionadas à entrega dos bens vendidos.

Qual é a entidade responsável pela publicação dos Incoterms e como eles são utilizados no comércio exterior?

Os Incoterms foram criados em 1936 pela Câmara Internacional do Comércio (CCI), com sede em Paris, para definir, na estrutura de um contrato internacional de compra e venda, direitos e obrigações recíprocos e acordados entre exportadores e importadores. Dessa forma, eles representam as regras para administrar eventuais conflitos na interpretação de contratos internacionais relativos à transferência de mercadorias, às despesas decorrentes das transações e à responsabilidade sobre perdas e danos. A CCI publicou os primeiros Incoterms em 1936 e seguidas atualizações em 1945, 1953, 1967, 1970, 1976, 1980, 1990, 2000 e 2011. A partir de 1º de janeiro de 2011, entrou em vigor a versão Incoterms 2010, que excluiu quatro termos da versão 2000 e incluiu dois novos. Assim, de 13 termos anteriores passou-se a 11. Em 7 de abril de 2011, a Camex, órgão do MDIC, por meio de sua Resolução n. 21, adotou a discriminação da Publicação n. 715E, de 2010, da CCI, "Para fins de identificação da venda praticada, nos documentos e registros de controle dos órgãos da Administração Federal" (Brasil, 2011b).

Qual seria o termo dos Incoterms mais adequado para uma empresa que está iniciando suas atividades no mercado internacional?

Se levarmos em consideração, por exemplo, uma empresa que está iniciando no comércio exterior, o Incoterm apropriado pode ser aquele que pressupõe menor responsabilidade e custos: o EXW. Nesse caso, o comprador (importador) retira a mercadoria no local do vendedor (exportador). Logicamente, o Incoterm é condição negocial e depende do poder relativo dos envolvidos; portanto, o EXW e o DDP (entrega no local do comprador) representam condições diferentes de se lidar com preços e gerenciar custos de movimentação.

Síntese

Neste capítulo, nosso objetivo foi demonstrar a você, leitor, por meio da análise dos Incoterms, a quem cabem as responsabilidades sobre os pagamentos dos gastos logísticos, em conformidade com o contrato de compra e venda internacional. Os Incoterms, cuja versão mais atual é a de 2010, foram publicados e atualizados pela CCI e são globalmente aceitos, pois possibilitam o entendimento mútuo e universal da repartição de custos e riscos, ao se incorporarem nos contratos internacionais de compra e venda. Eles têm evoluído em sua definição, tornando obrigatória a explicitação do ano de referência e o local de referência.

Destacamos que as siglas de referência são compostas por três letras maiúsculas, e os conceitos dos termos são classificados em grupos, quais sejam: E (EXW); F (FCA, FAS, FOB); C (CPT, CIP, CFR, CIF); e D (DAP, DDP). Por exemplo: no termo EXW, toda a responsabilidade é do comprador; no DDP, toda a responsabilidade é do vendedor.

O conhecimento e a familiaridade com os Incoterms são essenciais para os negociadores do comércio exterior e para os operadores da logística internacional. A negociação e a conveniência de um termo de comércio são decorrentes do poder de barganha entre as partes envolvidas, assim como das estratégias das empresas que atuam no comércio mundial. Como verificamos, uma escolha adequada sem dúvida será determinante para o resultado dessas operações.

Questões para revisão

1. Com relação aos negócios internacionais, assinale a(s) alternativas corret(as):
   a) A complexidade das transações internacionais é decorrente de distância, tempos maiores de movimentação, legislações diferentes, moedas diversas e dificuldade de comunicação entre as partes.
   b) A documentação nas negociações internacionais dizem respeito à emissão de pedidos de informações (*Request for Information* – RFI), à solicitação de preços (*Request for Quotation* – RFQ) e à proposta de fornecimento de produtos ou prestação de serviços (*Request for Proposal* – RFP).
   c) A forma de estabelecimento de uma base comum de divisão de responsabilidades foi o estabelecimento dos Incoterms, que tratam desde a retirada do produto no ponto de fabricação até sua entrega no estabelecimento do comprador.
   d) Em escala crescente da assunção de riscos e custos pelo exportador, os grupos de Incoterms são: EXW; grupo F (FCA, FAZ, FOB); grupo C (CFR, CIF, CPT, CIP); e grupo D (DAT, DAP, DDP).

2. Qual é o componente mais significativo em um Incoterm: o frete terrestre, o frete marítimo ou o seguro da mercadoria? Justifique sua resposta.

3. Assinale (V) para verdadeiro e (F) para falso:
   ( ) O termo EXW exime o comprador (importador) de quaisquer responsabilidades e custos na movimentação do produto.
   ( ) O termo FOB significa que o vendedor (exportador) deve, sob sua conta e risco, colocar a mercadoria a bordo do navio indicado pelo comprador no porto de embarque designado. Além disso, ele assume as formalidades da exportação.
   ( ) O termo CIF significa que o vendedor (exportador) é responsável pelo frete marítimo da mercadoria até o porto de destino, assumindo todos os riscos, e pelo seguro marítimo. Por outro lado, o comprador (importador) recebe a mercadoria no porto de destino e arca com todas as despesas, como desembarque, impostos, taxas e direitos aduaneiros.

( ) O termo DDP é o mais simples de todos, e os riscos e responsabilidades são definidos após a entrega do produto para o comprador (importador). Eventuais divergências são compartilhadas com as alfândegas dos países.

( ) Na definição do Incoterm, deve-se explicitar o ano e o local específico de referência.

A sequência correta, de cima para baixo, é:

a) V, V, F, V, F.
b) F, F, V, V, F.
c) V, F, V, F, V.
d) F, V, V, F, V.

4. Por que os Incoterms estão estreitamente relacionados com o conceito de logística integrada?

5. Quanto à legislação que rege os contratos comerciais internacionais, assinale a(s) alternativa(s) **incorreta(s)**:
   a) Existem três possibilidadess referentes à legislação ou foro dos contratos: a do país exportador, a do país importador e a de um terceiro país. A opção depende do grau de conhecimento dos exportadores e importadores e sua conveniência.
   b) O Incoterm tem força legal e impositiva e é determinado na legislação dos países que assinaram acordos de concordância e aceitação.
   c) A escolha e a negociação do Incoterm são determinantes na rentabilidade de uma operação no comércio internacional e, do ponto de vista do vendedor (exportador), pode servir de margem de manobra para operar com preços que remunerem seu negócio.
   d) Um contrato internacional deve ser escrito no idioma da parte da negociação com maior poder de barganha. Cabe à outra parte providenciar a tradução juramentada.

Para saber mais

Um dos *sites* públicos mais bem estruturados para entender o comércio internacional é o do Ministério do Desenvolvimento, Indústria e Comércio Exterior (MDIC).

MDIC – Ministério do Desenvolvimento, Indústria e Comércio Exterior. Disponível em: <http://www.desenvolvimento.gov.br/sitio>. Acesso em: 6 jun. 2016.

Com relação aos Incoterms 2010, existem diversos *sites* que apresentam seus conceitos e exemplos de aplicações. Para citarmos um, recomendamos a visita ao Santander Trade Portal, de Portugal.
SANTANDER TRADE PORTAL. **Incoterms 2010**. Disponível em: <https://pt.santandertrade.com/expedicoes-internacionais/incoterms-2010>. Acesso em: 6 jun. 2016.

Outro *site* internacional interessante é o francês Transport-Export, com material disponível para aquisição.
TRANSPORT-EXPORT. Disponível em: <http://www.transport-export.net>. Acesso em: 6 jun. 2016.

As ilustrações do *site* da RM Seguros são muito interessantes. Acesse o endereço indicado e saiba mais.
RM Consultoria e Corretagem de Seguros Ltda. **Incoterms 2010**. Disponível em: <http://www.rmseguros.com.br/incoterms.htm>. Acesso em: 6 jun. 2016.

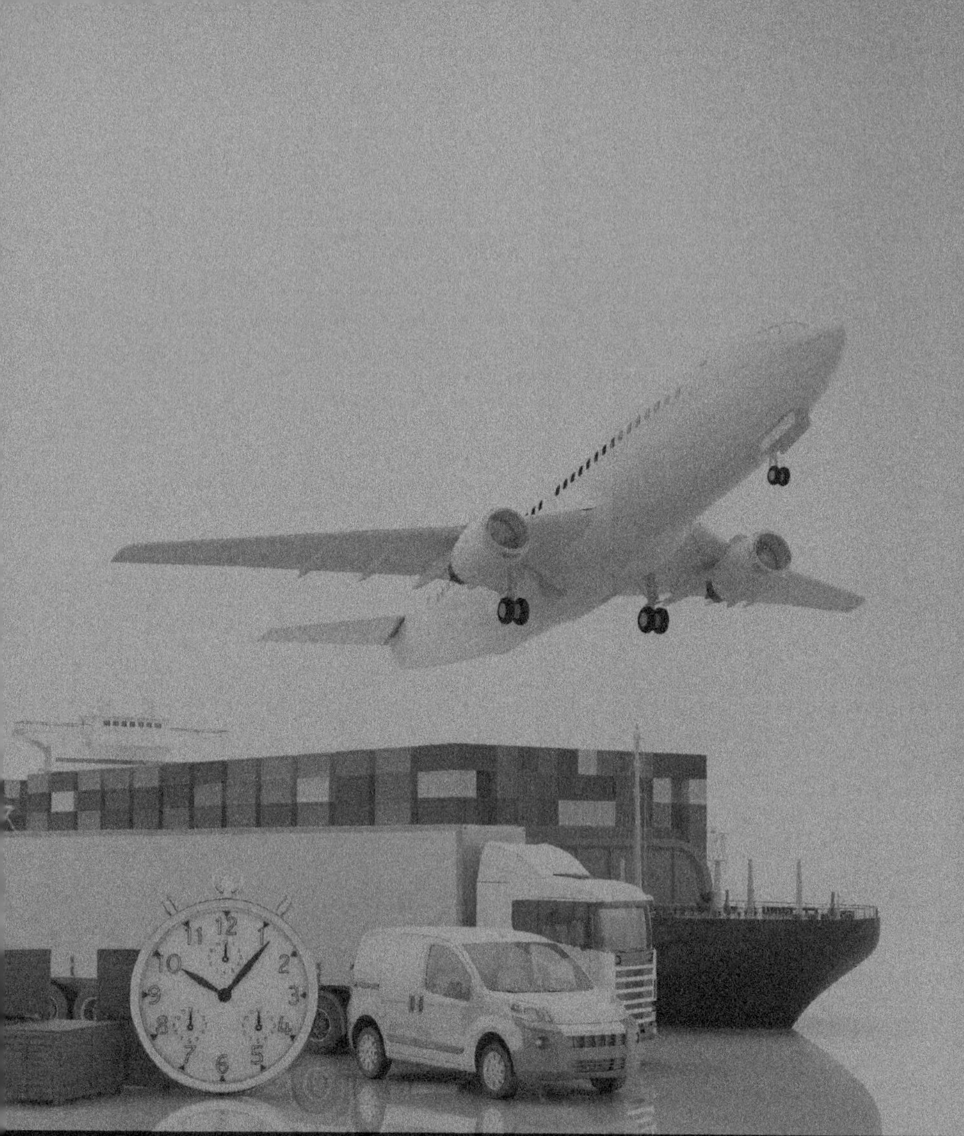

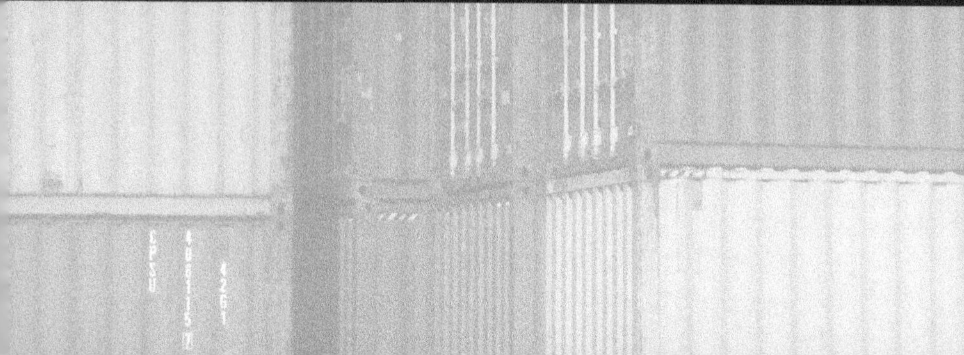

5
Operações de exportação e importação

Conteúdos do capítulo:

- Operações aduaneiras.
- Regimes aduaneiros.
- Documentação do comércio exterior.
- Questões financeiras, seguro e câmbio.
- Intermediários do comércio internacional.
- Operadores logísticos e *trading companies*.

ESTE CAPÍTULO trata de singularidades das operações logísticas internacionais. Demonstraremos que, além da gestão integrada dos componentes básicos da logística nas questões fiscais assumem importância as **questões aduaneiras** de legalização da exportação e importação de mercadorias, a necessidade de contratação de **seguros**, tendo em vista os riscos de encaminhamento, e o equacionamento e cuidado **financeiro** na transferência e recebimento de recursos.

A logística internacional atua no comércio exterior e, conforme estudamos nos capítulos anteriores, este se caracteriza pela movimentação de mercadorias entre países, muitas vezes envolvendo grandes distâncias, tempos maiores, comunicação interpessoal mais difícil (em função de fusos horários, idiomas etc.) e o fato de se estar fazendo negócios com pessoas ou empresas que não se conhece efetivamente. Essas condições levam à necessidade de contratação de seguros para o encaminhamento e a cobertura das transferências financeiras, as quais são intermediadas por organizações financeiras.

É comum a afirmação de que o comércio exterior é "uma via de duas mãos", ou seja, todos os países buscam *superávit* ou equilíbrio nas operações de exportação e importação com outros países e, para tanto, estabelecem acordos comerciais nos quais os governos se empenham, inclusive com sucessivas viagens, para o fomento ao comércio de e para os países visitados.

O caso brasileiro não é diferente: independentemente do sistema político ou partido no poder, ao longo do tempo, o governo tem envidado esforços para uma atuação mais significativa no comércio internacional. Um dos lemas adotados na década de 1970 foi "Exportar é o que importa". Atualmente, a visão internacional é de que o nível de exportações está ligado ao de importações em uma relação biunívoca de causa e efeito e, no Brasil, o que se discute é a desoneração das exportações e o esforço nacional de simplificação de procedimentos pela desburocratização dos procedimentos aduaneiros.

Notamos ainda o esforço para a incorporação de inovações e o desenvolvimento tecnológico dos produtos brasileiros e, principalmente, nos negócios de comércio exterior, com agregação de valor às exportações por meio do desenvolvimento de marcas reconhecidas, maior variedade de produtos, foco ao atendimento a vários nichos de mercado, serviços de entrega e logística rápida e segura, penetração nos canais de comercialização (*trading companies*), certificações e denominações de origem, de modo a diferenciar produtos, afastando-se da concentração em negócios de *commodities*.

Há muito para ser feito, e essa tarefa exige capacitação e entusiasmo. Nesse sentido, esta obra, em sua totalidade, pretende capacitar profissionais em logística internacional e compartilhar o entusiasmo na atuação em um setor que contribui efetivamente para o desenvolvimento econômico e melhoria das condições de vida da população brasileira.

5.1 Aduanas e intervenientes

As operações de exportação e de exportação exigem cuidados adicionais no que tange à sua consecução, ou seja, são submetidas a regras e procedimentos **aduaneiros** nos países de origem e de destino. A movimentação a grandes distâncias, com tempos maiores, e a intervenção de inúmeros agentes implicam riscos e a necessidade da contratação de **seguros** para o encaminhamento. Da mesma maneira, há que se garantir o pagamento das transações e, para tanto, a intervenção de agentes **financeiros** é essencial. As questões aduaneiras, as relativas a seguros e as financeiras (pagamentos e câmbio) são descritas a seguir na abordagem da logística internacional.

5.1.1 Aduanas

O Brasil faz parte da **Organização Mundial de Aduanas (OMA)** e tem atendido aos esforços dessa instituição para simplificação e racionalização dos procedimentos aduaneiros por meio do aumento da segurança às cadeias logísticas internacionais, de modo a contribuir para o desenvolvimento socioeconômico e assegurar a arrecadação de impostos e taxas e a facilitação comercial.

A OMA conta com a participação de 180 membros, três quartos dos quais são países em desenvolvimento. Os países-membros são responsáveis por 98% do comércio mundial (WCO, 2016a). Além disso, desenvolveu, por meio de seus membros, um documento denominado *Estrutura Normativa da OMA para a Segurança e a Facilitação do Comércio Internacional*, tendo em vista proteger e facilitar o comércio internacional, estabelecendo princípios e padrões para adoção pelos membros da OMA. O Brasil é signatário da OMA e tem desenvolvido estudos e medidas para o atendimento de suas diretrizes e a da Organização Mundial do Comércio (OMC), conforme aponta documento da Câmara do Comércio Exterior – CAMEX (Brasil, 2012a).

Em uma abordagem integrada para assegurar a segurança das cadeias logísticas internacionais e a facilitação do fluxo de comércio, as aduanas são incentivadas a elaborar acordos de cooperação com outros organismos governamentais. Dessa forma, busca-se a utilização de sistemas informatizados de gestão de riscos e a implantação de um conjunto de normas aduaneiras internacionais, desenvolvidas pela OMA, que não dupliquem nem contradigam outras exigências intergovernamentais.

A OMA apresenta a Estrutura Normativa para Segurança e a Facilitação do Comércio Internacional, cujos objetivos são (Wind Rose Import, 2016):

- Estabelecer normas que garantam a segurança e a facilitação da cadeia logística em nível global, a fim de promover certeza e previsibilidade;
- Implementar a gestão integrada de cadeias logísticas para todos os meios de transporte;
- Fortalecer o papel, as funções e as capacidades das aduanas para responder aos desafios e aproveitar as oportunidades do Século XXI;
- Fortalecer a cooperação entre as administrações aduaneiras, a fim de melhorar a capacidade de detecção de remessas de alto risco;
- Fortalecer a cooperação entre as aduanas e as empresas; e
- Promover a circulação ininterrupta de mercadorias por meio de cadeias logísticas internacionais seguras.

As administrações aduaneiras devem trabalhar em colaboração, adotando normas comuns e reconhecidas, a fim de maximizar a segurança e a facilitação da cadeia logística internacional durante a passagem de cargas e contêineres ao longo das diversas etapas do sistema de comércio global. O pilar Aduana-Aduana (relação entre a aduana do país de origem e a aduana do país de destino) atende a esse objetivo, constituindo-se em um mecanismo efetivo para a segurança da cadeia logística internacional contra os efeitos do terrorismo e outras formas de crime transnacional.

Tradicionalmente, as administrações aduaneiras inspecionam a carga na sua chegada aos portos e aeroportos nacionais. Hoje em dia, é possível inspecionar e examinar um contêiner ou um carregamento antes de sua chegada. Em virtude de sua autoridade e perícia sem paralelo, as administrações aduaneiras contribuem tanto para proteger quanto para facilitar o comércio global.

O princípio básico desse pilar é o uso de informações prévias transmitidas eletronicamente para a identificação de contêineres ou de cargas de alto risco, de modo a se identificar remessas de alto risco, o quanto antes, ao longo das cadeias logísticas, nos portos ou aeroportos de saída, ou mesmo antes. O intercâmbio eletrônico de informações deve, portanto, ser fundamentado em mensagens harmonizadas e interoperáveis. Além disso, é necessária a adoção de tecnologia de ponta para verificar remessas de alto risco, como aparelhos de raios X e de raios gama de grande porte, e aparelhos de detecção de radiação.

No Brasil, a administração aduaneira é de responsabilidade do MF, por meio da Secretaria de Receita Federal (SRF) do Brasil, a qual tem como competências:

- administração dos **tributos** internos e do comércio exterior;
- gestão e execução das atividades de arrecadação, lançamento, cobrança administrativa, fiscalização, pesquisa e investigação fiscal e controle da arrecadação administrada;
- **gestão e execução dos serviços de administração, fiscalização e controle aduaneiro;**
- repressão ao contrabando e descaminho, no limite da sua alçada;
- preparo e julgamento, em primeira instância, dos processos administrativos de determinação e exigência de créditos tributários da União;
- interpretação, aplicação e elaboração de propostas para o aperfeiçoamento da legislação tributária e **aduaneira federal**;
- subsídio à formulação da política tributária e **aduaneira**;
- subsídio à elaboração do orçamento de **receitas** e benefícios tributários da União;
- interação com o cidadão por meio dos diversos canais de atendimento, presencial ou a distância;
- educação fiscal para o exercício da cidadania;
- formulação e gestão da política de informações econômico-fiscais;

- promoção da integração com órgãos públicos e privados afins, mediante convênios para permuta de informações, métodos e técnicas de ação fiscal e para a racionalização de atividades, inclusive com a delegação de competência;
- atuação na **cooperação internacional e na negociação e implementação de acordos internacionais em matéria tributária e aduaneira**. (Brasil, 2016b, grifo nosso)

A função de arrecadação atua em sintonia com as políticas econômicas dos países para o estímulo da produção local, inibindo concorrências internacionais consideradas predatórias. Da mesma forma, as chamadas *barreiras não alfandegárias* podem assumir regulamentações diversas, como as ambientais e as trabalhistas.

Desse modo, as aduanas têm autoridade para recusar ou retardar a entrada ou a saída de carregamentos e mercadorias. As administrações aduaneiras exigem informações sobre as mercadorias importadas e, frequentemente, também sobre as mercadorias exportadas. Além disso, essas informações, dependendo das legislações nacionais, podem ser requeridas de forma antecipada à operação de comércio exterior.

> As aduanas desempenham um papel central na segurança e facilitação do comércio mundial, exercendo sua autoridade e perícia. Em uma abordagem integrada, as aduanas atuam também para aprimorar a segurança das **cadeias logísticas internacionais**.

No Brasil, a legislação aduaneira está disciplinada pelo Regulamento Aduaneiro, de acordo com o Decreto n. 6.759, de 5 de fevereiro de 2009 (Brasil, 2009), que atendeu a demandas internas e externas ao lado da SRF, para aumento da eficiência no controle aduaneiro e dinamização dos fluxos de comércio exterior. Além disso, a disciplina aduaneira brasileira foi adequada a marcos internacionais, como a Convenção de Quioto Revisada sobre Regimes e Procedimentos Aduaneiros, e regionais, tendo em vista o processo de harmonização da legislação aduaneira no Mercosul.

A *Convenção Internacional para a Simplificação e Harmonização dos Procedimentos Aduaneiros*, como também é conhecida a Convenção de Quioto, teve início em 1974, no âmbito da Organização Mundial de Aduanas – OMC (*World Customs Organization* – WCO), e foi revisada e atualizada para atender às exigências atuais dos governos e do comércio exterior. Essa revisão objetivou a implantação de controles mais simples e efetivos por meio de dispositivos legais facilitadores e foi efetivada em 3 de fevereiro de 2006 com os seguintes princípios-chave:

- transparência e previsibilidade das ações das alfândegas;
- padronização e simplificação das declarações de mercadorias e dos documentos de apoio;
- procedimentos simplificados para pessoas autorizadas;
- uso máximo da tecnologia de informação;
- controle alfandegário restrito ao mínimo necessário para o cumprimento destas regulamentações;
- uso de controles baseados em gerenciamento de riscos e auditorias;
- intervenções coordenadas com agências de fronteira;
- parcerias com o comércio. (WCO, 2016b, tradução nossa[1]).

No Brasil, o Regulamento Aduaneiro define três categorias de regime: o comum, com o pagamento de impostos sem nenhum procedimento especial; o especial, que permite exportação ou importação com isenção ou suspensão de pagamentos; e o especial aplicado a áreas que permitem a transferência de mercadorias para zonas secundárias, também com isenção ou suspensão de pagamentos. Vamos conhecê-las mais adiante.

O território nacional é dividido em zona primária e secundária da seguinte forma:

ZONA PRIMÁRIA: É composta de áreas demarcadas pelas autoridades aduaneiras locais, a saber:

- área terrestre ou aquática, contínua ou descontínua, nos portos alfandegados, em geral, junto aos cais;
- área terrestre, nos aeroportos alfandegados;
- área terrestre referida aos pontos de fronteira alfandegados.

ZONA SECUNDÁRIA: Compõe o restante do território aduaneiro, incluindo águas territoriais e o espaço aéreo.

1
- transparency and predictability of Customs actions;
- standardization and simplification of the goods declaration and supporting documents;
- simplified procedures for authorized persons;
- maximum use of information technology;
- minimum necessary Customs control to ensure compliance with regulations;
- use of risk management and audit based controls;
- coordinated interventions with other border agencies;
- partnership with the trade.

A Portaria RFB n. 3.518, de 30 de setembro de 2011 (Brasil, 2011b), define *alfandegamento* como

Art. 2º [...] a autorização, por parte da Secretaria da Receita Federal do Brasil (RFB), para estacionamento ou trânsito de veículos procedentes do exterior ou a ele destinados, embarque, desembarque ou trânsito de viajantes procedentes do exterior ou a ele destinados, movimentação, armazenagem e submissão a despacho aduaneiro de mercadorias procedentes do exterior, ou a ele destinadas, inclusive sob regime aduaneiro especial, bens de viajantes procedentes do exterior, ou a ele destinados e remessas postais internacionais, nos locais e recintos onde tais atividades ocorram sob controle aduaneiro.

O entendimento das questões aduaneiras é fundamental para a gestão da logística internacional e para a identificação dos cursos de ação necessários para a consecução das movimentações no comércio exterior.

O *site* da SRF (Brasil, 2014b) discrimina detalhadamente os **regimes aduaneiros especiais**[2], conforme resumimos a seguir:

ADMISSÃO TEMPORÁRIA: Regime que possibilita a entrada de bens no país, com objetivos e tempo definidos e suspensão total ou parcial do pagamento de impostos aduaneiros. Exige, ainda, o compromisso expresso de reexportação. Essas mercadorias podem ser:

- destinadas à realização/participação em eventos culturais, artísticos, científicos, comerciais e esportivos; para assistência e salvamento; para embalagem e transporte de bens; e para ensaios e testes, com suspensão total do imposto;
- máquinas e equipamentos para exploração econômica (provimento de serviços ou produção industrial), como arrendamento operacional, aluguel ou empréstimo. Os impostos são parcialmente suspensos, e seu pagamento será relativo ao tempo de permanência no país;
- destinadas a operações de melhoria ativa (montagem, renovação, recondicionamento, conserto, restauração, entre outros relativos ao próprio bem), sem o pagamento de impostos.

Esse regime de admissão temporária tem como foco mercadorias utilizadas:

---

2   Regimes aduaneiros especiais são operações do comércio exterior com benefícios fiscais de isenção, suspensão parcial ou total de pagamentos de impostos incidentes e definidos pelos arts. 307 a 503 do Decreto n. 6.759, de 5 de fevereiro de 2009, referente ao Regulamento Aduaneiro – RA (Brasil, 2009).

- em feiras, exposições, congressos e outros eventos científicos, técnicos, comerciais ou industriais;
- em eventos culturais e esportivos (por exemplo: provas da Fórmula 1);
- na promoção comercial, incluindo amostras sem destinação comercial e mostruários para vendedores;
- em atividade profissional temporária de não residente;
- por viajante não residente, se componentes de sua bagagem;
- em bens de propriedade de dignitários estrangeiros em visita ao país;
- em bens reutilizáveis para embalagem e manuseio de outros bens importados ou a exportar;
- em bens destinados a ensaios, testes, conserto, reparo ou restauração;
- em bens com uso econômico no Brasil (empregados no provimento de serviços ou na produção industrial).

REGIME DE *DRAWBACK*: Regime importante para o setor industrial, cujo objetivo é incentivar a exportação de bens. Nesse regime, os impostos pagos na importação de mercadorias e no mercado doméstico têm tratamento especial, desde que haja o compromisso e a efetiva exportação dos produtos nos quais os insumos foram utilizados. A lógica do regime é a de não exportar impostos, ou seja, os preços dos produtos nacionais tornam-se mais competitivos em um mercado globalizado como o atual. O regime no incentivo às exportações opera em três modalidades: isenção, suspensão e restituição. A isenção é o não recolhimento de tributos na importação de bens destinados à reposição de mercadorias importadas anteriormente com tributos; a suspensão é a não incidência de tributos em insumos para bens industriais a serem exportados; e restituição é a devolução de tributos pagos na importação de insumos para bens exportados (Brasil, 2014a).

REGIMES ADUANEIROS INFORMATIZADOS: Os regimes aduaneiros informatizados, os quais apresentamos no Capítulo 2, contam com o Regime Aduaneiro de Entreposto Industrial sob Controle Informatizado (Recof), que se destina a empresas industriais de porte médio a grande, com idoneidade fiscal, que realizam operações de exportação e importação e podem se beneficiar com a suspensão de impostos em compras nacionais e na importação. Além disso, existe o Recinto Especial para Despacho Aduaneiro de Exportação (Redex), que se constitui em um estabelecimento não alfandegado, em zona secundária, autorizado para o processamento do despacho aduaneiro de exportação, e representa uma opção para o desembaraço de mercadorias, de modo a agilizar trâmites aduaneiros, solucionar restrições relativas à falta de espaço nas áreas alfandegadas e reduzir os custos de armazenagem. Ele pode estar localizado no estabelecimento do próprio exportador ou em endereço específico para uso comum de vários exportadores, e a prestação de serviços de fiscalização aduaneira pode ser feita por equipe eventual ou permanente, dependendo da demanda desses serviços. A prestação de serviços aduaneiros, no Redex, fica condicionada ao cumprimento do disposto nas normas gerais estabelecidas para o despacho aduaneiro de exportação.

REGIMES ADUANEIROS ESPECIAIS EM TERMINAIS ALFANDEGADOS/ ÁREAS DEDICADAS: É regime essencial para as atividades logísticas, ao concentrar, consolidar e desconsolidar sem recolhimento de impostos. Os terminais alfandegados são áreas situadas na zona secundária (fora do polígono dos portos organizados) e se destinam ao recebimento de carga de importação ou de exportação controladas pela alfândega. Dessa forma, os terminais são dotados de áreas para armazenagem de cargas, pátio de contêineres, perfeito controle de entrada e saída de mercadorias, local e equipe de serviços aduaneiros. O acesso da carga a esses terminais é feito por meio do regime de trânsito aduaneiro. Alguns autores atribuem a implantação de terminais alfandegados como uma das justificativas da expansão comercial da China. No Brasil, os terminais alfandegados têm assumido diferentes nomes, mas todos representam o esforço de facilitação das operações de importação e exportação de mercadorias a serem processadas em território nacional. Em relação aos regimes aduaneiros especiais em áreas dedicadas, a área mais antiga e bem-sucedida é a Zona Franca de Manaus (Suframa), que compreende a área industrial e o centro comercial, cuja superintendência é ligada ao Ministério do Desenvolvimento, Indústria e Comércio Exterior (MDIC). Os mais conhecidos são os Portos Secos (*Dry Ports*), com origem nos chamados *Terminais Retro-Alfandegados* (TRAs), implantados em áreas secundárias para desafogar suas áreas primárias da presença física de mercadorias em processo de alfandegamento. Os Portos Secos são regulamentados pela Instrução Normativa n. 241, de 6 de novembro de 2002 (Brasil, 2002b), e, atualmente, existem 63 unidades em operação no Brasil, sendo 27 somente no Estado de São Paulo, 35 em 14 estados da Federação e uma unidade no Distrito Federal. Sua função é receber cargas diversas e prepará-las para exportação. No caso da importação, as mercadorias são recebidas ainda consolidadas para serem destinadas a despacho para consumo imediato ou a entreposto aduaneiro.

Assim, é possível armazenar a mercadoria pelo período desejado pelo importador (um ano, prorrogável até três anos) em regime de suspensão de impostos, com a possibilidade de a nacionalização ser feita de forma fracionada. Do ponto de vista do importador, sua transferência (transporte) da zona primária para o Porto Seco se dá no regime especial de Declaração de Trânsito Aduaneiro (DTA), que permite o transporte em território nacional com suspensão de tributos.

Outra configuração semelhante se refere às Zonas de Processamento de Exportação (ZPEs), que constituem áreas de livre comércio com o exterior e são destinadas à instalação de empresas voltadas para a produção de bens a serem exportados e consideradas zonas primárias para efeito de controle aduaneiro. As empresas instaladas nas ZPEs recebem tratamentos tributário, cambiais e administrativos específicos.

Atualmente, existem 22 ZPEs em diferentes fases pré-operacionais, distribuídas em 18 estados brasileiros, sendo:

- Região Norte (4) – Acre (AC); Araguaína (TO); Barcarena (PA); Boa Vista (RR).

- Região Nordeste (8) – Barra dos Coqueiros (SE); Ilhéus (BA); Macaíba (RN); Sertão (RN); Paranaíba (PI); Pecém (CE) ; São Luís (MA); Suape (PE).

- Região Centro-Oeste (3) – Bataguassu (MS); Cáceres (MT); Corumbá (MS).

- Região Sudeste (6) – Aracruz (ES); Fernandópolis (SP); Itaguaí (RJ); Teófilo Otoni (MG); Uberaba (MG); Vila Velha (ES).

- Região Sul (1) – Imbituba (SC).

Duas outras denominações ainda se apresentam ou apresentaram: os centros logísticos e industriais aduaneiros – (Clias) e as chamadas *plataformas logísticas*, as zonas de atividades logísticas – (ZALs). Os Clias foram criados por Medida Provisória em 2006, a qual foi rejeitada pelo Congresso Brasileiro e foi submetida ao Projeto de Lei n. 327/2006 do

Senado (Souza, 2006) que, todavia, foi retirado por decurso de prazo. No entanto, entre a proposição da MP e sua rejeição, algumas empresas foram homologadas como Clias e assim permanecem até hoje. As ZALs, por sua vez, permanecem no nível de estudos e sua criação seguiria o modelo europeu, notadamente espanhol, de configuração.

Embora haja um consenso entre os órgãos governamentais e interesse real por parte de agentes privados, as iniciativas de implantação de terminais alfandegados ainda se ressentem de medidas concretas para sua efetivação. Não resta dúvida de que sua implantação poderá contribuir para reduzir restrições do país ao comércio exterior, criação de riquezas e empregos nas suas áreas de influência.

5.2 Documentação de comercialização: exportação

No comércio internacional, os documentos são fundamentais e desempenham importantes funções. Uma negociação internacional formaliza-se por contrato, não necessariamente em uma forma preestabelecida, uma vez que pode ser uma carta ou um fac-símile (fax), em que se definam claramente as condições da operação. Para facilitar o intercâmbio comercial, alguns documentos são padronizados, com diferenças de modelos conforme o país importador.

A seguir, apresentamos os principais documentos de exportação (Sebrae, 2015).

Fatura proforma ou proforma *invoice*: Documento que inicia o negócio, após os contatos e a manifestação da intenção de sua realização. Ele é emitido pelo exportador ao importador para providência de Licença de Importação e outros usos de Fatura Proforma. O documento é similar à fatura definitiva, não representando obrigação de pagamento pelo comprador e, em geral, é emitido em inglês ou no idioma do importador.

REGISTRO DE EXPORTAÇÃO (RE): Documento eletrônico emitido e preenchido no Sistema Integrado de Comércio Exterior (Siscomex) pelo exportador ou representante legal, que registra a operação para fins de controle governamental.

PARA TRANSPORTE INTERNO DE MERCADORIAS: Utiliza-se Nota Fiscal.

PARA FINS DE EMBARQUE PARA O EXTERIOR: Utiliza-se Nota Fiscal; Registro de Exportação; Romaneio de Embarque ou *Packing List*; Conhecimento de Embarque; Conhecimento de Embarque Marítimo (*Bill of Lading* – BL); Conhecimento de Embarque Aéreo (*Airway Bill* – AWB); Conhecimento de Transporte Rodoviário (CRT); e Conhecimento de Transporte Ferroviário (Carta de Porte Internacional – TIF; DTA).

PARA FINS DE NEGOCIAÇÃO: Utiliza-se Fatura Comercial ou *Commercial Invoice*; Conhecimento de Embarque; Carta de Crédito; Borderô; Certificado ou Apólice de Seguro; Romaneio de Embarque ou *Packing List*; e Contrato de Câmbio.

PARA FINS FISCAIS E CONTÁBEIS: Utiliza-se Contrato de Câmbio; Comprovante de Exportação (CE) emitido pelo Siscomex após o desembaraço da mercadoria; Nota Fiscal; Certificado ou Apólice de Seguro; Conhecimento de Embarque; e Fatura Comercial ou *Commercial Invoice*.

OUTROS DOCUMENTOS QUE PODEM SER SOLICITADOS PELO IMPORTADOR: Certificados de Origem; Certificado Fitossanitário (CF), que certifica as condições sanitárias e de salubridade dos produtos; Certificado de Qualidade, o qual atesta a qualidade do produto exportado; e Certificado de Inspeção, que certifica a realização da inspeção da mercadoria antes do embarque e as boas condições desta.

A integridade e a fidedignidade dos dados constantes na documentação para exportação são determinantes para o sucesso das operações, pois elas permitem sua validação e proporcionam resultados esperados.

5.3 Documentação de comercialização: importação

O desembaraço aduaneiro na importação é feito após a comprovação da exatidão das informações do importador a respeito das mercadorias. Essa declaração de exatidão é conhecida como *despacho aduaneiro de importação*, que é processado pela Declaração de Importação (DI), registrada no Sistema Integrado de Comércio Exterior (Siscomex). Ele pode ser referente a duas categorias: o despacho para consumo e o despacho para admissão em regime aduaneiro especial ou aplicado em áreas especiais.

As alíquotas de impostos incidentes nas operações de importação estão explicitadas no Siscomex e variam conforme o tipo de bem importado, seu valor, país de origem, tipo da operação, qualidade do importador, entre outras condições. Geralmente, os documentos para a emissão da DI correspondem ao original do conhecimento de transporte ou equivalente; à fatura comercial original firmada pelo exportador; ao *packing list* (ou romaneio de carga), se cabível, entre outros eventualmente necessários em razão dos acordos internacionais ou legislações aplicáveis. Os documentos são encaminhados para fiscalização da SRF quando solicitados, e o importador deve preservá-los no prazo legal previsto, que pode variar, mas nunca é menor do que cinco anos.

Uma vez registrada a DI, inicia-se o procedimento de despacho aduaneiro com sua submissão à análise fiscal e seleção para um dos canais de conferência, o que é chamado de *parametrização*. Os canais de conferência são quatro: verde, amarelo, vermelho e cinza.

A importação no canal **verde** é desembaraçada automaticamente sem qualquer verificação. O **amarelo** significa conferência das informações dos documentos de instrução da DI. No **vermelho**, há, além da conferência documental, a conferência física da mercadoria. Já no canal **cinza**, são realizados o exame documental e a verificação física da mercadoria e é aplicado o procedimento especial de controle aduaneiro, para verificação de eventuais elementos de fraude, inclusive no que se refere ao preço declarado da mercadoria.

O despacho aduaneiro somente será realizado após o trâmite da DI, que implica o recolhimento dos impostos para regularização da carga.

5.4 Impostos que oneram as importações

Os impostos incidentes sobre as importações são os seguintes:

Imposto de Importação (II): Incide diretamente sobre a entrada da mercadoria no país, sendo fato gerador a data de registro da DI. Seu cálculo é feito com base nas alíquotas arbitradas pela Tarifa Externa Comum (TEC), baseada na codificação da Nomenclatura Comum do Mercosul (NCM). A base de cálculo para o II deve levar em conta as regras de valoração aduaneira determinadas pelo Decreto n. 1.355, de 30 de dezembro de 1994 (Brasil, 1994), e na formação dos valores se inclui o custo de transporte até o ponto de alfândega de entrada da mercadoria, encargos relativos à carga, descarga e manuseio, custo de seguro, além do efetivo valor da mercadoria.

Imposto sobre Produtos Industrializados (IPI): Normalmente, o IPI tem como fato gerador o desembaraço das mercadorias industrializadas, e a alíquota aplicada consta na Tabela de Incidência do Imposto sobre Produtos Industrializados (Tipi), com base de cálculo incluindo o valor aduaneiro, somado à parcela de II e dos encargos cambiais.

Imposto sobre Circulação de Mercadorias e Serviços (ICMS): O imposto estadual também tem como fato gerador o desembaraço da mercadoria, sendo que sua base de cálculo inclui o valor aduaneiro, acrescido do II, do IPI, do Imposto sobre Operações Cambiais (IOF) e despesas aduaneiras.

Adicional ao Frete para Renovação da Marinha Mercante (AFRMM): O imposto é recolhido pelo armador, que o destina ao Fundo da Marinha Mercante (FMM) para que atue na renovação e recuperação da frota marítima nacional. A alíquota é de 25% sobre o frete marítimo, incluindo, além desse valor, despesas de manipulação da carga nos portos de origem e destino.

Os impostos incidentes sobre a importação são federais, com exceção do ICMS.

5.5 Questões financeiras e de câmbio

A escolha da modalidade de pagamento é feita de comum acordo entre o exportador e o importador e depende, basicamente, do grau de confiança comercial existente entre as partes, das exigências do país importador e das disponibilidades das linhas de financiamento.

Na **remessa sem saque**, o importador recebe diretamente do exportador os documentos de embarque, sem o saque (*letra de câmbio*[3], na linguagem bancária). Essa modalidade de pagamento é de alto risco para o exportador, uma vez que, em caso de inadimplência, não há nenhum título de crédito que lhe garanta a possibilidade de protesto e início de ação judicial. No entanto, quando existe confiança entre o comprador e o vendedor, ela apresenta algumas vantagens: agilidade na tramitação de documentos e a isenção ou redução de despesas bancárias, entre outras.

No **pagamento antecipado**, o importador remete previamente o valor da transação, e depois o exportador providencia a exportação da mercadoria e o envio da documentação. Do ponto de vista cambial, o exportador deve providenciar, obrigatoriamente, o **contrato de câmbio**, antes do embarque, em um banco, por meio do qual receberá reais em troca da moeda estrangeira, em conversão ao câmbio do dia. Essa modalidade de pagamento não é muito frequente, pois coloca o importador na dependência do exportador.

As operações de crédito ao comércio exterior de prazo longo, ou seja, superiores a dois anos, oferecem um nível de risco para o qual os garantidores privados raramente se expõem. Essa lacuna de mercado é compensada por governos de países mais desenvolvidos pelas chamadas *Agências de Crédito à Exportação* (*Export Credit Agencies* – ECAs), que dispõem de financiamento e/ou garantias públicas para apoiar as exportações de bens e serviços de longo prazo e programas de curto prazo para micro e pequenas empresas. Os programas e escopo de atuação das ECAs foram fortalecidos a partir da crise financeira mundial de 2008 (Catermol, 2008).

---

3   Corresponde a uma ordem de pagamento em dinheiro, à vista ou a prazo.

> No Brasil, as garantias de crédito às exportações são concedidas pela União por meio do Seguro de Crédito à Exportação (SCE), com base no Fundo de Garantia à Exportação (FGE), cujos certificados são emitidos pelo MF.

As operações de comércio exterior envolvem riscos, os quais podem ser de dois tipos (Brasil, 2016q):

1. **Risco comercial**: É a possibilidade de o importador não pagar suas obrigações em decorrência de falência, concordata, liquidação extrajudicial, protesto, cobrança judicial ou extrajudicial, falta de pagamento de títulos ou outros documentos de crédito vinculados à exporta, ou não aceitação da mercadoria embarcada.

2. **Risco político**: É o inadimplemento do importador em razão de eventos políticos em seu país, a exemplo de guerras internas ou externas, revoluções, catástrofes naturais, embargos de importação e exportação, restrições à transferência de divisas, intervenções governamentais que impeçam o cumprimento do contrato, moratória governamental e suspensão de conversibilidade da moeda local em decorrência de moratória da dívida externa.

Uma das formas de se lidar com esses riscos é a **Carta de Crédito** ou **Crédito Documentário**, modalidade de pagamento mais comum no comércio internacional, pois oferece garantias maiores tanto para o exportador quanto para o importador. Ela é emitida por um banco a pedido de um cliente (o tomador do crédito), e esse banco se compromete a efetuar um pagamento a um terceiro (o beneficiário), contra entrega de documentos estipulados, no cumprimento dos termos e condições do crédito.

A Carta de Crédito é uma ordem de pagamento condicionada, ou seja, o exportador só terá direito ao recebimento se atender a todas as exigências por ela convencionadas, como valor do crédito, beneficiário e endereço, prazo de validade para embarque da mercadoria, prazo de validade para negociação do crédito, porto de embarque e de destino, discriminação da mercadoria, quantidades, embalagens, permissão ou não para embarques parciais e para transbordo, conhecimento de embarque, faturas e certificados.

5.5.1 Câmbio e condições de pagamento

Quanto ao regime de câmbio, há duas modalidades de importação: **com** ou **sem cobertura cambial**. O regime com cobertura cambial é o pagamento da mercadoria no exterior, pela compra de moeda estrangeira para saldar a dívida. Já no sem cobertura cambial, não há pagamento da mercadoria no exterior e é feito em moeda nacional, portanto não ocorre a contratação de câmbio. As importações em cobertura cambial podem ser **sem ônus**, como investimento estrangeiro, doação, empréstimo e remessas para testes ou doações, ou **com ônus**, como aluguel, empréstimo a título oneroso, *leasing* e importação em moeda nacional.

5.6 Seguro de transporte internacional

A complexidade do seguro de transportes decorre da grande variedade de cargas, tipos de transporte, mercadorias, embalagens, perecibilidade, destinos, períodos cobertos, tipos de cobertura (completa, parcial), frequência de ocorrências e de valores indenizados. No Brasil, os seguros obrigatórios nas operações de transporte são regulamentados pelo Decreto n. 61.867, de 7 de dezembro de 1967 (Brasil, 1967), tanto para os proprietários das cargas quanto para os transportadores.

Os seguros de cada uma das partes são específicos, com apólices próprias, como os que são apresentandos a seguir:

Seguro do dono da carga: Seguro de bens destinado a garantir determinado patrimônio físico durante seu transporte terrestre, aéreo ou sobre águas (marítimo, fluvial e lacustre); dependendo do percurso, uma única apólice pode admitir mais de uma forma de transporte (multimodal).

Seguro de responsabilidade civil: Contratado pelo transportador, abrange vários tipos de cobertura, para garantir ao transportador o reembolso de indenizações que ele seja obrigado a pagar para reparar danos à carga que transportava.

Os seguros de responsabilidade civil do transporte de carga se enquadram na categoria de seguros obrigatórios e se referem tanto a transporte doméstico como internacionais, conforme listado a seguir:

- **RCTR-C: Responsabilidade Civil do Transportador Rodoviário de Carga** – Garante ao transportador rodoviário o reembolso de indenizações que tenha de pagar por prejuízos causados às mercadorias transportadas sob sua responsabilidade, em caso de acidente rodoviário no transporte, como colisão, capotagem, abalroamento, tombamento, incêndio ou explosão. [...]
- **RCTA-C: Responsabilidade Civil do Transportador Aéreo de Cargas** – Garante ao transportador aéreo o reembolso de indenizações que ele for obrigado a pagar por perdas e danos sofridos pelos bens ou mercadorias de propriedade de terceiros durante o transporte. A cobertura desse seguro está relacionada a acidentes aéreos que venham a danificar a carga.
- **RCA-C: Responsabilidade Civil do Armador – Cargas** – O transportador aquaviário tem a garantia de reembolso de indenizações que ele for obrigado a pagar por prejuízos causados às cargas sob sua responsabilidade. É o seguro obrigatoriamente contratado por transportadores marítimos, fluviais e lacustres, possuindo coberturas amplas e restritas. Pode ser contratado tanto para viagens nacionais quanto para internacionais.
- **RCTR-VI: Seguro Responsabilidade Civil do Transportador em Viagem Internacional (Danos à Carga Transportada)** – A circulação dos meios de transporte no Mercosul (Brasil, Argentina, Paraguai e Uruguai) tem a cobertura da carga transportada nesses países. Garante perdas ou danos sofridos pelos bens ou mercadorias de propriedade de terceiros que são transportados, da origem ao destino final, desde que causados por colisão, capotagem, abalroamento, tombamento, incêndio ou explosão do veículo transportador. (TSS, 2016)

Além dos seguros de responsabilidade civil obrigatórios, existem outros que podem ser contratados voluntariamente. Entre eles, destaca-se:

- **RCF-DC: Responsabilidade Civil Facultativa do Transportador Rodoviário por Desaparecimento de Carga** – [...] garante riscos contra roubo de cargas transportadas. A cobertura abrange roubo por ameaça grave ou violência, e também o chamado desaparecimento de carga (quando o veículo transportador é levado pelos bandidos. (TSS, 2016)

5.7 Intermediários e agentes do comércio internacional

A complexidade das inter-relações no comércio exterior e, assim, na logística internacional, faz com que, usualmente, as empresas se valham de intermediários e agentes especializados que atuem com o propósito de dar atendimento às suas exigências, assessorando embarcadores desde o ponto de origem até o destino. Os principais são os despachantes aduaneiros, os especialistas em trâmites alfandegários, os agentes do transporte internacional, que intermediam a contratação de transporte por parte de embarcadores, e as *tradings companies*, que atuam como canais do comércio mundial na ligação entre importadores e vendedores.

O **despachante aduaneiro** é um prestador de serviço com conhecimento das necessidades de seus clientes, desde os tratamentos administrativos iniciais até as necessidades específicas de entrega e armazenamento da carga. Ele pode praticar, em nome de seus representados, os atos relacionados com o despacho aduaneiro de bens ou de mercadorias transportados por qualquer via, na importação ou na exportação. Sua principal função é a formulação da declaração aduaneira de importação ou de exportação, ou seja, a proposição da destinação a ser dada aos bens submetidos ao controle aduaneiro, indicando o regime aduaneiro a ser aplicado às mercadorias e comunicando os elementos exigidos pela alfândega para aplicação desse regime. A condição de representante de uma empresa na prática dos atos relacionados com o despacho aduaneiro exige seu credenciamento no Siscomex (Brasil, 2016c).

Os **agentes do transporte internacional** realizam a contratação dos serviços de transporte, qualquer que seja o modal, como agentes especializados (pessoas ou empresas) e elos entre donos de cargas e embarcadores com os transportadores. No transporte marítimo, assim como em outros modos, se apresentam os agentes de carga ou *freight fowarders*, que são pessoas físicas ou jurídicas que providenciam os serviços de contratação de frete internacional e nacional com as agências marítimas, companhias aéreas e demais transportadores. Esses agentes também acompanham os serviços de consolidação e desconsolidação de cargas, armazenagem e distribuição de mercadoria. Em relação às questões aduaneiras e fiscais, prestam assessoria para contratação de seguro, coleta e outros serviços logísticos.

O transporte também pode ser contratado diretamente com as armadoras, como a Hamburg Süd®, a Maersk Line e a CGA-CGM, ou lançar mão de intermediários, o que dependerá do porte da empresa embarcadora ou do tamanho e frequência dos lotes de transporte. Notemos que todas as armadoras internacionais operam no Porto de Santos, o principal porto da Costa Leste da América do Sul.

Os agentes de intermediação no transporte marítimo são:

AGÊNCIAS MARÍTIMAS: Conforme mencionamos anteriormente, atuam como representantes de vendas de transporte com os embarcadores e como apoio às operações em terra.

NON VESSEL OPERATOR COMMON CARRIER (NVOCC): Como vimos anteriormente, é o transportador efetivo das mercadorias, assumindo todos os riscos inerentes à operação de transporte como um transportador marítimo não proprietário de navios. O NVOCC opera contêineres com vários embarcadores e até mesmo com outros agentes NVOCC. Ele tem por finalidade consolidar pequenos volumes de mercadorias em um contêiner, acompanhando a carga desde o armazém do fornecedor até o porto de destino, tomando as providências aduaneiras exigidas de acordo com a carga nos órgãos da RFB e o Departamento de Marinha Mercante.

Os NVOCCs surgiram com o serviço de prestação de serviço *Liner* (como estudamos no Capítulo 4) e criaram, para os pequenos embarcadores, a possibilidade de embarque sem a necessidade de pagamento de frete de um contêiner, isto é, a posição de um *slot*, por dividir o espaço do contêiner com outros pequenos exportadores. A consolidação (unitização) e a desconsolidação (desunitização) de cargas no contêiner são realizadas pelos NVOCCs. Nas operações no porto de origem, esse transportador precisa designar um transportador correspondente no porto de destino, o qual será responsável pelo desmembramento do embarque e descarregamento do contêiner. Esse NVOCC no destino também deve devolver o contêiner ao armador.

Zanethi (2016) apontou que o NVOCC é responsável pela emissão do conhecimento de transporte, ao receber do armador um Conhecimento de Embarque Marítimo em seu nome, o que o caracteriza como embarcador da mercadoria perante o proprietário do navio (armador), devendo, em seguida, emitir um novo BL, chamado de *BL House*, representando as cargas. Este deve ser entregue ao proprietário da mercadoria.

5.8 Operadores logísticos internacionais e *trading companies*

Para dar atendimento às operações de exportação e importação, os agentes de cargas brasileiros trabalham em conexão com os agentes de cargas internacionais, alguns como representantes exclusivos, outros como parceiros comerciais locais. Os principais operadores logísticos mundiais operam no Brasil com importância crescente, e entre os serviços oferecidos se destacam:

- a contratação de frete aéreo com serviços porta a porta (*door-to-door*);
- a contratação de frete marítimo com serviços porta a porta;
- o planejamento e a otimização de redes de transporte;
- a realização do transporte e pagamento de faturas;
- a consolidação de cargas em trânsito;
- os sistemas e o controle de segurança;
- o controle de Termos Internacionais de Comércio (Incoterms), do EXW ao DDP;
- as cartas de crédito e BL negociáveis;
- o seguro da carga;
- a consolidação/desconsolidação de cargas e operações por NVOCC;
- o sistema global de rastreamento (*Track & Trace*) – visibilidade da cadeia de suprimentos pela internet;
- os despachos aduaneiros, o licenciamento (exportações e importações) e as certificações de segurança (C-TPAT[4], AMS[5]);
- o *drawback* de encargos aduaneiros;
- a armazenagem com adição de valor (controle de inventários e gerenciamento de fornecedores).

Como vemos, uma ampla gama de serviços é oferecida, e a escolha do operador logístico deve levar em conta, por parte da empresa importadora ou exportadora, a avaliação de sua necessidade pelo porte da negociação, sua

---

4 De acordo com Procomex (2016), o C-TPAT é um programa de segurança da cadeia logística criado pelos Estados Unidos após os atentados de 11 de setembro de 2001. É um programa voluntário de certificação para facilitar aos importadores norte-americanos a movimentação de carga, com inspeções menos rígidas e frequentes. O C-TPAT contém regras de exportação apenas para o modal aéreo.
5 AMS, que significa *Automated Manifest System*, é um sistema de manifesto automatizado.

experiência nesse tipo de negócio, a reputação do operador logístico e, logicamente, os custos envolvidos. Notemos que um operador logístico trabalha no sistema de *single shopping*, ou seja, a negociação principal é com ele, que pode subcontratar fornecedores dos serviços requeridos.

O Quadro 5.1 apresenta os dez principais operadores logísticos internacionais que atuam no mundo inteiro, nos mais diversos setores econômicos, como o automotivo, de bens industriais, de bens de consumo, de computadores e eletrônicos, de produtos químicos, de materiais de saúde e medicamentos, de artigos de vestuário e de alimentos e bebidas.

Quadro 5.1 – Principais operadores logísticos internacionais

Ranking receitas	Operador logístico	Sedes	Empregos	Foco de negócios
1	Exel plc Exel Americas	Inglaterra EUA	74.000	Bens de consumo; varejo; computadores e eletrônicos; setor automotivo; produtos químicos; saúde e medicamentos.
2	Kuehne & Nagel International Kuehne & Nagel Logistics, Inc.	Suíça	19.000	Setor automotivo; bens industriais; saúde e medicamentos; produtos de alta tecnologia; varejo/bens de consumo.
3	Schenker	Alemanha EUA	36.000	Setor automotivo; computadores e eletrônicos; bens de consumo; saúde e medicamentos.
4	DHL Danzas Air & Ocean Deutsche Post World Net	Suíça EUA	13.000	Eletrônicos; setor automotivo; bens de consumo; produtos químicos; bens industriais.
5	P&O Nedlloyd P&O Nedlloyd Ltd	Holanda EUA	10.000	Varejo; bens de consumo de transporte rápido; bens industriais; produtos químicos.
6	TPG/TNT TNT Logistics North America	Holanda EUA	40.000	Setor automotivo; eletrônicos; trilhos, pneus; bens de consumo; equipamentos e acessórios; maquinário pesado.

(continua)

(Quadro 5.1 – conclusão)

Ranking receitas	Operador logístico	Sedes	Empregos	Foco de negócios
7	Panalpina	Suíça EUA	12.000	Setor automotivo; computadores e eletrônicos; petróleo e gás; bens de consumo; bebidas; artigos de vestuário; saúde e medicamentos.
8	UPS Supply Chain Solutions	EUA	22.000	Computadores e eletrônicos; telecomunicações; saúde e medicamentos; setor automotivo; varejo; bens de consumo.
9	Nippon Express Nippon Express U.S.A., Inc.	Japão EUA	15.000	Setor automotivo; saúde e medicamentos; computadores e eletrônicos; bens industriais.
10	C.H. Robinson Worldwide	EUA	4.100	Tecnologia; alimentos e bebidas; varejo; produtos de papel e materiais impressos; produtos agrícolas; bens de consumo.

Fonte: Elaborado com base em Foster; Armstrong, 2015.

As *tradings companies* se constituem também em agentes importantes no comércio exterior, dominando praticamente o mercado internacional de *commodities*. No comércio exterior brasileiro, sua participação, assim como das empresas comerciais exportadoras, ainda é pequena (7,8% em 2014), e sua atuação tem se concentrado na comercialização de minérios e *commodities* agrícolas (Brasil, 2016h). No entanto, o governo brasileiro tem atuado para incentivar sua atuação como facilitadoras, consultoras e representantes em subsídio às exportações de pequenas e médias empresas que não têm estrutura para o comércio exterior.

Pereira e Boavista (2010) resumem os principais serviços das *tradings companies* da seguinte forma:

- intermediação comercial;
- prospecção comercial (estudos de mercado, identificação de clientes, canais de comercialização etc.);
- ações de promoção comercial (feiras, material promocional, propaganda, encontros de negócios etc.);
- apoio logístico (preparação de documentação, contratação de transporte doméstico e internacional, armazenagem, serviços alfandegários etc.);

- apoio à organização da produção e à adaptação de produtos (regulamentos e normas técnicas, *design*, etiquetagem, embalagem etc.);
- serviços financeiros (gerenciamento de risco e seguros, estruturação de operação de financiamento, pagamento a fornecedores etc.).

No Brasil, atuam as principais *tradings companies* mundiais ligadas ao agronegócio: Glencore®, Cargill®, Archer Daniels Midland Company (ADM), Bunge® e Dreyfus. Vale destacamos ainda o papel da Agência Brasileira de Promoção de Exportações e Investimentos (Apex-Brasil), órgão do MDIC.

Nesse contexto, o setor de comércio exterior no Brasil é e será importante para o desenvolvimento da economia do país, e a sofisticação e a diversidade de mercados que se apresentam requerem profissionais capacitados e envolvidos nesse setor desafiador, mas recompensador.

Estudo de caso

Alibaba® Group

Neste estudo de caso, conheceremos as operações de importação de produtos chineses com base no *marketplace* Alibaba®. A China, conforme já mencionamos, é um dos principais países do comércio mundial, e a interação com fornecedores chineses tem se tornado cada vez mais comum e até mesmo imprescindível. Um dos principais *sites* de *e-commerce* é o Alibaba.com®, grupo empresarial com sede na cidade de Hangzhou, próximo a Xangai, China, e é considerada a maior empresa de comércio *on-line* do mundo, com um volume de transações de US$ 248 bilhões em 2014. Atualmente, conta com 250 milhões de compradores ativos na China e é responsável por 60% do volume de entregas no país (Dvorak, 2016; The World's..., 2013). As operações de venda realizadas no sistema *e-commerce* compreendem o acesso a lojas virtuais pela internet.

No *site* do Alibaba®, são realizadas transações *on-line* de *business to business* (B2B), de empresa para empresa de maior vulto, e no *site* do Aliexpress.com, são feitas transações *customer to business* (C2B), similar ao varejo, ambos com pagamentos *on-line*. A Figura 5.1, elaborada por Côrtes (2010), apresenta um fluxograma proposto para o processo de seleção de fornecedores na China, destacando ainda os componentes básicos da gestão logística da importação.

Figura 5.1 – Fluxograma de processo de importação da China

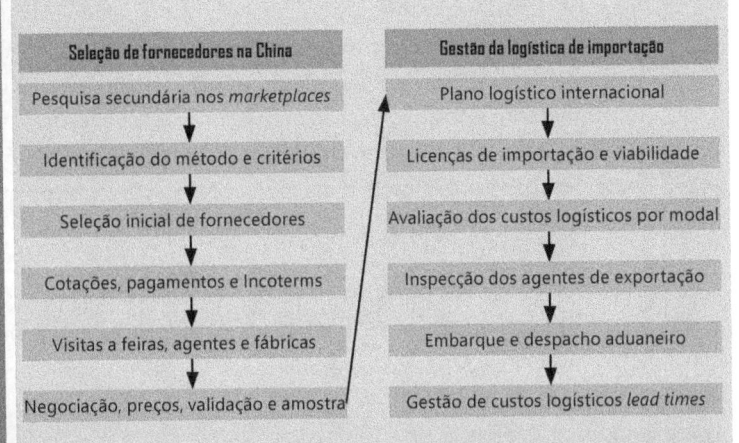

Seleção de fornecedores na China	Gestão da logística de importação
Pesquisa secundária nos *marketplaces*	Plano logístico internacional
↓	↓
Identificação do método e critérios	Licenças de importação e viabilidade
↓	↓
Seleção inicial de fornecedores	Avaliação dos custos logísticos por modal
↓	↓
Cotações, pagamentos e Incoterms	Inspecção dos agentes de exportação
↓	↓
Visitas a feiras, agentes e fábricas	Embarque e despacho aduaneiro
↓	↓
Negociação, preços, validação e amostra	Gestão de custos logísticos *lead times*

Fonte: Adaptado de Côrtes, 2010, p. 22.

O processo de importação se inicia por uma pesquisa secundária em *marketplaces*, como o Alibaba®, importantes *sites* de *e-commerce* da China. A pesquisa se baseia em métodos e critérios, como a reputação dos fornecedores (no caso do Alibaba®, os *gold suppliers*) e, com base em uma seleção inicial, detalha-se o levantamento com a identificação de preços, das condições de pagamento e das possibilidades de Incoterms a operar.

A visita a feiras comerciais e a fábricas de potenciais fornecedores dependerá do volume e do tipo de necessidade de mercadorias em negociação. Em seguida, iniciam-se as negociações de preços e a verificação da qualidade do produto (por exemplo, via amostra), e então os negócios são fechados. O próximo passo é o planejamento logístico da movimentação internacional, o início dos trâmites de obtenção de licenças de importação (LI) e a avaliação dos custos logísticos para decisão do modal de transporte a ser utilizado.

Depois da decisão de realização do transporte, fecham-se os trâmites aduaneiros referentes à exportação da China e às condições de embarque da mercadoria e já se procede à preparação do despacho aduaneiro de nacionalização. A movimentação deve ser acompanhada e a mercadoria, rastreada, para se ter segurança à entrega e ao *lead time* de transporte (tempo decorrido da expedição do produto na China e seu efetivo recebimento no Brasil).

Nessas operações é comum a utilização de um operador logístico, pois a distância e o conhecimento das particularidades do país são fundamentais para a realização dos negócios. A seguir, resumimos as características dessas operações, partindo da identificação de um fornecedor e posterior fechamento das negociações comerciais. Ao se contratar um operador logístico, ele necessita de informações para dimensionar sua tarefa e, assim, solicitar no primeiro contato:

- Peso e dimensão da mercadoria após embalagem.
- Especificidade da carga: líquido ou sólido? (é possível ser óleo, tinta ou qualquer outro produto químico; bateria; alimentos; remédios; produtos ou embalagens frágeis; inflamável; perecível etc.).
- Há necessidade de inspeção especial pela vigilância sanitária ou fumigação da carga?
- Que tipo de Incoterm foi negociado com o seu fornecedor?
- Localização e destino da mercadoria.

Outra questão básica é a discriminação de suas responsabilidades, que podem compreender os seguintes pontos:

1. A contratação da operação logística;
2. A movimentação e o transporte da mercadoria da fábrica ou centro de distibuição para armazém no porto/aeroporto, que pode corresponder: ao frete marítimo, aéreo, rodoviário e a serviços de correio expresso; à armazenagem, com determinação dos locais, formas e valores a serem pagos; às operações de consolidação das cargas, ou seja, a coleta de produtos de fornecedores diferentes e sua concentração nos armazéns designados e contratados; às operações de embalagem, isto é, o acondicionamento dos produtos em caixas de papelão ou de madeira, sua preparação para transporte com filmes protetores, disposição em bandejas, paletes para empilhamento e mesmo a estufagem em contêineres.

3. A preparação do despacho aduaneiro (*invoices* e demais documentos exigidos tanto na exportação quanto na nacionalização do produto no destino).

4. O desembaraço da mercadoria no destino.

A expansão chinesa no comércio exterior muito se deve ao bom funcionamento e sucesso na utilização de *marketplaces* como o do Alibaba®. No entanto, cabe aos importadores tomarem os devidos cuidados para operações bem-sucedidas, sendo determinantes a escolha do fornecedor (exportador chinês) e a utilização de um operador logístico internacional com experiência nas relações com a China e no tipo de produto que se está importando. Negociações internacionais somente são produtivas quando realizadas com segurança e com fluxos físicos de informação e financeiros sólidos e confiáveis.

Questões sobre o estudo de caso

1. O que você precisa saber para iniciar uma operação em um *site* como o Alibaba.com®?

2. Quais são as vantagens que o Alibaba® apresenta a seus potenciais clientes?

3. Qual a importância do operador logístico em uma transação de *e-commerce*?

Perguntas & respostas

Quais tratativas normalmente são realizadas para assegurar as operações aduaneiras nas cadeias logísticas?

Inter-relações comerciais internacionais exigem o equacionamento de questões aduaneiras. Para tanto, a OMA elaborou um documento intitulado *Estrutura Normativa da OMA para a Segurança e a Facilitação do Comércio Internacional*, para proteger e facilitar o comércio internacional por meio do estabelecimento de princípios e padrões. Tendo em vista a abordagem integrada da segurança das cadeias logísticas internacionais e a facilitação dos fluxos de comércio, as aduanas locais são incentivadas a estabelecer acordos de cooperação entre si e com outros organismos governamentais. Essa questão se reflete na utilização de sistemas informatizados de gestão de riscos e na implantação de um conjunto de normas aduaneiras internacionais.

Quais são as atribuições do MF e da SRF na gestão aduaneira relativa ao comércio exterior?

O MF, por meio da SRF, administra os tributos internos e os do comércio exterior, gerindo e executando atividades de arrecadação, de lançamento, de cobrança administrativa, de fiscalização, de pesquisa e de investigação fiscal e controle da arrecadação. Suas atribuições incluem: a gestão e execução dos serviços de administração, fiscalização e controle aduaneiro; a repressão ao contrabando e descaminho, no limite da sua alçada; o preparo e julgamento, em primeira instância, dos processos administrativos de determinação e exigência de créditos tributários da União; a interpretação, aplicação e elaboração de propostas para o aperfeiçoamento da legislação tributária e aduaneira federal; o subsídio à formulação da política tributária e aduaneira; o subsídio à elaboração do orçamento de receitas e benefícios tributários da União; a interação com o cidadão por meio dos diversos canais de atendimento, presenciais ou a distância; a educação fiscal para o exercício da cidadania; a formulação e gestão da política de informações econômico-fiscais; a promoção da integração com órgãos públicos e privados afins, mediante convênios para permuta de informações, métodos e técnicas de ação fiscal e para a racionalização de atividades, inclusive com a delegação de competência.

Quem são os principais intermediários do comércio internacional?

Pelas especificidades das operações internacionais, normalmente as empresas contratam intermediários e agentes especializados para atender às exigências desse mercado, de modo a assessorar embarcadores desde o ponto de origem até o ponto de destino. Os principais são os despachantes aduaneiros, especialistas em trâmites alfandegários; os agentes do transporte internacional, que intermediam a contratação de transporte para os embarcadores; e as *tradings companies*, que atuam como canais do comércio mundial na ligação entre importadores e vendedores.

Síntese

Neste capítulo demonstramos que, na logística internacional, se apresentam como fatores críticos e singulares as questões referentes aos trâmites aduaneiros tanto na exportação quanto na importação, a necessidade da contratação de seguros para se contrapor a riscos das movimentações a grandes distâncias, tempos maiores e inúmeros agentes intervenientes e, da mesma forma, as questões financeiras relativas aos instrumentos de câmbio e de remessas ou recebimentos internacionais. Sendo assim, destacamos a importância de se avaliar o tratamento legal das cargas, sob o aspecto logístico e aduaneiro aplicado no trânsito e pontos de embarque e de desembarque internacional de mercadorias. Explicamos que as aduanas intervêm para assegurar uma transferência segura de cargas entre países, intercedendo nas cadeias logísticas internacionais e buscando a facilitação dos fluxos de comércio pela elaboração de acordos de cooperação entre os organismos governamentais sob a égide da OMA.

Observamos que os procedimentos aduaneiros se constituem em instrumentos de política econômica dos países no incentivo a exportações e eventual controle de importações e, ainda, que representam fontes importantes de arrecadação de impostos e taxas. As empresas que operam no comércio exterior têm de conhecer e atender às exigências alfandegárias de documentação e licenciamento e costumam recorrer a agentes especializados, os despachantes aduaneiros, os quais são registrados na RFB. Da mesma forma, apresentam-se outros intermediários, como os operadores logísticos internacionais, com um amplo espectro de oferta de serviços logísticos; as seguradoras, que operam nessa modalidade especial, e os bancos, que se encarregam das operações de câmbio e da emissão das cartas de crédito garantidoras do pagamento das transações internacionais.

Questões para revisão

1. No que diz respeito à comparação entre a logística internacional e a doméstica, do ponto de vista legal e documental, assinale a(s) alternativa(s) **incorreta(s)**:
   a) A logística internacional exige procedimentos fiscais bastante detalhados, que se referem tanto a compradores quanto a vendedores. A legislação internacional objetiva coibir a movimentação de produtos perigosos (inclusive armamentos) e os diversos tipos de drogas.
   b) Um recibo do comprador e a anuência do vendedor é o documento mais comum nas transações internacionais e pode ser levado a bancos para desconto e financiamento.
   c) A movimentação de produtos perigosos tem responsabilidade solidária de produtores, transportadores e compradores.
   d) A documentação do transporte terrestre para exportação ou de produtos importados deve ser redigida no idioma do país de destino ou de origem. As aduanas locais exigem traduções juramentadas.

2. Qual é o papel das aduanas no comércio internacional e como seus procedimentos intervêm nas transações de mercadorias entre países?

3. Apresente os principais documentos para a consecução de um processo de exportação no Brasil.

4. Sobre a necessidade de seguros na movimentação internacional e o papel das cartas de crédito nos negócios internacionais, assinale (V) para verdadeiro e (F) para falso:
   ( ) O seguro decorre das incertezas inerentes às movimentações entre países: longas distâncias, tempos envolvidos, agentes intervenientes e os valores que representam.
   ( ) Os seguros devem compor o Incoterm negociado com base no termo CIF. No Brasil, muitas vezes os importadores preferem a contratação do seguro fora do Incoterm, pois conseguem negociar diretamente com as seguradoras e obter coberturas ajustadas à sua operação, com taxas iguais ou melhores que as do mercado externo.

( ) Uma carta de crédito assegura ao vendedor (exportador) o recebimento do valor dos produtos vendidos e, geralmente, é exigida ao se lidar com compradores desconhecidos ou cujo acesso é difícil ou demorado.
( ) Uma carta de crédito exime o comprador (importador) da necessidade de pagamento do produto negociado, pois a responsabilidade passa a ser do banco avalista.
( ) É essencial que uma carta de crédito seja emitida por banco nacional ou internacional conhecido e de reputação ilibada. Ela, embora tenha custos, representa a garantia de pagamento, ou seja, da viabilidade e rentabilidade da transação.

A sequência correta, de cima para baixo, é:

a) V, F, F, F, V.
b) V, V, V, F, V.
c) F, F, F, V, V.
d) F, V, F, V, F.

5. Quais são os principais critérios de escolha para a utilização de um operador logístico internacional? Assinale a(s) alternativa(s) correta(s):

a) A contratação de um operador logístico internacional é crítica para o sucesso desse tipo de transação e deve partir da prospecção desse operador, tendo em conta sua experiência no país de origem e no de destino, sua especialização em produtos manuseados e no modal de transporte que utiliza.
b) Um operador logístico deve oferecer uma gama variada de serviços, como frete aéreo ou marítimo com serviços *door-to-door*; planejamento e avaliação de alternativas logísticas; consolidação de cargas em trânsito; embalagem e sistemas de segurança; oferta de cartas de crédito e seguros da carga; rastreamento das cargas; desembaraços aduaneiros.
c) O contratante deve ter clara definição de suas necessidades, pois serviços de operadores logísticos representam custos e podem afetar a viabilidade dos negócios internacionais.
d) A utilização de um operador logístico é recomendada quando o vendedor não tem experiência em negócios internacionais ou está se desenvolvendo em um novo mercado (país ou região) no qual nunca trabalhou, em que um potencial cliente foi identificado.

PARA SABER MAIS

O *site* da Apex-Brasil promove produtos e serviços no exterior e atrai investimentos estrangeiros. Seu *site* apresenta informações sobre como exportar, mercados prioritários de exportação, programação de eventos e dicas diárias para atuação no comércio exterior.

APEX-Brasil – Agência Brasileira de Promoção de Exportações e Investimentos. Disponível em: <http://www.apexbrasil.com.br/>. Acesso em: 7 jun. 2016.

Acesse à Portaria Secex n. 23/2011 que consolida de todas as Normas da SECEX sobre o tratamento administrativo das importações e exportações e sobre o regime especial de *drawback* e saiba mais sobre o assunto no *site*:

BRASIL. Ministério do Desenvolvimento, Indústria e Comércio Exterior. Secretaria de Comércio Exterior Portaria n. 23, de 14 de julho de 2011. **Diário Oficial da União**, 19 jul. 2011. Disponível em: <http://www.mdic.gov.br/sitio/interna/interna.php?area=5&menu=3175>. Acesso em: 7 jun. 2016.

Acesse os *links* da SRF que apresentam as informações mais significativas para a atuação do comércio exterior.

BRASIL. Ministério da Fazenda. Secretaria da Receita Federal do Brasil. **Despachante aduaneiro**. Disponível em: <http://www.receita.fazenda.gov.br/Aduana/ProcAduExpImp/DespachanteAdu.htm>. Acesso em: 7 jun. 2016.

____. **Despacho aduaneiro de importação**. Disponível em: <http://www.receita.fazenda.gov.br/aduana/procaduexpimp/despaduimport.htm>. Acesso em: 7 jun. 2016.

____. **Introdução**. Disponível em: <http://www.receita.fazenda.gov.br/Aduana/OMA/Preambulo/Introducao.htm>. Acesso em: 7 jun. 2016.

O Decreto n. 6.759/2009 regulamenta a administração das atividades aduaneiras, a fiscalização, o controle e a tributação das operações de comércio exterior.

BRASIL. Decreto n. 6.759, de 5 de fevereiro de 2009. **Diário Oficial da União**, Poder Executivo, Brasília, DF, 6 fev. 2015. Disponível em: <http://www.planalto.gov.br/ccivil_03/_ato2007-2010/2009/decreto/d6759.htm>. Acesso em: 7 jun. 2016.

A Portaria RFP n. 3.518/2011 estabelece requisitos e procedimentos para o alfandegamento de locais e recintos e dá outras providências. Conheça melhor a regulamentação sobre a administração das atividades aduaneiras, a fiscalização, o controle e a tributação das operações de comércio exterior acessando ao texto dessa portaria.
BRASIL. Ministério da Fazenda. Secretaria da Receita Federal do Brasil. Portaria RFB n. 3.518, de 30 de setembro de 2011. **Diário Oficial da União**, 3 out. 2015. Disponível em: <http://normas.receita.fazenda.gov.br/sijut2consulta/link.action?visao=anotado&idAto=36460>. Acesso em: 7 jun. 2016.

Para concluir...

A globalização das economias apresenta três certezas: sua realidade, permanência e intensificação. Os países estão mais próximos nas comunicações e nos negócios, e à logística internacional cabe materializar as trocas comerciais com a movimentação e entrega de produtos.

As empresas com atuação no comércio exterior têm de propiciar maior valor aos seus produtos, com níveis de serviços que atendam às expectativas tanto dos acionistas quanto dos clientes. A gestão integrada dos processos logísticos internacionais desempenha um papel fundamental para a excelência na prestação dos serviços nos negócios internacionais.

Nesse contexto, este livro partiu da integração das atividades e dos processos de uma logística internacional que, amparada nas estratégias organizacionais, deve garantir o **transporte** de produtos a longas distâncias, devidamente protegidos por **embalagens** que facilitem sua movimentação, de forma compatível com suas formas de **manuseio** e com as eventuais paradas de **armazenagem** intermediárias, além de prover solução adequada das **questões fiscais** e estarem apoiadas em **sistemas de informação** que intercambiem dados entre as partes e rastreiem o encaminhamento dos produtos desde sua origem até seu destino.

A logística internacional está ligada ao comércio exterior, e as relações de negócios entre países exigem termos comuns de entendimento – os Termos Internacionais de Comércio (Incoterms) – bem como uma documentação legal e específica, que apresente de forma completa dados íntegros e fidedignos. Assim, é premissa a acuracidade entre o físico e o documental na mensuração de estoques, assegurando aos gestores o atendimento dos aspectos aduaneiros e o recolhimento de impostos e taxas devidos para liberação das cargas e regularização das atividades de compra e venda.

O conteúdo da logística internacional não se esgota em uma obra como esta, pois os mercados se transformam, as leis se atualizam e se ajustam às demandas do comércio internacional e de cada país, as culturas estão em permanente transformação e interação e as negociações apresentam particularidades novas. Dessa maneira, a mudança é constante, rápida e acentuada, exigindo formação contínua dos profissionais que militam nos negócios da logística internacional.

Consultando a Legislação

- A Resolução da Agência Nacional de Transportes Terrestres (ANTT) n. 794, de 22 de novembro de 2004, apresenta as condições para a habilitação do Operador de Transporte Multimodal (OTM).
- O Decreto n. 4.074, de 4 de janeiro de 2002, regulamenta a Lei n. 7.802, de 11 de julho de 1989, que dispõe sobre a pesquisa, a experimentação, a produção, a embalagem, a rotulagem, o transporte, o armazenamento, a comercialização, a propaganda comercial, a utilização, a importação, a exportação, o destino final dos resíduos e embalagens, o registro, a classificação, o controle, a inspeção e a fiscalização de agrotóxicos, seus componentes e afins.
- O Decreto n. 6.759, de 5 de fevereiro de 2009, regulamenta a administração das atividades aduaneiras e a fiscalização, o controle e a tributação das operações de comércio exterior.
- O Decreto n. 61.867, de 11 de dezembro de 1967, regulamenta os seguros obrigatórios previstos no art. 20 do Decreto-Lei n. 73, de 21 de novembro de 1966.
- O Decreto n. 660, de 25 de setembro de 1992, institui o Sistema Integrado de Comércio Exterior, conhecido como *Siscomex*.
- O Decreto n. 7.282, de 1º de setembro de 2010, dispõe sobre a execução do Acordo de Alcance Parcial n. 17, ao amparo do art. 14 do Tratado de Montevidéu de 1980 sobre pesos e dimensões de veículos de transporte rodoviário de passageiros e cargas, assinado entre os governos da Argentina, do Brasil, do Paraguai e do Uruguai, em 27 de maio de 2010.
- A Portaria da Secretaria de Comércio Exterior (Secex) n. 23, de 14 de julho de 2011, consolida as normas e os procedimentos aplicáveis às operações de comércio exterior, registros e habilitações, habilitação para operar no Siscomex e habilitação de importadores e exportadores.
- A Portaria da Receita Federal do Brasil (RFB) n. 3.518, de 30 de setembro de 2011, estabelece os requisitos e procedimentos para o alfandegamento de locais e recintos e dá outras providências.

- O Projeto de Lei do Senado n. 327/2006 pretendia dispor sobre a movimentação e a armazenagem de mercadorias importadas ou despachadas para exportação, o alfandegamento de locais e recintos, a licença para explorar serviços de movimentação e armazenagem de mercadorias em centro logístico e industrial aduaneiro. No entanto, esse projeto foi rejeitado por decurso de prazo, e o Centro Logístico e Industrial Aduaneiro (Clia) não foi criado, tampouco regulamentado.

Referências

ABNT – Associação Brasileira de Normas Técnicas. **Conheça a ABNT**. Disponível em: <http://www.abnt.org.br/abnt/conheca-a-abnt>. Acesso em: 20 maio 2016.

AMCHAM BRASIL. Disponível em: <http://www.amcham.com.br/howtous>. Acesso em: 23 maio 2016.

ANTAQ – Agência Nacional de Transportes Aquaviários. **Anexo da Resolução 2969 – Antaq...** 2013. Disponível em: <http:// www.antaq.gov.br/Portal/pdf/Classificacao_PortosPublicos_TUPs_ EstacoesTransbordoCargas.pdf>. Acesso em: 23 maio 2016.

ANTT – Agência Nacional de Transportes Terrestres. **Dutoviário**. Disponível em: <http://www.antt.gov.br/index.php/content/view/4964/Dutoviario.html>. Acesso em: 23 maio 2016a.

____. Resolução n. 794, de 22 de novembro de 2004. **Diário Oficial da União**, Brasília, DF, 23 nov. 2004. Disponível em: <http://www.antt.gov.br/index.php/content/view/14259/Resolucao_n__794.html>. Acesso em: 23 maio 2016.

____. Transporte multimodal. **TRIC – Transporte Rodoviário Internacional de Cargas**. Disponível em: <http://appweb2.antt.gov.br/carga/multimodal/otm.asp>. Acesso em: 23 maio 2016b.

APEC – Asia Pacific Economic Cooperation. **Achievements and Benefits**. Disponível em: <http://www.apec.org>. Acesso em: 20 maio 2016.

BALLOU, R. H. **Logística empresarial**: transportes, administração de materiais e distribuição física. São Paulo: Atlas, 1995.

____. **Gerenciamento da cadeia de suprimentos/logística empresarial**. 5. ed. Porto Alegre: Bookman, 2006.

BARREIRO, C. M. **A minha terra**. Geografia. Lisboa: Plátano Editora, 2014.

BORNHOFEN, D.; KISTENMACHER, G. M. P. Negociação internacional baseada na influência cultural: Alemanha. **Revista Interdisciplinar Científica Aplicada**, Blumenau, v. 1, n. 2, p. 1-15, sem. I. 2007. Edição Temática TCCs. Disponível em: <http://rica.unibes.com.br/index.php/rica/article/viewFile/33/28>. Acesso em: 20 maio 2016.

BOWERSOX, D. J.; CLOSS, D. J.; COOPER, M. B. **Gestão logística de cadeias de suprimentos**. Porto Alegre: Bookman, 2006.

BRASIL. Decreto n. 660, de 25 de setembro de 1992. **Diário Oficial da União**, Poder Executivo, Brasília, DF, 28 set. 1992. Disponível em: <http://www.planalto.gov.br/ccivil_03/decreto/1990-1994/D0660.htm>. Acesso em: 23 maio 2016.

BRASIL. Decreto n. 1.355, de 30 de dezembro de 1994. **Diário Oficial da União**, Poder Executivo, Brasília, DF, 31 dez. 1994. Disponível em: <http://www.planalto.gov.br/ccivil_03/decreto/antigos/d1355.htm>. Acesso em: 23 maio 2016.

_____. Decreto n. 4.074, de 4 de janeiro de 2002. **Diário Oficial da União**, Poder Executivo, Brasília, DF, 8 jan. 2002a. Disponível em: <http://www.planalto.gov.br/ccivil_03/decreto/2002/D4074.htm>. Acesso em: 23 maio 2016.

_____. Decreto n. 6.759, de 5 de fevereiro de 2009. **Diário Oficial da União**, Poder Executivo, Brasília, DF, 6 fev. 2009. Disponível em: <http://www.planalto.gov.br/ccivil_03/_ato2007-2010/2009/decreto/d6759.htm>. Acesso em: 23 maio 2016.

_____. Decreto n. 7.282, de 1º de setembro de 2010. **Diário Oficial da União**, Poder Executivo, Brasília, DF, 2 set. 2010. Disponível em: <http://www.planalto.gov.br/ccivil_03/_Ato2007-2010/2010/Decreto/D7282.htm>. Acesso em: 23 maio 2016.

_____. Decreto n. 61.867, de 7 de dezembro de 1967. **Diário Oficial da União**, Poder Executivo, Brasília, DF, 11 dez. 1967. Disponível em: <http://www.planalto.gov.br/ccivil_03/decreto/1950-1969/d61867.htm>. Acesso em: 23 maio 2016.

_____. Lei n. 9.611, de 19 de fevereiro de 1998. **Diário Oficial da União**, Poder Legislativo, Brasília, DF, 20 fev. 1998. Disponível em: <http://www.planalto.gov.br/ccivil_03/Leis/L9611.htm>. Acesso em: 23 maio 2016.

_____. Lei n. 10.233, de 5 de junho de 2001. **Diário Oficial da União**, Brasília, DF, Poder Executivo, 6 jun. 2001. Disponível em: <http://www.planalto.gov.br/ccivil_03/leis/LEIS_2001/L10233.htm>. Acesso em: 18 jun. 2016.

_____. Lei n. 12.815, de 5 de junho de 2013. **Diário Oficial da União**, Poder Legislativo, Brasília, DF, 5 jul. 2013. Disponível em: <http://www.planalto.gov.br/ccivil_03/_ato2011-2014/2013/Lei/L12815.htm>. Acesso em: 23 maio 2016.

BRASIL. Conselho de Governo da Presidência da República. Câmara de Comércio Exterior. Resolução n. 21, de 7 de abril de 2011. **Diário Oficial da União**, Brasília, DF, 8 abr. 2011a. Disponível em: <http://www.camex.gov.br/legislacao/interna/id/772>. Acesso em: 23 maio 2016.

BRASIL. Ministério da Fazenda. Secretaria da Receita Federal do Brasil. **Anexo I**. Disponível em: <http://www.receita.fazenda.gov.br/Aduana/OMA/Anexos/AnexoI.htm>. Acesso em: 23 maio 2016a.

BRASIL. **Competências da Receita Federal**. Disponível em: <http://idg.receita.fazenda.gov.br/sobre/institucional/competencias-1>. Acesso em: 23 maio 2016b.

BRASIL. **Despachante aduaneiro**. Disponível em: <http://www.receita.fazenda.gov.br/Aduana/ProcAduExpImp/DespachanteAdu.htm>. Acesso em: 23 maio 2016c.

BRASIL. **Despacho aduaneiro de importação**. Disponível em: <http://www.receita.fazenda.gov.br/aduana/procaduexpimp/despaduimport.htm>. Acesso em: 23 maio 2016d.

_____. Instrução Normativa SRF n. 241, de 6 de novembro de 2002. **Diário Oficial da União**, 8 nov. 2002b. Disponível em: <http://normas.receita.fazenda.gov.br/sijut2consulta/link.action?idAto=15117&visao=anotado>. Acesso em: 18 jul. 2016.

BRASIL. Ministério da Fazenda. Secretaria da Receita Federal do Brasil. **Introdução**. Disponível em: <http://www.receita.fazenda.gov.br/Aduana/OMA/Preambulo/Introducao.htm>. Acesso em: 23 maio 2016e.

_____. Portaria RFB n. 3.518, de 30 de setembro de 2011. **Diário Oficial da União**, 3 out. 2011b. Disponível em: <http://normas.receita.fazenda.gov.br/sijut2consulta/link.action?visao=anotado&idAto=36460>. Acesso em: 23 maio 2016.

BRASIL. Ministério da Fazenda. Secretaria da Receita Federal do Brasil. Subsecretaria de Aduana e relações Internacionais. **Drawback**. 7 dez. 2014a. Disponível em: <http://idg.receita.fazenda.gov.br/orientacao/aduaneira/regimes-e-controles-especiais/regimes-aduaneiros-especiais/drawback>. Acesso em: 12 jul. 2016.

_____. **Introdução**. 7 dez. 2014b. Disponível em: <http://idg.receita.fazenda.gov.br/orientacao/aduaneira/regimes-e-controles-especiais/regimes-aduaneiros-especiais/introducao-1>. Acesso em: 12 jul. 2016.

BRASIL. Ministério da Indústria, Comércio Exterior e Serviços. **Balança comercial brasileira**: países e blocos. Disponível em: <http://www.mdic.gov.br/index.php/comercio-exterior/estatisticas-de-comercio-exterior/balanca-comercial-brasileira-mensal-2>. Acesso em: 23 maio 2016g.

_____. **Balança comercial brasileira**: *trading companies*. Disponível em: <http://www.mdic.gov.br/index.php/comercio-exterior/estatisticas-de-comercio-exterior/balanca-comercial-brasileira-trading-companies>. Acesso em: 23 maio 2016h.

BRASIL. Ministério das Relações Exteriores. **Mercosul**. Disponível em: <http://www.itamaraty.gov.br/index.php?option=com_content&view=article&id=686&catid=143&Itemid=434&lang=pt-BR>. Acesso em: 23 maio 2016i.

BRASIL. Ministério das Relações Exteriores. Departamento de Promoção Comercial e Investimentos. Divisão de Inteligência Comercial. **Exportação Passo a Passo**. Brasília: MRE, 2011c. Disponível em: <http://www.investexportbrasil.gov.br/sites/default/files/publicacoes/manuais/PUBExportPassoPasso2012.pdf>. Acesso 23 maio 2016.

BRASIL. Ministério do Desenvolvimento, Indústria e Comércio Exterior. **Aprendendo a exportar**. Disponível em: <http://www.desenvolvimento.gov.br/sitio/interna/interna.php?area=5&menu=283>. Acesso em: 23 maio 2016j.

BRASIL. Ministério do Desenvolvimento, Indústria e Comércio Exterior. **Empresa comercial exportadora**: Trading Company. Disponível em: <http://www.desenvolvimento.gov.br/sitio/interna/interna.php?area=5&menu=3576>. Acesso em: 12 jul. 2016k.

_____. **Exportação brasileira**: União Europeia (EU) – principais produtos. Disponível em: <http://www.mdic.gov.br/component/content/article?id=87>. Acesso em: 12 jul. 2016l.

_____. Formas de se embalar uma mercadoria. **Aprendendo a exportar**. Disponível em: <http://www.aprendendoaexportar.gov.br/sitio/paginas/comExportar/forMemMercadoria.html>. Acesso em: 15 jul. 2016m.

_____. Incoterms. **Aprendendo a Exportar**. Disponível em: <http://www.aprendendoaexportar.gov.br/informacoes/incoterms.htm>. Acesso em: 15 jul. 2016n.

_____. Planejando a exportação. **Aprendendo a exportar**. Disponível em: <http://www.aprendendoaexportar.gov.br/maquinas/planejando_exp/formacao_preco/preco_cif.asp>. Acesso em: 12 jul. 2016o.

_____. Portaria n. 23, de 14 de julho de 2011. **Diário Oficial da União**, 19 jul. 2011d. Disponível em: <http://www.mdic.gov.br/arquivos/ dwnl_1311100642.pdf>. Acesso em: 23 maio 2016.

_____. Programa Portal Único de Comércio Exterior. **Portal Siscomex**. Disponível em: <http://portal.siscomex.gov.br/conheca-o-portal/programa-portal-unico-de-comercio-exterior>. Acesso em: 15 jul. 2016p.

_____. Riscos comerciais, políticos e extraordinários. **Aprendendo a exportar**. Disponível em: <http://www.aprendendoaexportar.gov.br/sitio/paginas/plaExportacao/pp_risAduaneiro.html>. Acesso em: 18 jul. 2016q.

BRASIL. Ministério do Desenvolvimento, Indústria e Comércio Exterior. APEX BRASIL – Agência Brasileira de Promoção de Exportações e Investimentos. **Apex-Brasil Trade Sector Projects**. Disponível em: <http:// www.apexbrasil.com.br/trade-sectors>. Acesso em: 23 maio 2016r.

_____. Brasil comemora crescimento de quase 10% em negócios na ISM 2014. **Apex-Brasil**. 29 jan. 2014c. Disponível em: <http://apexbrasil.com.br/Noticia/Brasil-comemora-crescimento-de-quase-10-em-negocios-na-ISM-2014>. Acesso em: 23 maio 2016.

BRASIL. Ministério do Desenvolvimento, Indústria e Comércio Exterior. APEX BRASIL – Agência Brasileira de Promoção de Exportações e Investimentos. Mapa estratégico de mercados e oportunidade comerciais para as exportações brasileiras. **Apex-Brasil**. Disponível em: <http://geo.apexbrasil.com.br/Oportunidades_Comerciais.html>. Acesso em: 23 maio 2016s.

BRASIL. Ministério do Desenvolvimento, Indústria e Comércio Exterior. APEX BRASIL – Agência Brasileira de Promoção de Exportações e Investimentos. **Quem somos**. Disponível em: <http://www.apexbrasil.com.br/quem-somos>. Acesso em: 23 maio 2016t.

BRASIL. Ministério do Desenvolvimento, Indústria e Comércio Exterior. CAMEX – Câmara do Comércio Exterior. **Facilitação de comércio**: principais medidas. 25 jul. 2012a. Disponível em: <http://www.desenvolvimento.gov.br/arquivos/dwnl_1343850184.pdf>. Acesso em: 12 jul. 2016.

BRASIL. Ministério do Desenvolvimento, Indústria e Comércio Exterior. Secretaria de Comércio Exterior. **O que é o Sistema Radar Comercial**. Disponível em: <http://radar.desenvolvimento.gov.br/o-que-e-o-radar>. Acesso em: 12 jul. 2016u.

BRASIL. Ministério dos Transportes. Secretaria de Política Nacional de Transportes. **Projeto de Reavaliação de Estimativas e Metas do PNLT**: Relatório Final. Brasília, set. 2012b. Disponível em: <http://www.transportes.gov.br/images/2014/11/PNLT/2011.pdf>. Acesso em: 23 maio 2016.

BROOKS, M. R.; BUTTON, K.; NIJKAMP, P. **Maritime Transport**: Classics in Transport Analysis. Cheltenham, UK: Edward Elgar, 2002.

CATERMOL, F. Agências de crédito à exportação: o papel de instituições oficiais no apoio à inserção internacional de empresas. **Revista do BNDES**, Rio de Janeiro, v. 15, n. 30, p. 5-38, dez. 2008. Disponível em: <http://www.bndes.gov.br/SiteBNDES/export/sites/default/bndes_pt/Galerias/Arquivos/conhecimento/revista/rev3001.pdf>. Acesso em: 12 jul. 2016.

CAVUSGIL, S. T.; KNIGHT, G.; RIESENBERGER, J. R. **Negócios internacionais**: estratégia, gestão e novas realidades. São Paulo: Pearson Prentice Hall, 2010.

CECIEX – Conselho Brasileiro das Empresas Comerciais Importadoras e Exportadoras. Disponível em: <http://www.ceciex.com.br>. Acesso em: 23 maio 2016.

CHRISTOPHER, M. **Logística e gerenciamento da cadeia de suprimentos**. 2. ed. São Paulo: Thomson Learning, 2007.

CLIPPING. Maersk Line acerta compartilhamento de navios com MSC e Mitsui. **Portos e Navios**, 20 maio 2015. Navegação e Marinha do Brasil. Disponível em: <https://www.portosenavios.com.br/noticias/navegacao-e-marinha/29930-maersk-line-acerta-compartilha mento-de-navios-com-msc-e-mitsui>. Acesso em: 23 maio 2016.

COMEXANDO. **DAT e DAP** – Incoterms 2010. 16 jun. 2011. Disponível em: <https://comexando.wordpress.com/2011/06/16/dat-e-dap-incoterms-2010>. Acesso em: 23 maio 2016.

CONGRESSO NACIONAL. Comissão Parlamentar Conjunta do Mercosul – Representação Brasileira. **Mercado Comum do** Sul: Mercosul. Disponível em: <http://www.camara.leg.br/mercosul/blocos/MERCOSUL.htm>. Acesso em: 20 jul. 2016.

CONTAINERS BRASIL. **Refeer 20 pés**. Disponível em; <http://www.containersbrasil.com.br/site/index.asp?area=container&id_container=13>. Acesso em: 24 maio 2016.

CÔRTES, A. C. C. **Seleção de fornecedores e gestão logística nas importações da China**: uma abordagem de processos e custos para pequenas e médias empresas. 127 f. Dissertação (Mestrado em Engenharia Mecânica) – Faculdade de Engenharia do Campus de Guaratinguetá (SP) da Universidade Estadual Paulista (Unesp), 2010. Disponível em: <http://livros01.livrosgratis.com.br/cp139859.pdf>. Acesso em: 18 jul. 2016.

____. **Incoterms**. Guaratinguetá: Unesp. Disponível em: <http://www.feg.unesp.br/~fmarins/log/slides/Incoterms2010.ppt>. Acesso em: 23 maio 2016.

COSTA. G. Transporte multimodal e interiorização de contêineres. ENCONTRO ABEPL DE PROFISSIONAIS DE LOGÍSTICA, 11., 2008, Jundiaí. **Anais...** Jundiaí, ABEPL, 2008.

COSTA, W. A. S.; GALDINO, L. Vantagem competitiva por meio da armazenagem: a importância das variáveis logísticas. **Revista Eniac Pesquisa**, Guarulhos, v. 1, n. 2, p. 185-205, jul./dez. 2012. Disponível em: <http://ojs.eniac.com.br/index.php/EniacPesquisa/article/view/103/pdf_5>. Acesso em: 15 jul. 2016.

DALLA COSTA, A. J.; SANTOS, E. R. S. **Estratégias e negócios das empresas diante da internacionalização**. Curitiba: Ibpex, 2011.

DAVID, P.; STEWART, R. **Logística internacional**. São Paulo: Cengage Learning, 2010.

DIAS, M. A. P. **Administração de materiais**: uma abordagem logística. 5. ed. São Paulo: Atlas, 2010.

DRUCKER, P. F. **Inovação e espírito empreendedor**: prática e princípios. São Paulo: Cengage Learning, 2008.

DVORAK et al. What Is Alibaba? **Wall Street Journal**. Disponível em: <http://projects.wsj.com/alibaba/>. Acesso em: 18 jul. 2016.

EMBRAER – Empresa Brasileira de Aeronáutica. **Relatório anual 2013**. 2014. Disponível em: <http://ri.embraer.com.br/ Download.aspx?Arquivo=shX9wzRIDmCaoS+8S4zGFQ==>. Acesso em: 23 maio 2016.

EURANS. **Container Ships**. Disponível em: <http:// www.eurans.com.ua/eng/faq/containerships>. Acesso em: 23 maio 2016.

FAO – Organização das Nações Unidas para a Alimentação e Agricultura. Disponível em: <https://www.fao.org.br>. Acesso em: 23 maio 2016.

FOSTER, T. A.; ARMSTRONG, R. Top 25 Third-Party Logistics Providers Extend Their Global Reach. **Supply Chain Brain**. 2015. Disponível em: <http://www.supplychainbrain.com/content/sponsored-channels/kenco-logistic-services-th ird-party-logistics/single-article-page/article/top-25-third-party-logistics-providers-extend-their-global-reach>. Acesso em: 23 maio 2016.

FRANCISCHINI, P. G.; GURGEL, F. do A. **Administração de materiais e do patrimônio**. 2. ed. São Paulo: Cengage Learning, 2014.

GALVÃO, O. J. A. Globalização e mudanças na configuração espacial da economia mundial: uma visão panorâmica das últimas décadas. **Revista de Economia Contemporânea**, Rio de Janeiro, v. 11, n. 1, p. 61-97, jan./abr. 2007.

GALVÃO, C. B.; ROBLES, L. T. The Potential of Reefer Cargo in South America East Coast: a Logistics Analysis and Diagnosis. **IBIMA Business Review**, v. 2014, Dec. 31st 2014. Disponível em: <http://www.ibimapublishing.com/journals/IBIMABR/2014/309732/309732.pdf>. Acesso em: 24 maio 2016.

GUIMARÃES ROSA, J. **Grande Sertão**: Veredas. 16. ed. Rio de Janeiro: Nova Fronteira, 1984.

HAMBURG SÜD. **Container Overview**. Disponível em: <http://www.hamburgsud-line.com/hsdg/en/hsdg/servicesproducts/container_1/containeroverview.jsp>. Acesso em: 20 jul. 2016.

IATA – International Air Transport Association. Disponível em: <http://www.iata.org/pages/index.aspx>. Acesso em: 18 jul. 2016a.

IATA – International Air Transport Association. **Vision and Missiom**. Disponível em: <http://www.iata.org/about/Pages/mission.aspx>. Acesso em: 18 jul. 2016b.

ISO – International Organization for Standardization. **ISO 668:2013(en)**: Series 1 Freight Containers – Classification, Dimensions and Ratings. 2013. Disponível em: <https://www.iso.org/obp/ui/#iso:std:iso:668:ed-6:v1:en>. Acesso em: 23 maio 2016.

INVESTOPEDIA. **Risk Assessment**. Disponível em: <http://www.investopedia.com/terms/r/risk-assessment.asp#ixzz3sJrXRj1j>. Acesso em: 23 maio 2016.

KAPLAN, R. S; NORTON, D. P. **Kaplan e Norton na prática**. 3. ed. Rio de Janeiro: Campus, 2004.

KEEGAN, W.; GREEN, M. C. **Marketing global**. São Paulo: Saraiva, 2013.

KENDAL, L. C.; BUCKLEY, J. J. **The Business of Shipping**. 7th. Ed. Centreville, Maryland, USA: Cornell Maritime, 2001.

KOGAN, J. **Rieles con futuro**: desafíos para los ferrocarriles de América del Sur. Caracas: CAF, 2004. Disponível em: <http://scioteca.caf.com/bitstream/handle/123456789/423/5.pdf?sequence=1&isAllowed=y>. Acesso em: 23 maio 2016.

KOTLER, P. **Administração de marketing**. 14. ed. São Paulo: Pearson, 2012.

LAMBERT, D. M.; STOCK, J. R.; VANTINE, J. G. **Administração estratégica da logística**. São Paulo: Vantine, 1998.

LEVINSON, M. **The Box**: How the Shipping Container Made the World Smaller and the World Economy Bigger. New Jersey, USA: Princeton University Press, 2008.

LIMA, P. L.; SILVA, J. L. e. **Manual de embalagem Embraer**. jun. 2011. Disponível em: <http://www1.embraer.com/portugues/inc/df.asp?caminho=empresa/pdf/Manual_Embalagens_Fornecedor_Embraer.pdf>. Acesso em: 23 maio 2016.

MAINARDES, E. W.; AMAL, M.; DOMIGUES, M. J. C. S. O fator cultural à mesa nas negociações internacionais com o Brasil. In: SIMPÓSIO DE ADMINISTRAÇÃO DA PRODUÇÃO, LOGÍSTICA E OPERAÇÕES INTERNACIONAIS – SIMPOI, 13, 2010, São Paulo. **Anais...** São Paulo: FGV, 2010.

MANFRÉ, M. **Manual de gestão do comércio internacional**. Brasília: Clube de Autores, 2009. Disponível em: <http://www2.seplan.go.gov.br/femep/down/livro.pdf>. Acesso em: 23 maio 2016.

MDIC – Ministério do Desenvolvimento, Indústria e Comércio Exterior. Disponível em: <http://www.desenvolvimento.gov.br/sitio>. Acesso em: 23 maio 2016.

MEWIS, F.; KLUG, H. **The Challenge of Very Large Container Ships**: a Hydrodynamic View. Hamburg, Germany: Hamburgische Schiffbau-Versuchsanstalt GmbH, 2004.

MIHI, F. et al. **Sistema modular de manufatura**. Campinas. Trabalho apresentado (Tecnologia Mecânica) – Curso de Engenharia Mecânica, Unicamp. Disponível em: <http://www.fem.unicamp.br/~sergio1/graduacao/EM335/Temas/Sistema%20modular/modular.htm>. Acesso em: 23 maio 2016.

MINERVINI, N. **O exportador**: ferramentas para atuar com sucesso no mercado internacional. 5. ed. São Paulo: Pearson Prentice Hall, 2008.

MRE – Ministério das Relações Exteriores. Disponível em: <http://www.itamaraty.gov.br>. Acesso em: 23 maio 2016.

NAKABASHI et al. **Boletim Comércio Exterior**, Ribeirão Preto, ano III, fev. 2015. Disponível em: <http://www.fundace.org.br/_up_ceper_boletim/ceper_201502_00117.pdf>. Acesso em: 12 jul. 2016.

NAKAGAWA, M.; ANDRADE, I. A. Gerenciamento integral de custos – caso transporte coletivo. In: CONGRESO DEL INSTITUTO INTERNACIONAL DE COSTOS, 8., 2003, Punta del Este. **Anais...** Montevideo, Uruguay: Asociación Uruguaya de Costos, 2003.

NILSSON, I. The Empty Container Management Problem: in an Intermodal Context. Department of Naval Architecture and Ocean Engineering. **Literature Study Transport Optimization**, USA, Spring, 2002.

NOBRE, M. **A gestão logística do contêiner vazio**. Dissertação (Mestrado em Gestão de Negócios) – Programa de Pós-Graduação em Gestão de Negócios, UniSantos, Santos, 2006. Disponível em: <http://www.unisantos.br/upload/menu3niveis_1257881422679_2006_texto_completo_marisa_nobre.pdf>. Acesso em: 23 maio 2016.

NOBRE, M.; SANTOS, F. R. O mercado de transporte marítimo: especialização, evolução e os reflexos na logística internacional. In: Simpósio de Engenharia de Produção (SIMPEP), 12., 2005. Bauru. **Anais eletrônicos...** Bauru: FEB/Unesp, 2005. Disponível em: <http://www.simpep.feb.unesp.br/anais/anais_12/copiar.php?arquivo=NOBRE_M_O_mercado_de_transport.pdf>. Acesso em: 23 maio 2016.

OECD – Organisation for Economic Co-operation and Development. Disponível em: <http://www.oecd.org>. Acesso em: 23 maio 2016.

PALÁCIOS, T. M. B.; SOUSA, J. M. M. **Estratégias de marketing internacional**. São Paulo: Atlas, 2004.

PEREIRA, L. V.; BOAVISTA, M. Trading Companies no Brasil. **Revista Brasileira do Comércio Exterior**, n. 103, p. 71-87, abr./jul. 2010. Disponível em: <http://www.funcex. org.br/publicacoes/rbce/material/rbce/103_LVMB.pdf>. Acesso em: 23 maio 2016.

PINHEIRO, J. M. S. RFID: identificação por radiofrequência. **Projeto de Redes**, 11 maio 2004. Disponível em: <http://www.projetoderedes.com.br/artigos/artigo_identificacao_por_radiofrequencia.php>. Acesso em: 23 maio 2016.

PORTER, M. E. **Vantagem competitiva**: criando e sustentando um desempenho superior. 29. ed. Rio de Janeiro: Elsevier, 1989.

PROCOMEX – Aliança Pró-Modernização Logística de Comércio Exterior. **Programas de Segurança**: C-TPAT, o modelo americano. Disponível em: <http://www.procomex.com.br/programas-de-seguranca-c-tpat-o-modelo-americano>. Acesso em: 23 maio 2016.

RADAR COMERCIAL. Disponível em: <http://radar.desenvolvimento.gov.br>. Acesso em: 23 maio 2016.

RODRIGUE, J-P et al. **The Geography of Transport Systems**. Hofstra University, Department of Global Studies & Geography, 2013. Disponível em: <https://people.hofstra.edu/geotrans/eng/ch3en/conc3en/shipsize.html>. Acesso em: 23 maio 2016.

SANTANDER TRADE PORTAL. **Incoterms 2010**. Disponível em: <https://pt.santandertrade.com/expedicoes-internacionais/incoterms-2010>. Acesso em: 23 maio 2016.

SEBRAE – Serviço Brasileiro de Apoio às Micro e Pequenas Empresas. **Documentos necessários para a empresa que deseja exportar**. 9 nov. 2015. Disponível em: <http://www.sebrae.com.br/sites/PortalSebrae/artigos/documentos-necessarios-para-a-empresa-que-deseja-exportar,56699e665b182410VgnVCM100000b272010aRCRD>. Acesso em: 12 jul. 2016.

SILVA, A. R. C. da. **Tipos de transporte (modais)**. 2013. Disponível em: <http://sisacad.educacao.pe.gov.br/bibliotecavirtual/bibliotecavirtual/texto/CadernodeModaisdeTransporteDIAGRAMADO.pdf>. Acesso em: 12 jul. 2016.

SILVEIRA, V. Operação da Embraer exige logística complexa. **Valor Econômico**, 29 jun. 2009. Disponível em: <http://www.recof.com.br/noticias/noticia_recof_20090630. pdf>. Acesso em: 23 maio 2016.

SOUZA, J. A. (Senador). Projeto de Lei n. 327/2006. Dispõe sobre a movimentação e armazenagem de mercadorias importadas ou despachadas para exportação, o alfandegamento de locais e recintos, a licença para explorar serviços de movimentação e armazenagem de mercadorias em Centro Logístico e Industrial Aduaneiro... Disponível em: <http://www25.senado.leg.br/web/atividade/materias/-/materia/79629>. Acesso em: 23 maio 2016.

SPINETTO, J. P. Vale Says China Port Restrictions to Giant Valemax Ship Overcome. **Bloomberg Business**, 29 jan. 2015. Disponível em: <http://www.bloomberg.com/news/articles/2015-01-29/vale-says-valemax-already-arrived-in-5-chinese-ports>. Acesso em: 23 maio 2016.

STOPFORD, M. **Maritime economics**. 3rd. Ed. London, UK: Routledge, 2009.

TBG – Transportadora Brasileira Gasoduto Bolívia-Brasil. **Informações técnicas**. Disponível em: <http://www.tbg.com.br/pt_br/o-gasoduto/informacoes-tecnicas.htm>. Acesso em: 23 maio 2016.

THE WORLD'S Greatest Bazaar. **The Economist**, 23th March 2013. Disponível em: <http://www.economist.com/news/briefing/21573980-alibaba-trailblazing-chinese-internet-giant-will-soon-go-public-worlds-greatest-bazaar>. Acesso em: 18 jul. 2016.

TSS – Tudo Sobre Seguros. **Entenda o seguro de transportes**. Disponível em: <http://www.tudosobreseguros.org.br/portal/pagina.php?l=324>. Acesso em: 23 maio 2016.

UNCTAD – United Nations Conference on Trade and Development. **Review of Maritime Transport 2014**. New York: United Nations Publication, 2014. Disponível em: <http://unctad.org/en/PublicationsLibrary/rmt2014_en.pdf>. Acesso em: 23 maio 2016.

UNIÃO EUROPEIA. **Países da UE**. Disponível em: <http://europa.eu/about-eu/countries/index_pt.htm#goto_4>. Acesso em: 23 maio 2016.

UNIVERSITY OF TEXAS LIBRARIES. Perry-Castañeda Library. Map Collection. **Brazil Maps**. Disponível em: <http://www.lib.utexas.edu/maps/americas/brazil.jpg>. Acesso em: 23 maio 2016.

WCO – Word Customs Organization. **Membership**. Disponível em: <http://www.wcoomd.org/en/about-us/wco-members/membership.aspx>. Acesso em: 23 maio 2016a.

____. **The Revised Kyoto Convention**. Disponível em: <http://www.wcoomd.org/en/topics/facilitation/instrument-and-tools/conventions/pf_revised_kyoto_conv.aspx>. Acesso em: 23 maio 2016b.

WIND ROSE IMPORT. **OMA**: Estrutura Normativa para a Segurança e a Facilitação do Comércio Internacional. Disponível em: <http://wrimport.com/wri/index.php?option=com_content&view=article&id=78:oma-estrutura-normativa-para-a-seguranca-e-a-facilitacao-do-comercio-internacional&catid=40:oma organizacao-mundial-de-aduanas&Itemid=88>. Acesso em: 12 jul. 2016.

WSERV LOGISTICS. **Tipos de contêineres com suas medidas e padrões mundiais**. Disponível em: <http://www.wserv.com.br/pdf/containers.pdf>. Acesso em: 23 maio 2016.

ZANETHI, R. L. A figura do NVOCC como operador de transporte aquaviário. **Porto Gente**, 1 jan. 2016. Disponível em: <https://portogente.com.br/portopedia/78081-a-figura-do-nvocc-como-operador-de-transporte-aquaviario>. Acesso em: 23 maio 2016.

Respostas

Capítulo 1

Estudo de caso

1. Os principais produtos são resfriados ou congelados, incluindo frutas *in natura* (melão, mamão papaia, manga, entre outras) e carnes vermelhas (bovina e suína) e brancas (aves).
2. O desenvolvimento e inovação de técnicas de refrigeração possibilitou o transporte de produtos perecíveis, que se tornaram disponíveis para todo o mundo.
3. O transporte de produtos perecíveis exige cuidados especiais de embalagem, manuseio, armazenagem e movimentação. Para tanto, existem empresas, terminais portuários, navios e contêineres (*reefers*) especialistas no assunto.
   Um exemplo é a Localfrio®, que se encontra nos Portos de Santos (SP), Itajaí (SC) e Suape (PE) e oferece serviços de rastreamento de produtos em todas as suas etapas: chegada nos terminais, manuseio, armazenamento, embalagem, expedição, entrega e controle das condições de temperatura e umidade do ar em condições adequadas para a preservação da integridade das mercadorias.

Questões para revisão

1. O comércio exterior propicia às empresas a oportunidade de atuar em mercados maiores e com preços que podem ser mais compensadores. Além disso, podem compensar flutuações e incertezas do mercado doméstico, assim como atrelar suas receitas a moedas fortes, como o dólar estadunidense.
2. b, d
3. a
4. Todas as alternativas estão corretas.

5. Sugestão de resposta: O Brasil tem muito a crescer no comércio global, seja pela sua disponibilidade de matérias-primas e produtos agrícolas, seja pela capacidade de seu povo para lidar com problemas e pela sua cultura de aceitação do diferente. As dificuldades se apresentam na demasiada burocracia das questões de comércio exterior, assim como na exagerada incidência de impostos. A infraestrutura de transportes (rodovias e portos), entretanto, ainda se constitui em um problema a solucionar.

Capítulo 2

Estudos de caso

1. A Embraer® é bem-sucedida ao congregar tecnologia aeronáutica e aviônica com profundo conhecimento do mercado fornecedor e consumidor. Sua localização, no início, se deveu à proximidade com o Instituto Tecnológico de Aeronáutica (ITA). A empresa se destaca pela adoção de práticas empresariais avançadas, as quais foram aprimoradas a partir da privatização, buscando inovação e atuação comercial abrangente, que compreendem a fabricação e a comercialização de aviões, agregando prestação de serviços de assistência técnica de qualidade reconhecida. A Embraer® sempre buscou segmentos e nichos de mercado compatíveis com os conhecimentos e inovação tecnológicos que são sua marca nacional e mundial.
2. Na Embraer®, as peças para montagem de aviões vêm de fornecedores estrangeiros (95% das peças utilizadas são importadas), e suas vendas são praticamente todas voltadas para o exterior. É uma empresa nacional pela sua criação e desenvolvimento, mas também mundial pelo espectro de atuação de sua cadeia de suprimentos e mercado de atuação.
3. A empresa é um exemplo bem-sucedido de adequação de regimes aduaneiros especiais, pois sua atuação no comércio exterior exige competitividade do mercado na incorporação de tecnologia e requer que impostos não sejam empecilhos aumentando custos. O objetivo da Embraer® é exportar aviões, e não impostos, o que, de resto, é a prática usual em seu mercado de atuação.

Questões para revisão

1. d
2. As cadeias internacionais de suprimento se apresentam à semelhança das domésticas na inter-relação de fornecedores, compradores e usuários finais dos produtos, conforme ilustra a Figura A (a seguir), em que as ligações cheias representam os fluxos físicos, e as pontilhadas, os fluxos de informações. Nas cadeias globais, fornecedores de insumos, de produtos industriais e distribuidores e varejistas se localizam em mais de um país.

Figura A – Relação entre fornecedores, compradores e usuários finais

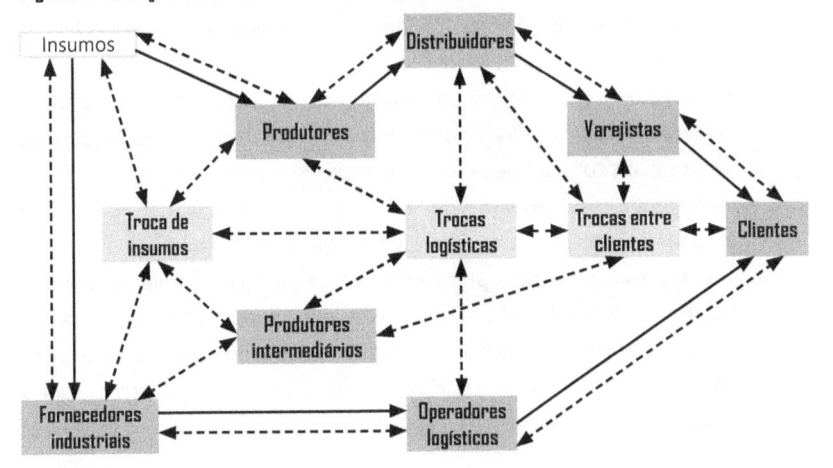

[Diagrama com os elementos: Insumos, Distribuidores, Produtores, Varejistas, Troca de insumos, Trocas logísticas, Trocas entre clientes, Clientes, Produtores intermediários, Fornecedores industriais, Operadores logísticos]

3. b
4. b
5. Os sistemas de informação são essenciais na logística internacional pois relacionam as atividades logísticas em processos integrados. A gestão das cadeias de suprimento corresponde ao gerenciamento de fluxos físicos de produtos e fluxos de informação viabilizados por fluxos financeiros, utilizando-se de recursos informacionais, seja no rastreamento das movimentações locais, seja no rastreamento das movimentações internacionais.

Capítulo 3

Estudo de caso

1. As empresas contratantes estão buscando reduzir o número de fornecedores para diminuir custos de transações e de controle de contratos. Além disso, o mercado de operadores logísticos é muito concorrencial, assim, as empresas têm de ampliar sua atuação, oferecendo opções de movimentação completa para seus clientes. A especialização não é mais a forma adequada para atuação em mercados complexos e com clientes exigentes. A oferta de serviços integrados e a relação com subcontratados permite às armadoras maior poder de negociação com clientes e com prestadores de serviços locais.
2. O transporte rodoviário é dominante no país. O caminhão é a alternativa mais utilizada. O transporte ferroviário, para ser uma opção, precisa reformular profundamente sua prestação de serviço. Os padrões atuais não atendem às exigências de tempos e prazos. Apesar de o transporte rodoviário fazer isso, ele representa maior consumo energético.
3. As empresas brasileiras precisam oferecer serviços completos de movimentação de produtos, o que é observado na parte terrestre, mas não na marítima, pois não existem armadoras internacionais brasileiras. Uma forma de maior participação é a criação de prestadores logísticos internacionais. Atualmente, apresentam-se tentativas no setor de produtos sólidos a granel

Questões para revisão

1. O transporte marítimo exige sempre uma movimentação terrestre de e para o porto. Em qualquer forma de transporte, inclusive de produtos líquidos a granel, há necessidade de uma transferência, que nesse caso é por dutos. Um exemplo pode ser o transporte de contêineres, em que as transferências modais podem ser mais de uma (rodo – ferro – rodo – navio).
2. Todas as alternativas estão corretas.
3. b, d
4. c

5. O transporte terrestre internacional apresenta restrições geográficas, pois se orienta para países fronteiriços ou que têm possibilidade de acesso, como o Chile e o Equador. No Brasil, praticamente se restringe ao modo rodoviário; o ferroviário é praticamente inexistente; e o dutoviário é composto somente pelo gasoduto Brasil-Bolívia.

Capítulo 4

Estudo de caso

1. A negociação do Incoterm é básica numa transação internacional, pois define quem assume os riscos e as responsabilidades na movimentação dos produtos. Em geral, a parte com maior poder de negociação define o Incoterm, pois cada etapa; do transporte do produto implica custos e tempos. A definição do Incoterm explicita quem é responsável pelos pagamentos em cada etapa; assim, é determinada por quem tem maior poder de barganha na relação e pode fixar preços.
2. A empresa pode optar por importar CIF; dessa maneira, os custos de movimentação terrestre e de aduana, o frete marítimo e o valor do seguro estarão incorporados ao preço pago, e a retirada pode ser em um terminal no país. Outra alternativa é o DDP, em que o exportador chinês se responsabiliza pela entrega no ponto de destino determinado pelo importador.
3. As *tradings* desempenham papel fundamental em transações comerciais internacionais, ao representarem importadores ou exportadores. Seu papel vai além da simples intermediação, pois podem financiar a produção (por exemplo: plantios e colheitas de produtos agrícolas) e até mesmo a movimentação. Da mesma forma, têm experiência e poder de negociação para interferir nos fretes e, assim, viabilizar transações. No entanto, como qualquer intermediário, sua remuneração advém do ajuste entre compradores e vendedores, e estes devem sempre avaliar a conveniência de sua utilização de forma permanente.

Questões para revisão

1. Todas as alternativas estão corretas.
2. Logicamente, essa significância depende do Incoterm definido. O EXW não apresenta custos de transporte ou seguro, pois a mercadoria é retirada no posto de fabricação. Por outro lado, no DDP, que engloba todas as etapas de movimentação, em geral, o frete marítimo é o mais significativo, dependendo da origem e do destino do produto, assim como de seu valor.
3. d
4. Os Incoterms explicitam o conceito de logística integrada ao definirem riscos e responsabilidades no encaminhamento de produtos desde sua origem até o destino. Portanto, é preciso integrar embalagem (ponto de origem), a forma de transporte terrestre, a armazenagem no porto de embarque, o manuseio para carga e descarga no navio, eventual armazenagem intermediária no país de destino e transporte até o ponto de utilização ou consumo. Essa integração representa *trade-offs* de custos logísticos.
5. b, d

Capítulo 5

Estudo de Caso

1. Uma operação em um *site* como o Alibaba.com® deve ser precedida por uma pesquisa profunda sobre as possibilidades de negócio com base na determinação do produto, preferencialmente tipo e marca que serão comprados. As alternativas são inúmeras, assim como as formas de compra. O *site* permite desde o levantamento de cotações e até o envio de amostras. Uma conversa com compradores pode ser interessante para se aprender com suas experiências.
2. O Alibaba® apresenta a vantagem de concentrar quantidade e variedade de produtos em um só lugar, oferecendo condições de compra e pagamento que podem se adequar a cada caso. O *site*, que pode ser acessado em português, realiza tanto vendas a varejo quanto por atacado.
3. O operador logístico será responsável pela realização física da compra, ou seja, a entrega concreta da mercadoria comprada ou vendida. E, no caso de negociações internacionais, ele operacionalizará o Incoterm acordado, isto é, as responsabilidades e riscos associados, os custos incorridos e os procedimentos aduaneiros necessários.

Questões para revisão

1. b, d
2. As aduanas têm como objetivo regulamentar e fiscalizar o comércio internacional e arrecadar recursos com suas transações. Essa arrecadação age também como proteção aos produtores do país importador, assim como a regulamentação pode criar barreiras de proteção. A atuação das aduanas é controlada pela Organização Mundial do Comércio (OMC) e tem sua própria organização global, a Organização Mundial de Aduanas (OMA).
3. O documento que inicia uma exportação é a **Fatura Proforma**, ou *Proforma Invoice*, que é emitida pelo exportador ao importador para providência de Licença de Importação, similar à fatura definitiva. A seguir, apresenta-se o **Registro de Exportação** (RE), documento do Sistema Integrado de Comércio Exterior (Siscomex), no qual o exportador registra a operação. O transporte interno é feito pela **Nota Fiscal** (NF). O embarque tem como documentos a NF, o RE, o Romaneio de Embarque (ou *Packing List*), o Conhecimento de Embarque, o Conhecimento de Embarque Marítimo (*Bill of Lading* – BL), o Conhecimento de Embarque Aéreo (*Airway Bill* – AWB), o Conhecimento de Transporte Rodoviário (CRT) e o Conhecimento de Transporte Ferroviário (TIF/DTA). Na negociação, tem-se a Fatura Comercial (ou *Commercial Invoice*), o Conhecimento de Embarque, a Carta de Crédito, o Borderô, o Certificado ou Apólice de Seguro, o Romaneio de Embarque (ou *Packing List*) e o Contrato de Câmbio. Para fins fiscais e contábeis, estes são os documentos: Contrato de Câmbio; Comprovante de Exportação (CE), emitido pelo Siscomex após o desembaraço da mercadoria; NF; Certificado ou Apólice de Seguro; Conhecimento de Embarque; e Fatura Comercial (ou *Commercial Invoice*). O importador pode solicitar ainda Certificados de Origem, Certificado Fitossanitário (CF), Certificado de Qualidade e Certificado de Inspeção.
4. b
5. Todas as alternativas estão corretas.

Sobre os autores

Léo Tadeu Robles é graduado em Ciências Econômicas (1971), mestre (1995) e doutor (2001) em Administração pela Faculdade de Economia e Administração da Universidade de São Paulo (FEA-USP). É professor pesquisador associado da Universidade Federal do Maranhão (UFMA) e participa como pesquisador do Grupo de Estudos em Logística, Negócios e Engenharia Portuária (GELNEP). Atuou como coordenador e professor de cursos de pós-graduação em Comércio Exterior, Logística e Gestão e Engenharia Portuária. Tem experiência na área de administração de empresas, com ênfase em logística e transportes, principalmente em economia marítima, logística empresarial, logística internacional, gestão econômica de empresas, gestão ambiental e comércio exterior. É membro do International Association of Maritime Economists (Iame) e associado ao Conselho Regional dos Economistas (Corecon-SP).

Endereço para acesso ao Currículo Lattes: <http://lattes.cnpq.br/8551187107403202>. Acesso em: 7 jun. 2016.

Marisa Nobre (*in memoriam*) foi graduada em Economia pela Universidade Católica de Santos (UniSantos – 1978), MBA em Tecnologia da Informação pela Fundação Getulio Vargas (FGV-RJ), com extensão na Universidade da Califórnia Irvine (2002), e mestre em Gestão de Negócios pela Universidade Católica de Santos (UniSantos – 2006). Teve experiência como gerente administrativa/financeira de transportadora de cargas conteinerizadas e atuou como professora universitária nos seguintes temas: logística internacional, transporte marítimo de contêiner (*liner*), planejamento estratégico e empreendedorismo.

Endereço para acesso ao Currículo Lattes: <http://lattes.cnpq.br/7387050725869630>. Acesso em: 7 jun. 2016.

Os papéis utilizados neste livro, certificados por instituições ambientais competentes, são recicláveis, provenientes de fontes renováveis e, portanto, um meio sustentável e natural de informação e conhecimento.

FSC
www.fsc.org
MISTO
Papel produzido
a partir de
fontes responsáveis
FSC® C023626

Impressão: Log&Print Gráfica e Logística S.A.
Março/2019